损失 政府效率

THE LOSS OF GOVERNMENT EFFICIENCY

定量分析
与
规避机制

QUANTITATIVE ANALYSIS
AND EVASION MECHANISM

唐天伟 著

社会科学文献出版社
SOCIAL SCIENCES ACADEMIC PRESS (CHINA)

摘　要

政府效率损失是政府失灵的一种形式，具有较大的危害性。不仅会降低公共服务供给效率，导致难以满足居民对优质公共服务的需要，而且是经济发展和服务型政府建设的绊脚石。而省级政府作为地方政府的重要代表，在我国行政管理体系中具有承上启下的作用。因此，在中央全面推进"放管服"改革的背景下，研究我国省级政府效率损失及其规避机制具有重要的理论意义和巨大的应用价值。

根据与政府效率损失相关的公共选择、政府效率、公共治理、理性预期、政府规制、委托代理与集体行动、交易成本等理论，考察政府效率损失是对政府履职及效率提升的再思考。作为一种负效率或者效率的相反面、对立面，政府效率损失是一种效率症结，涉及多个方面：公共决策或管制失效、公共服务效率低、政府扩张或机构膨胀、寻租或腐败、政府效率悖论等。政府效率损失是客观存在的，原因在于：不仅政府并非万能、存在失灵，而且政府存在信息不完全性与非对称性、政府部门垄断性、公共物品外部性以及效率损失规避机制不完全性等。

在此背景下，如果不能对省级政府效率损失进行有效规避，就会造成严重的政府失败，给我国经济社会生态的可持续发展带来不可估量的损失。同时，这种效率损失会削弱政府执行力、浪费公共资源、阻碍地方政府治理现代化进程。因此，必须采取相应对策、建立相应机制予以规避。

政府效率损失规避机制主要有竞争与激励机制，公共决策与评价机制，预警、评估与责任追究机制，社会合作机制，流程再造机制等。它们具有多样性、间接性，常常分布于政府效率损失原因分析与对策论述之中。

政府效率损失与其规避机制二者之间具有一致性。它们不但具有共同的理论基础，而且相互联系、相互依存。一方面，研究政府效率损失是论述政府效率损失减少对策及规避机制的前提；另一方面，探究政府效率损失规避机制是减少政府效率损失的保障。另外，政府效率损失及其规避机制都有多种形式。

政府效率损失难以量化，所以已有文献对此缺乏定量研究。本书基于政府效率损失概念，结合省级政府履职范围及政府效率损失形式，如基本公共服务非均等化、居民经济福利损失等，参考省级政府效率测度思路，采用指标测度法及标准离差法，通过确定反映政府效率损失的定量因子及指标数据，间接测度省级政府效率损失。

本书测度结果表明，2014～2019 年我国 31 个省级政府效率损失具有两个显著特征。第一，省级政府效率损失具有明显的高、中、低等三个层级。其中，宁夏、云南等 5 个省级政府效率损失较大，为高级；青海、广西等 24 个省级政府效率损失一般，为中级；上海、北京 2 个省级政府效率损失较小，为低级。第二，省级政府效率损失表现出橄榄形特征，即"两头小、中间大"。一方面，政府效率损失较大的省级政府有宁夏、西藏等 5 个，数量比较少，而政府效率损失较小的省级政府有北京和上海 2 个，即所谓政府效率损失大、小的"两头"省级政府的数量少；另一方面，政府效率损失一般、政府效率损失不大不小的、排名居中的省级政府数量很多，达 24 个，即所谓的"中间大"。

在测度分析的基础上，本书从三个方面论述了减少省级政府效率损失的对策。一是优化省级政府效率损失已有规避机制，如健全政府内部竞争与激励机制，优化政府公共决策与评价机制，完善政府效率损失预警、评估与责任追究机制。二是建立规避省级政府效率损失的新机制，如多元化的公共治理机制。三是深化"放管服"改革，加快政府职能转变；正确处理央地关系、政社关系及政民关系。

目　录

第一章　绪论

政府绩效是政府管理过程中投入、产出等阶段行为和结果的相对表现。[①] 在政府管理过程中，当产出的消耗超过投入的成本时，就会产生负面绩效。政府效率是政府绩效的重要组成部分，主要反映服务型政府在提供公共服务和消除市场负外部性的过程中投入和产出的相对关系，是数量和质量、价值和功效的统一。[②] 与负面绩效不同，效率损失是效率特定的一种状态，是相对于帕累托最优效率而言的效率不足、不充分，这使得研究效率损失成为反向考察效率的创新视角。政府效率损失的客观存在，反映了政府履行职能的高成本、低效率，原因在于政府部门垄断性会导致运行过程产生"X低效率"、政府干预市场失灵产生的政府失灵。[③] 政府效率损失是政府失灵的一种形式，具有较大的危害性。在市场经济条件下，外部性、公共物品供给不足等原因导致的市场失灵需要政府干预，但在政府干预过程中又会产生政府失灵，带来政府效率损失。[④] 比如，受政策弹性、执行能力的影响，地方政府会面临中央政府的外在制度性压力及与中央政府的博弈驱动力，难免出现改革掣肘，政策执行中存在多重效率损失，从

① 蔡立辉. 政府绩效评估的理念与方法分析 [J]. 中国人民大学学报, 2002 (5): 93 - 100.
② 黄达强, 刘怡昌. 行政学 [M]. 中国人民大学出版社, 1988: 345 - 349; 唐任伍, 唐天伟. 2002 年中国省级地方政府效率测度 [J]. 中国行政管理, 2004 (6): 64 - 68.
③ 马骏. 行政部门的"x效率"[J]. 政治学研究, 1997 (2): 93 - 100; 陈振明. 非市场缺陷的政治经济学分析——公共选择和政策分析学者的政府失败论 [J]. 中国社会科学, 1998 (6): 89 - 105.
④ 陈振明. 非市场缺陷的政治经济学分析——公共选择和政策分析学者的政府失败论 [J]. 中国社会科学, 1998 (6): 89 - 105; 余学明. 中国省级政府经济职能研究 [J]. 中国行政管理, 2006 (1): 46 - 50; 黄新华. 从市场失灵到政府失灵——政府与市场关系的论辩与思考 [J]. 浙江工商大学学报, 2014 (5): 68 - 72.

而制约着整体政策实施的效率。①

政府效率损失源于政府失灵，广泛存在于政府履行职能及消除负外部性的多个方面②，在公共物品供给方面表现得较为突出③。政府效率损失具有较大的危害性，不仅会降低政府公共服务供给效率，导致难以满足居民对优质公共服务的需要，而且是经济发展和服务型政府建设的绊脚石④，甚至会阻碍国家竞争力提升及政府治理现代化进程⑤。为此，中央政府持续推进"放管服"改革，旨在加快政府职能转变、规避政府效率损失。

省级政府作为地方政府的重要代表，在我国行政管理体系中具有承上启下的作用。⑥ 一方面，省级政府贯彻中央政策法规，通过制定省域内经济、公益类等政策举措，落实中央部署和规划，实现国家宏观调控及经济社会发展的目标；另一方面，在我国"单一制"的行政体制中，作为行政体制中的较高层级，省级政府可以通过领导干部晋升考核、财政支出指导等方式引导市、县级政府的行为，其效率对下辖政府的效率有较大的影响⑦。同时，省级政府在区域经济社会发展中发挥着重要作用。省级政府通过财政支出等方式提供公共物品和消除负外部性，改进辖区居民经济福利状况，提高资源配置效率。⑧ 然而，由于政府公共决策容易出现失误、

① 郎玫，郑松. 政策弹性、执行能力与互动效率：地方政府政策执行绩效损失生成机制研究 [J]. 行政论坛，2020，27 (3)：113 – 120.
② 程杞国. 政府失效与政府供给 [J]. 社会主义研究，2000 (4)：113 – 120.
③ 刘文玉. 中国财政分权对政府卫生支出效率的影响——基于省级面板数据的分析 [J]. 经济问题，2018 (6)：45 – 52；刘尧. 地方政府环境管理失灵的成因及对策 [J]. 现代经济探讨，2018 (10)：16 – 20.
④ 肖文，韩沈超. 地方政府效率变动对企业"走出去"的影响——基于 2004—2012 年省级面板样本的检验 [J]. 浙江大学学报（人文社会科学版），2016 (1)：184 – 199；姜扬. 地方政府质量与民生性财政支出效率 [J]. 中国行政管理，2019 (3)：133 – 139.
⑤ 俞可平. 推进国家治理体系和治理能力现代化 [J]. 前线，2014 (1)：5 – 8 + 13；唐兴军，齐卫平. 治理现代化中的政府职能转变：价值取向与现实路径 [J]. 社会主义研究，2014 (3)：83 – 90.
⑥ 北京师范大学管理学院. 中国省级地方政府效率研究报告（2011）[M]. 北京：北京师范大学出版社，2011：8 – 12.
⑦ 吴建南，胡春萍，张攀，等. 效能建设能改进政府绩效吗？——基于30省面板数据的实证研究 [J]. 公共管理学报，2015 (3)：126 – 138 + 159 – 160.
⑧ 唐任伍，唐天伟. 政府效率的特殊性及其测度指标的选择 [J]. 北京师范大学学报（社会科学版），2004 (2)：100 – 106.

政府机构运行效率低、政府寻租等原因，我国大多数省级政府效率不高，存在较大的政府效率损失，但是相关研究，特别是定量研究文献稀少。如果不能精确考察政府效率损失，就难以科学规避，进而不利于应对政府失灵及建设服务型、效率型政府①等。

因此，研究、评估省级政府效率损失，探究政府效率损失规避机制具有重要的现实意义及巨大的学术价值。只有精确评估省级政府效率损失，才能确定其影响因子与机制，从而精准规避政府效率损失，进一步提升政府公共服务供给效率。

第一节　政府效率损失研究的背景

改革开放 40 多年来，随着体制改革的深化，我国正面临政府失灵与效率损失的问题，政府管理遇到严峻挑战。一方面，与经济体制改革相比，政府自身整体改革相对滞后，无法根本解决有些关乎群众切身利益的问题，社会福利相对受损。从某种程度上看，我国存在基本公共服务的缺失与不均问题，因为政府公共服务职能存在"缺位"与"越位"。比如，基本公共服务质量不高，基本公共服务供给不足，城乡之间、城市阶层之间收入差距较大，基本医疗、教育、住房、就业等四大重点民生服务难题没有根本解决，难以满足不同区域、不同阶层人民对美好生活的需求。这加剧了社会经济发展的不充分、不平衡问题，不利于社会整体福利水平提升。另一方面，市场监管乏力现象时有发生，有碍于社会公平正义。政府对微观经济主体的过度干预或干预过少，不仅会降低市场主体活力，扰乱公平竞争的市场秩序，而且会严重影响市场经济的健康运行，引起效率损失。

近年来，我国在增强政府执行力、转变政府职能方面取得了明显进展，但与经济社会高质量发展的要求相比，政府履行职责依旧存在不少问题。政府履职的缺位、越位、不到位，政府治理方式与能力不匹配、运行

---

① 唐天伟，刘自伟. 我国省级政府效率损失及测度指标体系 [J]. 社会主义研究，2019（6）：101 - 108.

效率低下，政务人员执法不严、执法不公，以及政府部门间权责边界模糊等现象严重，容易引发社会冲突、增加社会治理成本，导致政府效率损失。

为了减少政府效率损失、消除政府失灵，相关文献提出了完善市场机制与政府适度干预机制、引入财政分权基础上的市场化竞争机制、优化公共服务供给机制、规范政府工作人员绩效考核机制、健全基于民主与法制的科学决策与责任追究机制等论断。

党的十九届四中全会提出："必须坚持一切行政机关为人民服务、对人民负责、受人民监督，创新行政方式，提高行政效能，建设人民满意的服务型政府。"① 实现这些目标需要更好地发挥政府作用，进一步消除政府失灵与减少政府效率损失。

为此，国务院特别强调持续推进简政放权、重视"放管服"改革。比如，近年来中央政府每年都标志性地召开紧扣"放管服"改革的国务院常务会，旨在进一步转变政府职能、创新政府管理、优化政府服务，提高政府服务质量与效率。② 这就表明，中央政府重视深入推进"放管服"改革，着力提高政府服务质量，规避政府效率损失。

然而，目前相关研究匮乏。因此，本书基于政府效率损失界定，定量考察省级政府在履职及提供公共服务时所产生的高成本、低效率、非均衡现象，诸如基本公共服务非均等化、居民经济福利损失等，并论述政府效率损失规避机制，具有比较明显的创新性及研究价值。

第二节　政府效率损失研究的价值

一　学术价值

（1）补充公共选择理论。本书借鉴公共选择学派的做法，将经济学思

---

① 中共中央关于坚持和完善中国特色社会主义制度　推进国家治理体系和治理能力现代化若干重大问题的决定 [EB/OL]. http://www.gov.cn/xinwen/2019－11－05/content_5449023.htm，2019－11－05.

② 陈翰咏. 总理之道一以贯之：牵住放管服这个改革"牛鼻子"不放！[EB/OL]. http://news.cctv.com/2017/01/06/ARTIc5Cgc5aRblaKdoj01GNe170106.shtml，2017－01－06.

维运用到地方公共服务、地方政府治理过程中，比较全面地梳理有关省级政府效率损失及其规避机制文献，重点评述了公共选择、公共政策、信息不对称、国家治理等方面成果，科学界定了政府效率损失内涵，尝试系统性论证省级政府效率损失及其特征、原因、表现等，发展并细化了政府失败、政府失效、政府失灵等政府效率损失理论及其表现形式，有针对性地提出了减少政府失灵、规避政府效率损失的机制与对策。这就补充、丰富了公共选择理论相关论述。

（2）发展政府效率理论。从影响效应看，政府效率包括两大类：一是正的政府效率，简称政府效率；二是负的政府效率或者政府效率低下，简称政府负效率或者政府低效，即政府效率损失。一般而言，有关文献主要从正面探究政府效率。因此，本书尝试从新的视角——政府效率的相反方面，即政府效率损失出发，界定政府效率损失内涵，系统论述其理论基础，借鉴政府效率研究的指标测度法、标准离差法等定量分析我国省级政府效率损失现状，论述政府效率损失规避机制，提出减少政府效率损失的对策，有助于丰富、发展政府效率理论。

（3）丰富公共治理理论。本书从省级政府层面进一步细分政府效率损失研究范围，创新性地拓展地方政府公共治理研究，将一般性政府治理的普遍性和省级政府治理的特殊性有机结合，提出减少政府效率损失、完善政府效率损失规避机制等方面的创新论断，丰富了公共治理的内涵。同时，本书通过分析建立政府效率损失规避机制的必要性，论述政府效率损失的形式及特征，为实现政府"善治"提供了行之有效的政策建议，从实践层面完善了政府公共治理理论，具有独到的科学意义。

二 应用价值

（1）有助于持续推进"放管服"改革，实现"十三五"目标。2020年是决胜全面建成小康社会的收官之年，也是完成"十三五"规划、编制"十四五"规划承上启下的关键一年。"十三五"规划纲要指出，深化行政管理体制改革，必须加快政府职能转变，持续推进简政放权、放管结合、优化服务（简称"放管服"），提高行政效能，激发市场活力和社会创造力。党的十九人以来，国务院把继续深化"放管服"改革作为贯彻落实十九大精神的具体举措，以此推动政府职能全面转变。2020 年 9 月 11 日，李克强总理在全国深化"放管服"改革优化营商环境电视电话会议上强调，要持续深化"放管服"改革，着力推进政府职能转变，"要坚持问题导向，推动政府职能持续转变，进一步简政放权，加强监管和服务"①。此外，"十三五"期间，为实现全面建成小康社会的奋斗目标，我国以民生福祉指标取代原有的人民生活指标，将人民的生活质量和满意指数作为政府工作的重点。这为减少政府效率损失、提高政府效率明确了方向。

转变政府职能意味着需要减少、规避政府效率损失，优先解决"让人民好办事、让人民办好事"的问题。长期以来，部分地方政府的不作为、管理失效，导致企业与群众办事门槛多、审批手续繁杂、效率不高，极易引发寻租、滋生腐败。可见，减少政府效率损失是"放管服"改革的重要环节。比如，将浙江经验推广到全国，"最多跑一次"改革以惠民利民为核心，优化审批程序、改变政务办事"门难进、脸难看、话难听、事难办"的作风、完善"互联网＋政务"行政管理体系等典型实践，提高了我国政府办事效率，彰显了改革成效。

因此，有关规避政府效率损失、提高政府服务效能等的研究，有助于持续推进"放管服"改革，稳步提升改革成效，最终为"十三五"完美收官、"十四五"谋篇布局及高质量发展营造良好环境，具有比较重要的应用价值。

（2）有助于改善基本公共服务质量，建设服务型政府。我国政府的主要职能是提供基本公共服务。这要求保证人民享有基本公共服务、注重基本公共服务供给质量与效率，实现基本公共服务均等化。"十三五"规划纲要提出，要"创新政府服务方式，提供公开透明、高效便捷、公平可及的政务服务和公共服务"。2019 年 10 月 31 日，党的十九届四中全会通过的决定提出："国家行政管理承担着按照党和国家决策部署推动经济社会发展、管理社会事务、服务人民群众的重大职责。必须坚持一切行政机关

---

① 李克强在全国深化"放管服"改革优化营商环境电视电话会议上的讲话［EB/OL］. http://www.gov.cn/xinwen/2020－09/29/content_5548388.htm，2020－09－29.

为人民服务、对人民负责、受人民监督，创新行政方式，提高行政效能，建设人民满意的服务型政府。"① 2019 年 12 月 18 日，李克强总理主持召开国务院常务会议，部署全面推进基层政务公开标准化规范化工作，加快服务型政府建设，提升利企便民水平；指出贯彻政府信息公开条例，进一步推进基层政务公开，依法保障群众知情权、参与权、监督权，是深化"放管服"改革、优化营商环境、建设服务型政府的重要举措。② 可见，建设服务型政府的基本要求与主要任务是夯实政府公共服务责任，提升政府公共服务质量，满足人民的基本公共服务需求。然而，当前由于政府干预过多或过少而带来的政府效率损失问题，对基本公共服务质量产生了负面影响，给服务型政府建设带来了挑战。因此，减少政府效率损失，是新时代提高保障水平和改善民生、推进国家治理体系和治理能力现代化的必然要求，对不断满足人民日益增长的美好生活需要、不断促进社会公平正义、不断增进全体人民在共建共享发展中的获得感，具有重要意义。

因此，有关规避政府效率损失、提高政府服务效能等的研究，有助于改善基本公共服务质量，建设服务型政府，进而保障和改善民生，具有比较重要的应用价值。

（3）有助于增强政府执行力，推进地方政府治理现代化。"执行力"概念最早用于企业管理研究，之后随着政府机构膨胀、政府低效能的弊端日益突出，便逐渐被引入政府执行领域。许多学者开始探索通过增强政府执行力，来解决政府低效能问题。2006 年 3 月 5 日，温家宝总理在十届全国人大四次会议上首次提到政府执行力："建立健全行政问责制，提高政府执行力和公信力。"③ 此后，我国一直把增强政府执行力当成迫切的政治任务。2017 年 10 月 18 日，党的十九大报告提出，要转变政府职能，深化

---

① 中共中央关于坚持和完善中国特色社会主义制度　推进国家治理体系和治理能力现代化若干重大问题的决定 ［EB/OL］. http://www.gov.cn/xinwen/2019 – 11/05/content_ 5449023. htm, 2019 – 11 – 05.

② 李克强主持召开国务院常务会议　部署全面推进基层政务公开标准化规范化工作　加快服务型政府建设提升利企便民水平等 ［EB/OL］. http://www.gov.cn/zhuanti/2019 – 12/18/content_5462153. htm, 2019 – 12 – 18.

③ 温家宝总理在十届全国人大四次会议上作政府工作报告 ［EB/OL］. http://www.gov.cn/zt-zl/2006 – 03/05/content_218873. htm, 2006 – 03 – 05.

简政放权，创新监管方式，增强政府公信力和执行力，建设人民满意的服务型政府。然而，由于政府机构低效率带来的政府效率损失，我国政府出现了诸如虚执行、慢执行、不执行、机械执行、变相执行等问题，最终影响政府执行效果。

政府执行力是体现地方政府治理现代化程度的重要内容。政府执行力的增强需要在转变政府职能、深化行政管理体制改革的过程中得到实现。[①] 而增强政府执行力、加快职能转变、推进地方政府治理现代化是加强政府自身建设的首要任务，也是我国政府适应新时代的内在要求。早在2004年，《国务院关于印发全面推进依法行政实施纲要的通知》就明确提出，必须把推进依法行政与深化行政管理体制改革、职能转变有机结合起来，强调"行政机关应当根据经济发展的需要，主要运用经济和法律手段管理经济，依法履行市场监管职能……建设统一、开放、竞争、有序的现代市场体系……在继续加强经济调节和市场监管职能的同时，完善政府的社会管理和公共服务职能"。以上相关论点沿袭至今，深化"放管服"改革、增强政府公信力和执行力、提升政府公共服务效率等内容在每年的国务院政府工作报告中均有着不同的体现。

可见，加快政府职能转变、依法行政需要不断规避政府效率损失、增强政府执行力，因此本书研究有利于推进地方政府治理现代化，具有重要的现实意义。

---

① 熊英. 政府执行力建设 [J]. 改革与开放，2018 (20)：47 - 49.

第二章 核心概念及理论基础

第一节 政府效率损失

在高水平社会主义市场经济条件下，我国政府肩负着系列重要职能，诸如：消除市场失灵、维护市场秩序；提供公共物品、实现基本公共服务均等化；调节收入分配、维护公平正义；加强宏观调控、制定长期规划；等等。政府在履行这些职能的过程中，由于固有的权威性、垄断性、非市场性等容易导致政府效率损失。这种效率损失主要包括政府失灵、政府失效、政府失败、政府缺陷、非市场失灵、政府效率症结、政府效率悖论、政府效率低下等。它不但会削弱政府作用，而且会降低市场活力和社会效率。①

在某种程度上，政府效率损失研究源于对政府效率提升过程的反思，目的是更好地提高政府效率，提高地方政府治理现代化水平。政府效率损失是政府失灵及其表现形式，是效率症结或效率悖论，突出反映为政府履职及提供公共服务时所诱发的高成本、低效率、不作为、寻租、发展失衡等问题。② 政府失灵，或非市场失灵、政府失效、政府失败均源自公共选择理论、政府效率理论、公共治理理论等。

第二节 政府效率损失规避机制

政府效率损失规避机制是指政府通过制度系统内部组成要素之间的相

---

① 唐任伍，唐天伟. 政府效率的症结及次优选择 [J]. 改革，2004（5）：116—120.
② 唐任伍，唐天伟. 2002 年中国省级地方政府效率测度 [J]. 中国行政管理，2004（6）：64—68.

互作用，实现政府规避效率损失的功能，它源于规制国家的合意性相关论述。在面临效率损失问题时，仅仅依赖某一方面来解决外部性问题并不可取，这容易造成广泛的失灵，无法带来社会回报高于私人回报的境况。在这种情况下，采用以行政性手段为核心的政府管制对于社会来说是合意的。这是由于与市场管理相比，政府管制更讲究时效性、主动性和预防性，在处理某些问题时往往更加高效。[①] 而政府效率损失规避机制恰恰是保障政府管制实施运行有效性的重要法宝。随着经济社会的不断发展，国内外环境日益复杂，公众对政府的要求越来越高，加之政府运行存在堵点，其工作质量及效率有待提高，因此建立、完善政府效率损失规避机制刻不容缓。从宏观层面讲，建立政府效率损失规避机制能够为地方政府效率的稳定提升提供制度和方法保证；从微观层面看，政府效率损失规避机制由多个子机制构成，每个子机制又是针对政府某方面效率损失设计的，所以建立政府效率损失规避机制需要协调好各子机制的运作，发挥子机制的最大功能，保障规避机制体系整体的长期有效运行。因此，政府效率损失规避机制应是一个具有多样性、系统性的机制体系。

在此情况下，建立有效的政府效率损失规避机制需要明确它在解决实际问题中发挥的作用。所以，在具有必要性、可行性的基础上，建立政府效率损失规避机制需要满足以下四个条件。第一，规避机制的建立必须科学化。可以从政府主要决策者的素质素养、职业道德规范以及方法和技术上的革新等方面提高科学化程度。通过积极考虑社会各层次、各阶层的需求，最大可能地满足大部分社会大众的需求，回应全社会主体的呼声，有效提高机制建立的水平。第二，规避机制的建立要以人民利益为出发点、立足点，鼓励人民群众积极参与有关规避机制的决策，提高决策制定过程中的民主参与水平。充分听取人民群众的意见和呼声，采纳多方主体的积极建议，汇集多方智慧，准确及时反映人民群众的愿望和要求。第三，建立、选择规避机制的政策需要将其之后的运作成本纳入考虑范围[②]。倘若

① 顾昕. 中国福利国家的重建：增进市场、激活社会、创新政府 [J]. 中国公共政策评论，2016 (2)：1 - 17.

② 王琳. 公共政策制定交易成本问题探析 [J]. 理论导刊，2011 (5)：40 - 42.

机制建立过程产生的成本过大，所造成的资源浪费则会严重弱化政府公共政策的权威性及规避机制的实施效果，最终影响政府在人民群众心中的形象。第四，建立规避机制需要考虑规避机制实施环节的可控性。政府效率损失规避机制的实施将产生相关费用，直接影响经济效率。一旦某项规避机制的运行偏离预期轨迹，必定造成经济效率损失。这就要求政府决策者在建立政府效率损失规避机制时需克服政府信息的不完全性，把控规避机制实施过程的每一环节，做好应对突发状况的应急预案，减少决策失误的可能性。

第三节　政府效率损失及其规避机制
研究的理论基础

前文论述表明，政府效率损失是政府失灵及其衍生形式，而政府失灵主要源自公共选择理论、政府效率理论、公共治理理论等。因此，追本溯源，在此论述政府效率损失及其规避机制研究的理论基础。

综观国内外关于政府效率损失及其规避机制的理论研究发现，绝大多数文献注重从政府失灵角度开展研究。一方面，通过论述政府失灵来解释政府效率损失的存在性；另一方面，力图寻找解决政府失灵的对策，以此论证减少政府效率损失的机制与对策。因此，不管是政府效率损失的存在性研究，还是减少政府效率损失的对策研究均为政府效率损失及其规避机制研究奠定了重要的理论基础。

一　公共选择理论

传统经济学提出完全竞争、市场机制可以使全社会的资源实现最优配置。然而，市场机制自我调节所缔造的"童话故事"被20世纪30年代发生于整个资本主义世界的经济危机所破灭，从而使得凯恩斯主义理论迅速问世并提出政府对经济干预的合理主张。但是，政府对市场的干预也有缺陷。随着政府干预的深入，这种缺陷更加明显。

基于此，布坎南等人开创性地提出公共选择理论，用来揭示政府失灵现象，试图解决政府干预造成的问题。某种意义上讲，这也是为了减少政府失灵所造成的政府效率损失。公共选择理论的对象是公共选择。所谓公共选择，主要是指通过集体行动和政治程序在公共领域分配资源。该理论使用经济人假设作为分析工具，探究经济人的行为在政治领域如何决定和支配集体行为，尤其是对政府行为的集体选择的限制。

公共选择理论对政府效率损失研究的理论指导主要体现为：比较系统全面地论述了政府失灵这一政府效率损失的来源，即政府效率损失的存在性问题。这为研究政府效率损失提供了重要的理论依据。公共选择理论对政府失灵做出清楚的界定：政府失灵是指在现代代议制民主制度中不能很好地满足个人对公共物品的需求。与此同时，公共部门在提供公共物品时往往还存在资源配置不当和浪费现象，这就会造成效率低下、预算偏差和成本规模过大等问题，让政府的干预行为变得不像理想中那么"有效"。①

由于政府失灵是政府效率损失的来源，所以政府失灵的相关表现是政府效率损失的具体反映。因此，公共选择理论对政府失灵表现方面的研究为政府效率损失表现研究提供了理论支撑。该理论认为，政府失灵主要表现在四个方面。

第一，公共决策失误。公共选择主要是指公共决策，即政府决策。公共政策的制定和实施是政府干预经济生活的基本手段。作为一种典型的非市场决策，公共决策的特点有别于市场决策。市场决策的主体是个人，完全竞争是实现目标的途径；而公共决策的主体是集体，实现目标的途径是具有一定政治秩序的政治市场。二者相比，公共决策过程会面临各种困难，会更加复杂，这让政府往往难以制定和实施合理的公共政策，容易导致公共决策失误，带来政府效率损失。②

第二，政府扩张。根据"帕金森定律"，扩张是政府的本性。公共选择理论研究者从五个方面阐释政府扩张的本性：（1）政府作为公共物品的

---

① 赵芳. 布坎南的"政府失败论"对我国政府改革的启示 [J]. 东莞理工学院学报，2006
（2）：8 – 11.

② 陈振明. 市场失灵与政府失败——公共选择理论对政府与市场关系的思考及其启示 [J].
厦门大学学报（哲学社会科学版），1996（2）：1 – 7.

提供者和外在效应的消除者导致扩张；（2）政府作为收入和财富的再分配者导致扩张；（3）利益团体的存在导致扩张；（4）政府机构的存在导致扩张；（5）财政幻觉导致扩张。此外，公共选择理论研究者还特别指出，政府机构和立法部门都热衷于追求预算最大化，它们与利益集团结成"铁三角"导致政府预算具有不断扩大的趋势，产生政府效率损失。[①]

第二，政府机构的低效率。公共选择理论学者从三个方面具体分析政府机构低效率的原因及表现。（1）政府机构垄断了公共物品的供应，缺乏竞争。由于缺乏竞争，出现了政府部门的过度投资和公共物品供给超过需求的现象。在此基础上，如果不合理地扩大组织、增加人员、提高薪金和办公费用，就会造成很多浪费。（2）缺乏利润动机。由于政府工作人员不能将利润变为自己所有，并且公共物品的成本和收益不容易量化，因此，相对于企业老板的利润最大化目标，政府工作人员是以机构规模最大化为目标。同时，政府工作人员增加晋升机会和扩大影响范围，会导致人员过多和效率低下。（3）缺乏监督。作为监督者，公民处于弱势地位，很可能会受到被监督者（即政府工作人员）的操纵，因为被监督者的职位实际上使他们能够采取某些有利于自身利益的政策和措施，而不是公共利益。因此，由于这些原因而造成的官僚主义低效也将导致政府效率损失。[②]

第四，寻租。所谓寻租，就是"以较低的贿赂成本获得较高的收入或超额利润"。缪勒在《公共选择Ⅱ》一书中将寻租分为三类，即：（1）通过政府管制的寻租；（2）通过关税和进出口配额的寻租；（3）在政府订货中的寻租。此外，公共选择理论还认为，政府及其工作人员在寻租过程中并非都是处于被动的，也存在主动行为，就是所谓的"政治创租和抽租"。这种寻租导致经济资源配置扭曲，是资源无效配置的一个根源。某种程度上，寻租活动导致了政府失灵，带来政府效率损失。

基于政府失灵以上四个方面的表现，公共选择理论提出了克服政府干

---

① 陈振明. 非市场缺陷的政治经济学分析——公共选择和政策分析学者的政府失败论 [J]. 中国社会科学，1998（6）：89–105.

② 陈振明. 是政策科学，还是政策分析？——政策研究领域的两种基本范式 [J]. 政治学研究，1996（4）：80–88.

预行为的局限性、避免政府失灵、提高政府机构工作效率的四项措施。由于这些措施是为了避免政府失灵，那么也就构成政府效率损失规避机制研究的重要理论依据。

第一，进行宪制改革。公共选择理论指出，改革规则是改进政府–政治过程的前提和基础。因此，"公共选择的观点直接导致人们注意和重视规则、宪法、宪法选择和对规则的选择"[1]。公共选择理论的研究者并没有直接为决策者提供具体建议，而是着重从立宪角度分析了政府决策的规则以及限制经济和政治行为者的规则，以便提供依据，进而为宪制改革提供一种指导或建议，为政策制定提出一系列所需的规则和程序，从而使政策方案更合理，并有助于减少或避免决策失误。

第二，在政府机构内部建立竞争机制。在公共选择理论研究者看来，消除政府低效率或者政府效率损失的最佳方式就是打破公共物品生产的垄断，在政府机构内部建立竞争机制。比如，通过增加提供相同公共物品的机构数量，可以促进这些机构之间的竞争以提高效率；又如，某些公共物品的生产是私人生产商负责的；另如，在一个大国内部，在人口众多、事务众多的情况下，可以在不同地区建立相同的机构进行竞争，即加强地方政府之间的竞争。建立竞争机制有利于克服政府机构的低效率，避免政府失灵，减少政府效率损失。[2]

第三，对政府的税收和支出加以约束。赋税是政府支出的主要来源。因此，公共选择理论研究者认为，只要限制政府的税收和支出，就可以从根本上限制政府的行为，从而抑制政府机构的扩张。这种限制可以从两个方面开始：政府预算的程序和预算的数量，前者要求在批准程序中保持收支平衡；后者要求政府收支的增长应与国民经济的增长直接挂钩，并保持一定比例。一定程度上，对政府的税收和支出加以约束可以有效避免政府失灵，减少政府效率损失。

---

① Brennan G, Buchanan J M. Is Public Choice Immoral? The Case for the "Nobel" Lie [J]. *Virginia Law Review*, 1988, 74 (2)：179-189.

② 陈振明. 是政策科学，还是政策分析？——政策研究领域的两种基本范式 [J]. 政治学研究，1996 (4)：80-88.

第四，引入利润动机。引入利润动机主要是指在政府机构内部建立激励机制，使政府工作人员能够树立利润概念。赋予政府部门独立处理节约成本的财政盈余的权力。例如，政府部门可以直接分享成本节约，也可以将其作为奖金津贴和其他各种福利。值得注意的是，这种措施很可能导致损害公共利益，因此必须结合建立竞争机制和加强监管来进行。

此外，也有公共选择理论学者从政府干预经济的范围和力度的角度，揭示政府失灵或政府效率损失的其他三个表现。一是政府干预过多，主要在干预的范围和力度上。实际上，政府干预的范围和力度往往超出纠正市场失灵和维持市场机制正常运行的合理范围。二是在某些方面，政府干预不足，主要表现为政府规制范围小、力度不够，难以根据干预目标发挥市场功能和作用。三是政府的角色错位。维持市场经济的正常秩序、保持宽松的经济发展环境，应成为政府宏观调控的目标。但是，实际上，有一些政府机构和部门因不愿放弃分钱、分货和批准项目的权力，而直接参与企业的微观管理和经营。于是，政府干预过多或过少、角色错位都会直接或间接地导致政府失灵，引发政府效率损失问题。[①]

因此，矫正政府失灵或规避政府效率损失必须采取合理、适度的方式。其中，关键问题是要提高政府机构的效率。一方面，在公共部门内部建立和强化竞争机制、成本节约机制、职工激励机制、税收和支出约束机制等。另一方面，必须加强社会的监督与约束，有效遏制"诸侯经济"，促进与完善统一市场的形成和塑造公平竞争的体制环境。

近年来，公共选择理论指导下的政府效率损失及其规避机制研究不断拓展，诸如政府决策行为失范的反思研究、公共决策机制的优化研究、地方政府执行力的困境研究等。

政府决策行为失范的反思研究基于公共选择理论，根据经济学的经济人假说分析政府工作人员的自立性以及行为特点，对政府在决策过程中的失范行为进行反思。该类研究认为我国在政府决策过程中存在以下问题：公共选择理论下的政府行为"自立性"；政府决策管理缺乏科学意识；缺

---

① 韩俊，梅鞠鑫. 公共选择理论的政府失灵说及其矫正 [J]. 特区经济，2006（2）：319 - 320.

乏民主参与机制；决策失误追究机制不健全。针对以上问题，相关学者提出解决地方政府决策行为失范问题的规制办法：完善行政道德考核及处罚机制；通过绩效管理完善政府内部竞争机制；建立多元参与决策模式；等等。①

此外，也有学者基于公共选择理论的分析，提出优化公共决策机制的方案。认为公共选择理论的核心观点及其方法论对我国传统公共决策机制的改革和优化有着重要的借鉴价值。基于公共选择理论的适用性分析，建议从制定决策责任机制、强化对决策制定者的约束机制、加强社会公众参与公共决策等方面来设计我国政府公共决策机制的优化方案。②

地方政府执行力的困境研究同样基于公共选择理论，以经济人假设为逻辑起点，探究弥补地方政府执行力不足的对策。这为分析地方政府执行力、规避政府效率损失提供了一种新视角，指出我国在提升地方政府执行力水平及效率的过程中面临三大困境：执行主体"自利性"行为；政策指令传达层级多；政策本身可执行性影响。究其原因，这些都是各方利益不协调造成的。而提升政策制定的科学化合理化水平、引入竞争机制、健全相关配套机制等有助于抑制地方政府执行者的"自利"行为。此外，营造良好的文化环境，提升公共精神，也有利于解决地方政府执行力困境。③

综上，公共选择理论有关避免政府失灵、减少政府效率损失的系列论断为本书研究提供了重要理论依据。公共选择理论可以说是对西方发达国家市场经济发展过程中政府与市场的关系，特别是政府失灵问题的一种反思。它对本书有关研究具有一定的启示和借鉴作用。

二 政府效率理论

政府效率也称行政效率，源自威尔逊的著作《行政学研究》，他指出"行政学研究的目的在于政府怎样高效地履行职责"，并将行政效率定义为

---

① 朱家林. 公共选择理论下政府决策行为失范的反思 [J]. 劳动保障世界，2018 (11)：52.
② 陈冠南. 我国政府公共决策机制的缺陷与优化路径——基于公共选择理论的分析 [J]. 华北水利水电大学学报（社会科学版），2016 (1)：56-58.
③ 李蓓. 提升地方政府执行力的困境及突破路径探究——基于公共选择理论视角 [J]. 人力资源管理，2017 (7)：22.

以最低行政成本实现最高效率。① 国内学者借鉴国外研究成果，初步界定政府效率的内涵，指出政府效率是政府公共物品供给中投入与产出的相对关系，即成本与收益之间的对比关系，是"数量和质量的统一，价值和功效的统一"②，是"用最小的成本达到既定的目标或成本既定时产出最大"③。

政府作为非市场资源的配置者，主要从事公共管理和公共物品（或公共服务）供给活动。在这些活动中，政府要占用公共资源，产生社会产品和外部经济。因此，政府活动或行为就存在成本与收益的对比，同级或不同级政府部门就存在成本与收益的比较，因而就存在同级或不同级政府的效率问题。④

政府效率理论诠释了政府效率的三个特征。（1）政府效率内容的层次性。首先，从政府权力构成的角度分析，政府可划分为决策层、管理层和执行层三个层次。与此相应，政府效率的内容就包括决策层效率、管理层效率和执行层效率。其次，政府效率内容的层次性还体现在政府效率本身所包含的制度效率、技术效率、资源配置效率三个层面。（2）影响政府效率因素的复杂性。如行政管理体制、政务人员素质和政府管理手段与方法等因素都会影响政府效率。（3）政府效率测度的指标与方法的多维性。政府效率目标函数是复合多样的，包括经济等数量指标和相应的社会质量指标，这是因为政府追求的效率是包含经济增长、环境保护等指标的综合效率。因此，测度政府效率的指标是多维的。与此同时，政府效率的测度方法也不止一种，学术界关于政府效率测度方法的基本思路主要来自两个方面：一是计算政府在既定资源下提供的最大产出或者在既定公共物品产出下所消耗的最少资源；二是建立可量化的指标体系。

目前，定量分析政府效率的方法主要包括指标测度法和 DEA 方法，特

---

① 唐天伟，凌玉洁. 我国县级政府效率不平衡性分析 [J]. 地方治理研究，2018（4）：2 - 14 + 77.

② 黄达强，吕景胜. 论对业务类公务员的监督与制约 [J]. 社会主义研究，1988（3）：9 - 13.

③ 唐天伟，邓久根. 测度政府效率的理论依据与实践经验 [J]. 经济管理，2007（10）：92 - 96.

④ 唐天伟. 政府效率测度 [M]. 北京：经济管理出版社，2009：16 - 19.

别是建立指标体系或者投入产出指标。它们已经被广泛应用到我国地方政府效率评价与分析的实践中。比如，国内有学者通过指标测度法研究政府管理中的投入与产出，揭示了两者间的定量关系[①]；利用指标测度法构建由政府公共服务、公共物品、政府规模等指标组成的综合指标体系，评价省级政府效率[②]；也有学者采用 DEA 方法中的指数 MPI 研究我国政府效率及其变迁[③]。国外学者有使用 Bootstrap 对传统非参数方法偏差进行修正，衡量摩洛哥各自治市的效率[④]；有学者利用公开的财务报表会计数据、采用 DEA 模型评估希腊地方政府效率；也有学者利用 DEA 模型考察韩国 42 个中央行政机关的电子政务效率等。

由于政府效率损失与政府效率一脉相承，是政府效率的负面反映，是政府部门在提供公共物品和消除市场失灵时，产出与结果之间的差距。[⑤]因此，可以借鉴以上有关政府效率的研究理论、测度思路及测度方法，从定性与定量两个方面对政府效率损失进行全面考察。政府效率理论具体通过以下两个方面的论述为本书研究提供理论依据。

（一）政府效率症结

政府效率理论指出，政府具有效率症结。这种症结是由政府及公共物品的特殊性所决定的。政府具有垄断性和非营利性，经选举产生和法律认可后，社会成员就只能被动接受其管理、享用它供给的公共物品。同时，政府作为政权组织和公共物品供给部门，目标是实现公共利益最大化。政府通过非市场机制提供非排他性、非竞争性公共物品的成本与收益缺乏直接联系，以及政府经济行为的非营利性，使得政府缺乏降低成本、提高效率的动力。由于这些特性，政府在配置资源、提供公共物品时，往往导致

---

① 朱火弟，蒲勇健. 政府绩效评估研究 [J]. 改革，2003（6）：18－22.
② 唐任伍，唐天伟. 政府效率的特殊性及其测度指标的选择 [J]. 北京师范大学学报（社会科学版），2004（2）：100－106.
③ 冯涛，李湛. 改革开放后中国政府效率改进的数量分析 [J]. 统计与信息论坛，2010（1）：3－8.
④ Rachida E M，Christian M H. Local Government Efficiency：The Case of Moroccan Municipalities [J]. *African Development Review*，2014，26（1）：89－120.
⑤ 包国宪，张弘. 基于 PV－GPG 理论框架的政府绩效损失研究——以鄂尔多斯"煤制油"项目为例 [J]. 公共管理学报，2015（3）：117－125＋159.

效率损失，即出现政府失灵①，即政府存在效率症结②。

以上论述指山，政府效率损失是政府失灵及其表现形式，是效率症结或效率悖论，突出反映为政府在履职及提供公共服务时所诱发的高成本、低效率、不作为、寻租、发展失衡等问题③。政府效率症结主要体现在四个方面。第一，政府部门容易印证"帕金森定律"所描述的情景：无论政府工作增加与否，政府机构人员数量总是按一定速度增加。政府机构扩张不仅使政府运行成本大幅增加，还会造成运行的低效率。第二，政府职能定位模糊，职能越位与缺位并存。第三，政府部门之间推诿扯皮、相互掣肘。第四，行政审批程序众多，办事手续烦琐，以此带来政府"放管服"改革成效不佳、政府寻租存在、政府交易成本增加、政府职能转变不到位等政府效率损失问题。④

由于引起政府效率症结的因素大多来自政府自身，因此解决这一症结的重点是进行政府自身的体制改革和创新。第一，建立科学有效的政府管理体制，形成合理的职能定位、机构设置以及与之配套的高效运行机制，同时扩大民众参与范围，进行更加包容的治理。这可能会使得政府更加负责。第二，建立富有活力的政府人事激励机制，充分发挥公务员的主动性、积极性和创造性是规避政府效率损失、提升政府效率的关键。第三，建立科学客观的政绩考评机制，加强政府施政绩效评估是提高政府效率的重要环节。第四，充分利用信息技术，建立透明、公开、民主的电子政府，基于公共行政人员和其他利益共有者的意见制定衡量电子政府效率的方法，增强电子政府执行能力，切实提升政府治理现代化水平。⑤

（二）政府行为外部性

政府效率理论指出，政府行为具有外部性特征。政府行为的外部性是

---

① 唐任伍，唐天伟. 2002 年中国省级地方政府效率测度 [J]. 中国行政管理，2004（6）：64 - 68.

② 唐天伟. 政府效率测度 [M]. 北京：经济管理出版社，2009：48 - 50.

③ 唐任伍，唐天伟. 2002 年中国省级地方政府效率测度 [J]. 中国行政管理，2004（6）：64 - 68；唐天伟. 政府效率测度 [M]. 北京：经济管理出版社，2009：48 - 50.

④ 唐天伟. 政府效率测度 [M]. 北京：经济管理出版社，2009：48 - 50.

⑤ 唐天伟. 政府效率测度 [M]. 北京：经济管理出版社，2009：51 - 55.

指政府在履行公共服务职能的过程中可能产生正或负效应。与市场外部性相类似，政府行为外部性也可分为正的外部性和负的外部性两大类。政府行为的负外部性会增加政府运行成本、产生效率悖论。① 也就是说，政府在履职过程中造成的负效应或副作用是政府效率损失的来源，因此政府行为外部性属于政府效率理论的研究范畴，构成政府效率损失研究的理论基础。这里从以下三个层面具体分析政府行为外部性，以便更好地考察政府行为负外部性所造成的政府效率损失。

第一，政府在行使制度职能、"生产"政治法律制度时产生的负外部性及效率损失。制度职能是政府首要的职能。制度职能主要包括界定和保护产权及维护社会经济秩序。如果政府能够较好地执行制度职能，就会产生正外部效应。比如，提高资源配置效率、促进国家经济繁荣。反之，则会因制度职能履行不到位、不科学而产生负外部性②，导致公共资源配置效率低下、社会生产力发展缓慢、国民经济衰退等。这就是政府履职的负外部性引发的政府效率损失。

第二，政府在执行经济规制过程中产生的负外部性。政府环保部门执行或提高环境治理标准会迫使有关企业增加污染治理开支，提高生产成本，但会为相关居民提供洁净的空气和环境，有利于社会经济的长远发展。这就意味着政府规制会产生正外部效应。反之，政府降低环保标准，虽可以降低企业生产成本，提高相关厂商的收益及效率，但是可能引致企业侵蚀相关居民环境福利、污染生态环境，不利于经济社会可持续发展，会造成长期的效率损失。这就是政府执行经济规制过程中产生的不良后果及政府效率损失。

第三，政府提供公共物品的外部性及效率损失。美国学者迈金和瑞士学者布朗尼将此称为"政府项目的副作用"。他们指出，公共物品的生产除了能带来正外部效应，还会导致并非所期望的副作用及效率损失。这主要包括城市垃圾场、机场、感化院、公共营运系统等未经公众允许而设立的政府性设施对周围产生的副作用。这将降低居民的社会福利水平，导致公

---

① 李郁芳. 政府规制失灵的理论分析 [J]. 经济学动态，2002 (6)：38 – 41.
② 李郁芳，郑杰. 论政府行为外部性的形成 [J]. 学术研究，2004 (6)：30 – 34.

共物品不能满足社会正常需求，产生公共服务效率低下及效率损失的问题。

政府行为负外部性及政府效率损失的原因是多元、复杂的。首先，公共选择过程中各决策主体在决定稀缺资源占有权利方面形成的"相互依存性"是政府行为负外部性产生的重要因素。其次，政治主体的特殊性也是重要原因。这主要体现在以下几个方面：（1）政治市场行为主体的自利行为与政府强制力相联系；（2）政府行为及其后果的难以准确预测和衡量；（3）由于政府行为外部性的后果由全社会或部分社会成员承担，政府及其工作人员缺乏增加政府行为正外部性、克服负外部性的积极性。

总之，政府效率理论为研究政府效率损失提供了重要理论支撑。首先，政府效率理论中有关政府效率内涵界定、特征分析及测度方法等的内容对政府效率损失研究具有借鉴意义。其次，政府效率症结相关论述为论述政府效率损失及其规避机制奠定了理论基础。最后，有关政府行为负外部性的论述为诠释政府效率损失及其原因与治理机制提供了理论参考。

三　公共治理理论

随着西方学者对传统公共行政和新公共管理理论的批判和范式重构，公共治理理论逐渐形成并得到完善。20 世纪 70 年代，资本主义国家经济进入滞胀期，陷入危机。主要原因是政府的职能和责任在增加，但财政资源有限。随着财政危机的深化，政府陷入管理和信任上的危机，政府规模过大，导致管理效率低下。① 因此，社会对限制政府规模、寻求以市场为基础的公共管理的诉求不断增加，而以官僚制为核心的公共行政陷于衰落，"新公共管理"范式崛起，即公共治理理论诞生。新公共管理在传统的公共行政模式带来的政府僵化和失效的背景下应运而生。它将市场和经济因素引入政府管理，改革政府管理模式，并创建新的公共治理模式。② 新公共管理的理论基础是私营企业管理理论和公共选择理论。③ 新公共管

---

① 周志忍. 公共选择与西方行政改革 [J]. 新视野，1994（6）：46 – 48.
② 何翔舟，金潇. 公共治理理论的发展及其中国定位 [J]. 学术月刊，2014（8）：125 – 134.
③ 高秉雄，张江涛. 公共治理：理论缘起与模式变迁 [J]. 社会主义研究，2010（6）：107 – 112.

理之"新"主要是针对传统公共行政和公共管理而言的①，也称公共治理。公共治理兴起的原因在于：在社会资源配置中市场和政府的双重失效。②公共治理理论直面"市场失灵"和"政府失灵"，试图解答"如何在日益多样化的政府组织形式下保护公共利益，如何在有限的财政资源下以灵活的手段回应社会的公共需求"。③ 不言而喻，公共治理理论是为了解决政府失灵而产生的。因此，公共治理理论为政府效率损失规避机制研究奠定了理论基础。

国外关于公共治理思想及理论的研究出现得较早。其中，产生重大影响的当属埃莉诺·奥斯特罗姆的公共治理思想，包括多中心理论、自主治理思想与社会资本等论述。④

埃莉诺·奥斯特罗姆教授认为，个人和组织都热衷于追求自我利益的最大化，并且没有时间考虑公共领域的效率。因此，公共事务治理需要寻求政府和市场之外的新途径，由此她提出多中心理论。该理论强调，在公共事务治理过程中，政府不仅是唯一的主体，而且是包括许多非政府组织和个人公民在内的决策中心。它在一定程度上打破了政府在公共事务管理中的垄断地位，为公共事务的治理开辟了一条新途径。埃莉诺·奥斯特罗姆的自主治理思想关注的重点在于相互依赖的委托人如何将自己组织起来，进行自主治理，取得共同收益。⑤ 在自主治理组织中，制度设计最为重要，它是解决"搭便车"问题的关键。⑥ 因此，制度、承诺和监督是自主治理组织建设的三个重要的问题。⑦ 此外，埃莉诺·奥斯特罗姆还认为，

① 包国宪，赵晓军. 新公共治理理论及对中国公共服务绩效评估的影响 [J]. 上海行政学院学报，2018（2）：29－42.
② 俞可平. 治理和善治引论 [J]. 马克思主义与现实，1999（5）：37－41.
③ 何翔舟，金潇. 公共治理理论的发展及其中国定位 [J]. 学术月刊，2014（8）：125－134.
④ 匡小平，肖建华. 埃莉诺·奥斯特罗姆公共治理思想评析 [J]. 当代财经，2009（11）：32－35.
⑤ Ostrom E，Alemán E C. Governing the Commons：The Evolution of Institutions for Collective Action [J]. *American Political Science Review*，1993，86（1）：249－279；Ostrom E. Reformulating the Commons [J]. *Swiss Political Science Review*，2000，6（1）：29－52.
⑥ 韩英. 物业服务价格改革相关问题研究 [J]. 中国物价，2015（9）：36－38.
⑦ 〔美〕埃莉诺·奥斯特罗姆. 公共事物的治理之道 [M]. 余逊达，陈旭东，译. 上海：上海三联书店，2000：151－152，211，278.

公民在积极参与公共事务问题的治理过程中形成的社会资本是维系社群生活的重要条件。

随着社会实践的发展，西方公共治理前沿理论也在不断变革、发展。新公共服务理论就是其中的代表，它是基于新公共管理理论过于偏重工具理性而做出的变革，目的是维持公共服务的尊严和提高公共服务的价值①；网络化治理理论是为适应网络化社会而做出的变革，平等、开放与分权是其主要特征；整体性治理理论是应对竞争性政府的问题而做出的变革②；数字治理理论是适应数字时代而做出的变革，"在信息技术的影响下，公共部门的技术变革和组织变革相继进行，最终导致政府部门和市民社会关系的重新建构。技术、组织、关系和行为的再造呼唤全新的管理模式的出现，这种新的管理模式就是数字时代的治理"③。这些公共治理理论是对传统墨守成规的管理所进行的变革，主张公共管理者应当关注组织内外部环境的变化，寻求并创造新的公共价值，而非仅维持组织运转。④

与此同时，国内学者结合中国公共管理现状，从不同角度阐述"治理"概念及公共治理理论。有的学者基于政治学角度，认为治理是指在既定范围内运用权威维持秩序，从而满足公众需要；"善治"是指政府与公民的共同管理，是国家与公民社会的良好合作，包括合法性、透明性、责任性、法治、回应、有效和稳定等七大基本要素。他指出，公共物品供给是公共治理的重心，与公共治理理论的演进相伴的是公共物品供给模式的变迁。⑤ 这一变迁过程实质是优化配置供给主体和手段。该过程是围绕公共物品的供给，对供给主体和供给手段的选择过程，追求供给主体和手段

① 〔美〕珍妮特·V. 登哈特，罗伯特·B. 登哈特. 新公共服务：服务，而不是掌舵［M］. 丁煌，译. 北京：中国人民大学出版社，2004：23 - 26.
② 韩兆柱，翟文康. 西方公共治理理论体系的构建及对我国的启示［J］. 河北大学学报（哲学社会科学版），2016（6）：96 - 104.
③ 陈水生. 新公共管理的终结与数字时代治理的兴起［J］. 理论导刊，2009（4）：98 - 101.
④ 〔美〕马克·莫尔. 创造公共价值：政府战略管理［M］. 北京：清华大学出版社，2003：38 - 39；韩兆柱，翟文康. 西方公共治理理论体系的构建及对我国的启示［J］. 河北大学学报（哲学社会科学版），2016（6）：96 - 104.
⑤ 俞可平. 治理和善治：一种新的政治分析框架［J］. 南京社会科学，2001（9）：40 - 44.

的多元化及其关系的协调。① 随着公共治理研究的深入，学者逐渐形成以下基本共识："主张分权导向，摒弃国家和政府组织的唯一权威地位，社会公共管理应由多主体共同承担；重新认识市场在资源配置中的地位和作用，重构政府与市场关系；政府服务而非统治，传统公共行政模式发生变革，公共政策、公共服务是协调的产物。"②

公共治理理论强调政府与市场相结合。由于市场与政府都有内在的缺陷和失灵的客观可能性，加之我国特殊的国情，减少干预只是解决政府失效问题的细枝末节，因为"后发外生型"国家要实现跨越式发展，没有政府的大量干预和推动是不可能的。③ 所以，要在政府干预消除市场失灵的同时避免和克服政府失灵，关键是寻求市场机制与政府调控的最佳结合点。这需要建立一整套激励相容机制，以便在追求政府利益的同时不但不会损害公共利益，而且能增进公共利益。这就为研究政府效率损失及其规避机制提供了参考。

同时，公共治理理论也高度重视社会组织的发展和完善，主张充分发挥社会力量在调控中的作用，努力建立多元治理机制。这样，社会权力的结构就从政府的单一结构转变为"政府 + 市场 + 社会"的三元结构。其中，第三部门在消除市场失灵和政府失灵方面有着举足轻重的地位。因此，为了避免市场失灵和政府失灵，有必要进一步发挥第三部门的社会融合功能。一方面，要理顺政府与社会组织的关系，优化社会组织的运行机制，建设和谐社会。另一方面，需要完善社会组织的内部治理结构，加强自律约束机制。另外，需要制定健全法律法规，确保社会组织的发展受到良好的法律保护。④ 在某种程度上，公共治理理论提倡的多元治理是避免政府失灵、减少政府效率损失的重要机制。这样，在公共治理理论背景

① 高秉雄，张江涛. 公共治理：理论缘起与模式变迁 [J]. 社会主义研究，2010（6）：107 - 112.
② 何翔舟，金潇. 公共治理理论的发展及其中国定位 [J]. 学术月刊，2014（8）：125 - 134.
③ 王臻荣，常轶军. 政府失灵的又一种救治途径——一种不同于公共选择理论的分析 [J]. 中国行政管理，2008（1）：55 - 58.
④ 刘中起，马西恒. 新形势下地方政府社会管理新方式的路径研究 [J]. 湖北社会科学，2010（1）：28 - 34.

下，"关系"成为重要的学术术语。不同于公共行政下的等级关系、公共管理下的管制关系或契约关系，公共治理下的关系在主体上范围更广，在性质上更加多样。公共治理下的关系更强调合作和信任，而非竞争和管制。由于这种关系可以有效地降低交易成本、挖掘公共价值、获取多样资源，满足多元利益相关者的需求，最终提升整个网络的绩效，所以有助于解决政府效率损失问题。

另外，有的学者从公共治理面临的现实困境，即治理失灵角度论证政府治理规制的极端重要性。比如，从责任角度看，公共治理失灵问题就是"多只手的问题"，就是不能划清多种主体责任之间的界限所导致的。这种情况下，元治理（meta-governance）方法就是一种很好的解释治理失灵的方法。在元治理中，政府虽不具有最高权威，但充当元治理的关键角色。"元治理是一个包含多种规制网络工具的大概念，它指的是影响各种自组织过程的任何一种间接治理形式。"因此，元治理是解决治理失灵和效率损失问题的间接治理。这是强调治理失灵和失效时政府重要作用的另一种表达方式。[1] 这就表明，避免治理失灵、减少政府效率损失也需要发挥政府治理规制的作用。因此，一方面，需要引入市场和社会的力量共同建立多元主体协同治理的机制；另一方面，不能忽视政府在其中所具有的"元治理"的特殊角色和作用，并要巧妙利用元组织的职权激活市场和社会组织活力。[2] 这就需要政府优化内部治理，推进简政放权、放管结合，把自身塑造成拥有适当职权的理性政府；需要扶持市场力量和社会组织，强化二者的责任意识；需要平衡各方利益需求，有效应对治理失灵；需要构建治理主体互动平台，提升协同治理能力。[3]

综上所述，公共治理理论作为对传统公共行政和公共管理范式的继承和超越，在一定程度上为解决公共管理领域的政府失灵与政府效率损失问题提供了启示，也为建立健全政府效率损失规避机制提供了理论依据。

---

[1] 李超雅. 公共治理理论的研究综述 [J]. 南京财经大学学报，2015（2）：89-94.
[2] 于水，查荣林，帖明. 元治理视域下政府治道逻辑与治理能力提升 [J]. 江苏社会科学，2014（4）：139-145.
[3] 程灏，胡志明，于蕾. 元治理视域下政府公共治理的行为逻辑与策略选择 [J]. 领导科学，2017（17）：12-14.

四　其他相关理论

除了公共选择理论、政府效率理论、公共治理理论外，理性预期学派、政府规制经济学、委托代理理论与集体行动理论及交易成本理论等也在一定程度上为研究政府效率损失及其规避机制奠定了理论基础。它们为省级政府效率损失的内涵界定、表现形式、原因分析以及规避机制等方面的研究提供了指导。

（一）理性预期学派

20 世纪 70 年代，西方国家陷入通货膨胀、大量失业和经济停滞并存的困境，凯恩斯主义国家干预经济理论和政策却无法解释、更无法解决此种困境，而作为与凯恩斯主义相对立的现代货币主义学派所倡导的经济理论和政策主张在面对该困境时，也没有产生预期效果。在这种情形下，一些经济学家从现代货币主义学派中分离出来，形成了一个新的学派——理性预期学派[1]，以便诠释当时的发展困境。

理性预期学派起源于 1961 年，约翰·穆思提出"理性预期"的概念。后来，卢卡斯等学者遵循这个思路，重点批评凯恩斯主义的理论和政策主张，形成了一个相对完整的理论体系。一定程度上讲，理性预期理论是对经济人行为分析的补充与发展，其基本政策主张与古典经济学的理论主张比较类似，并逐渐融合，形成了新古典宏观经济学。[2] 这对研究政府效率损失及其规避机制具有积极的指导作用。[3]

理性预期学派论证了以下三个基本观点。（1）经济活动的参与主体是理性人。理性预期学派认为，企业管理者与消费者都善于思考，具有积极、明智、理性的特征。在进行经济决策时，不仅会考虑当前的经济状况，还会考虑到政策和社会经济行为未来的方向，决策目标是追求利益最大或损失最小。

---

① 金河. 关于货币学派理论及其实验 [J]. 财经理论与实践，1982（2）：95-100.

② 杨斌，王燕. 理性预期理论及政策主张的特点 [J]. 重庆工商大学学报（西部论坛），2006（S1）：2-3.

③ 金河. 关于货币学派理论及其实验 [J]. 财经理论与实践，1982（2）：95-100.

（2）市场均衡是常态。市场一般是均衡的，市场失衡是缺乏理性所导致的。理性预期学派基于"自然率假说"，相信市场基本处于完全竞争的状态，竞争的力量会使每种商品的供求都趋向于均衡；认为市场的失衡是由实际情况与预期之间的差距造成的，但人们不会犯长期的、持续性的错误。因此，失衡只是偶然的。

（3）政府干预经济无效。凯恩斯主义者认为，市场经常处于失衡状态，政府只要实行"逆周期"的政策对经济进行干预，就能在经济衰退时增加就业，在经济过热时减小通胀压力。但是在理性预期学派看来，人们在进入市场前后都能进行理性预期，并做好充分的心理准备和预防性措施，从而抵消政府政策的作用，致使政府干预经济无效。

综上所述，一方面，理性预期学派基于经济活动参与主体具有理性这一假设，认为在理性预期的情况下，市场均衡是常态，进而得出政府干预经济政策无效的结论。既然任何宏观政策对经济的干预都无效，那么政府不如放弃干预，让市场机制调节经济活动。换言之，如果政府不选择放弃这些政策，就会带来政府政策行为的低效率或者无效率，进而导致政府效率损失。

另一方面，理性预期学派不是无政府主义者，他们反对凯恩斯主义政策，有意"平衡"经济并根据情况做出决策。他们认为，政府的政策目标只能是一定的价格水平，政府应避免政策的可变性。这样，理性预期学派的政策主张有效避免了政府政策行为的效率甚至无效率。这就为减少政府效率损失、建立政府效率损失规避机制提供了理论依据。①

（二）政府规制经济学

"规制"是规制经济学的一个重要概念。政府规制是指一系列工具，政府通过这些工具凭借其合法权利对社会和经济主体施加具有约束力的限制或规范，以实现特定目的。政府规制的经济学依据是市场失效，即市场失效的存在是政府规制的充分条件。② 但是，在市场这只"看不见的手"

---

① 金俐. 理性预期学派：经济理论与政策主张 [J]. 上海大学学报（社会科学版），1996（5）：60 – 63.

② 丁美东. 政府规制失效及其优化 [J]. 当代财经，2001（8）：17 – 20.

无法使个人的不良行为变为符合公共利益的行为的地方，也很难构造出"看得见的手"去实现这一任务。[①] 诺斯指出："国家的存在是经济增长的关键，然而国家又是人为经济衰退的根源"。也就是说，和市场失效一样，政府规制也有可能失效[②]。这一政府规制失效或称政府规制失灵，就是政府效率损失的又一种表现。

规制经济学理论主要从效率损失角度来分析政府规制失效。日本学者植草益将"规制的失灵"的原因归结为规制费用增加、规制当局自由裁决权和寻租成本等因素。同时在现实生活中，规制体系的庞杂、规制权力的运行不当、缺乏对政府规制权力的监督评价机制，降低了规制效率，也会引起政府规制失效。[③] 有的学者指出："政府规制实施后所造成的效率损失就表现为规制的失效"[④]。国内学者指出，规制失效属于政府失灵的范畴，是其在微观领域的体现[⑤]，即政府规制失效是政府效率损失的表现。为了减轻规制失灵的影响，要针对规制机构建立一套监督与激励相容的机制，规制机构也要利用信息通信技术（比如大数据、区块链等）减少信息不对称造成的效率损失。[⑥]

此外，政府规制经济学也补充、发展了政府效率损失规避机制研究。近年来，管制国家的兴起已成为一种全球现象。在新自由主义影响下，重新管制已经取代放弃管制，社会管制的地位在转型过程中得到加强。"在这种情况下，基于公共选择理论的旧监管政治经济学逐渐受到新监管政治经济学的挑战。一是，关于监管俘获现象的实证研究已成为新研究重点，以探讨减少甚至防止管制俘获的制度性和结构性条件；二是，对政府管制

① 〔美〕查尔斯·沃尔夫. 市场或政府：权衡两种不完善的选择 [M]. 北京：中国发展出版社，1994：33 – 40.
② 丁美东. 政府规制失效及其优化 [J]. 当代财经，2001 (8)：17 – 20.
③ 胡税根，翁列恩. 构建政府权力规制的公共治理模式 [J]. 中国社会科学，2017 (11)：99 – 117 + 206.
④ 陈富良. 政府规制中的公共利益理论与部门利益理论 [J]. 北京市财贸管理干部学院学报，2000 (3)：48 – 49.
⑤ 李郁芳. 政府规制失效的理论分析 [J]. 经济学动态，2002 (6)：38 – 41.
⑥ 周清杰，张志芳. 微观规制中的政府失灵：理论演进与现实思考 [J]. 晋阳学刊，2017 (5)：126 – 132.

中最优激励机制设计的研究也成为研究的新热点，旨在探究强化管制对被管制者的激励效应；三是，对管制者自身激励的研究，成为提升公共治理效能的关键；四是，重新夯实政府管制公益性的法理基础，成为法律经济学的新探索；五是，政府管制的合意性在交易成本经济学和信息经济学的框架中得到重新论证。政府管制的合理性研究不断加强。"[1]

因此，政府规制经济学理论有关政府规制失效的论述是政府效率损失的重要表现及理论依据，而国内外有关政府规制失效的治理机制研究是政府效率损失规避机制研究的重要理论依据。

（三）委托代理理论与集体行动理论

当前，我国处于经济结构调整的阵痛期，居民对公共服务的要求越来越高。因此，政府在优质公共服务提供过程中更容易出现失灵，相应责任缺失问题会更加严重。[2] 比如，社会转型期民生保障领域的政府责任缺失、政府环境监管责任缺失、政府食品监管职能缺失等。这些政府责任缺失往往会带来一系列的政府效率损失问题。

有关政府责任缺失的理论阐释集中来自三个方面：公共权力的委托代理理论、公共选择理论和集体行动理论[3]。由于前文已对公共选择理论与政府效率损失的关系进行了详细论证，因此以下将主要从公共权力的委托代理理论和集体行动理论角度对政府责任缺失所导致的效率损失展开论述。

（1）公共权力的委托代理理论。该理论指出，人民赋予政府公共权力，政府自然以负责任的、合法的方式为人民利益行使公共权力，从而实现负责任的管理。实际上，人民与政府的这种授权与被授权关系是一种委托代理关系。人民与政府之间存在这样的基本关系，即政府作为代理人必须在行使权力的过程中对作为主体的人民负责。但是，实际上，权力和责任之间通常是脱节的。同时，中央政府与地方政府之间也存在委托代理关

---

① 顾昕. 中国福利国家的重建：增进市场、激活社会、创新政府 [J]. 中国公共政策评论，2016 (2)：1 - 17.

② 马旭红. 公共服务市场化中的政府责任缺失及完善 [J]. 人民论坛，2015 (17)：73 - 75.

③ 孙彩红. 政府责任缺失的理论阐释 [J]. 学术论坛，2005 (1)：40 - 43.

系。由于中国行政机制的特殊性，社会实践中有时会出现逆向选择和道德风险问题，导致地方政府缺乏责任感。① 因此，要使政府担当责任、减少政府效率损失，就需要对政府执掌的权力加以严格监控，建立相应的责任监督机制。同时，为了促使政府更好地行使代理权，也需要完善激励和约束机制。

（2）集体行动理论。类似于委托代理理论，集体行动理论指出，由集体行动的困境引起的"搭便车"和不负责任是对政府行政管理过程中缺乏责任的理论解释。在集体行动中，个人经常认为自己的影响力微不足道，因此常常对集体行动采取一些不负责任的态度。同时，在集体中，由于集体利益是公共的，也就是说，集体中的成员可以不付成本而共享利益，致使团体成员出现"搭便车"行为，严重影响集体的效率。作为一个庞大的集体，政府也将面临这一困境，从而导致责任行政的缺失②，造成政府效率损失。

在某种程度上，公共权力的委托代理理论和集体行动理论能够用于诠释政府责任缺失，并成为论证政府效率损失原因及规避机制的理论依据。

（四）交易成本理论

交易成本理论也是政府效率损失及其规避机制研究的理论基础。该理论最早是用比较制度分析方法来研究经济组织制度，由英国经济学家罗纳德·哈里·科斯（R. H. Coase）1937 年在其重要论文《论企业的性质》中提出。交易成本理论中的制度在经济分析中的重要性，使许多经济学者重构了制度经济学，而制度经济学家也普遍关注公共政策与制度之间的互动关系，提出如何才能在不同制度集的基础上更有效率地追求特定目标这一政策建议问题，也就是说政策或者制度的产生源于交易成本的降低，能够协调组织行为。其中，公共政策意味着可以通过政治的和集体的手段系统地追求某些目标，它为市场的失灵提供了一种可能的弥补方式，但通常情况下，不能期望现实的公共政策能带来太多的福利增加，即资源配置效率

---

① 赵蜀蓉，陈绍刚，王少卓. 委托代理理论及其在行政管理中的应用研究述评 [J]. 中国行政管理，2014（12）：119 - 122.

② 孙彩红. 政府责任缺失的理论阐释 [J]. 学术论坛，2005（1）：40 - 43.

的提高。在公共物品和公共服务提供上，虽然政府集中提供的方式可以比较有效地解决"搭便车"问题，有可能避免一部分交易成本居高不下的难题，但是，政府在提供这些公共物品和服务时，由于更多地通过行政方式运作，公共决策或管制失效也有可能造成提供这些物品和服务的成本明显增加，或者有可能带来进一步扭曲，从而导致效率的进一步损失。[①] 反过来思考，政府只要能够更有效率地协调组织行为，那么交易成本就会减少，政府效率损失就会大大减小。可见，交易成本理论从政策或制度与交易成本关系的角度为解释公共决策或管制失效表现下的政府效率损失提供了理论依据。

---

① 钟春平. 公共政策及其效率：信息与福利损失 [J]. 征信，2018（6）：10–16.

第三章　有关政府效率损失的文献综述

第一节　政府效率损失的内涵

一　研究政府效率损失的必要性

政府是由一个个经济人组成的集合体，政府效率损失一直是不可回避的客观存在，公共选择理论始终认为政府存在缺陷，强调政府缺陷和市场缺陷至少一样严重。[①] 作为公共利益的代理人，政府的作用应当是弥补市场经济的不足，使其正面社会效应比政府干预以前更高。不然，就失去了政府存在的经济意义。但事实表明，政府决策往往不能达到这一目标，甚至有些政策的作用恰恰相反。它们削弱了国家干预的社会"正效应"，呈现不佳的政策效果，没有起到增加社会福利的作用。[②] 因为政府是由理性的个人组成的，相应的公共选择首先面临个人选择。每一个公务人员作为独立"经济人"，首先考虑的是个人得失，可能导致所做出的决策无法提高甚至损害社会效益。[③] 这就打破了政府是大公无私"政治人"的遐想[④]。因此，在个人的选择中，缺乏组织发展的基本条件，如资本和人才等，同时与个人有关的成本与回报基本相等。然而，在公共选择中，成本和利益

---

① 〔美〕詹姆斯·M. 布坎南. 自由、市场和国家 [M]. 吴良建，桑伍，译. 北京：北京经济学院出版社，1988：252 - 264.

② 王景玉. 政治合法性的经济学诠释 [J]. 晋阳学刊，2005 (4)：10 - 15.

③ 夏永祥. 公共选择理论中的政府行为分析与新思考 [J]. 国外社会科学，2009 (3)：25 - 31.

④ 闫焱，彭玖. 布坎南公共选择理论与我国政府决策行为 [J]. 社会科学论坛，2007 (2)：75 - 77.

的互惠性会被选择的特殊性所消除。大多数选择基于多数规则。此外，由于非政府组织、非营利组织的社会效益，对人才的要求是"利他主义"和"奉献精神"。非政府组织缺乏专业和科学的人才培训机构，接受了大量退休职工和社会闲散人员，这些严重阻碍了优秀的人才进入组织。

与此同时，作为选民的普通公民也是经济人，往往由于"理性无知"而把公共利益代理权交到政府工作人员手中，扩大了政府政策制定者的权力范围。如果这些工作人员受到利己思想驱使，便会在公共选择、公共决策中趋利避害，混淆个人利益和公共利益的边界，从而出现政府失灵与政府失效。萨缪尔森和诺德豪斯认为，"当国家行动不能提高经济效率或者当政府把收入再分配给不恰当的人时，政府失灵就产生了"。从定义可知，政府失灵不意味着政府不能发挥作用，而是政府不能正确而高效地发挥作用，表现为政府治理成本增加及治理质量下降①，造成政府效率损失。把政府看作一个以自己利益最大化为行为准则的理性人，那么政府进行各项决策的目的就是追求最高的财政收入，在辖区内公民中间赢得最好的声誉和口碑。公共选择理论选择从决策机制角度探究政治问题，考察社会决策是如何形成的，研究不同个体组成的社会如何进行公共选择。②

此外，论述政府效率损失是对政府效率研究的重要拓展。政府效率损失不仅意味着政府在提供公共服务时趋向于浪费和滥用公共资源，致使公共支出规模过大、成本过高、效率太低，或者政府的活动或干预措施缺乏效率，或者政府做出了降低经济效率的决策或不能实施改善经济效率的决策；而且意味着政府固有的垄断特性及官僚体制导致政府机构膨胀、成本猛增、职能模糊、效率低下等效率症结；还意味着地方政府普遍存在效率悖论，即政府过分追求高经济增长率而引起社会失衡、社会鸿沟等问题。这会增加不必要的社会成本，破坏社会公平，损害社会福利与社会整体效率，导致出现政府因追求高效率而产生的效率损失与资源配置低效现象。③

---

① 李先锋. 公共选择理论视角下政府干预经济效能的再思考 [J]. 内蒙古大学学报（哲学社会科学版），2008（6）：62-66.

② 王真. 公共选择理论视角下的地方政府间横向税收竞争研究 [D]. 南京大学，2018.

③ 北京师范大学管理学院，北京师范大学政府管理研究院. 中国省级地方政府效率研究报告（2012）[M]. 北京：北京师范大学出版社，2012：33.

正是由于客观上存在政府失灵与效率低下，因此从反面角度探究政府效率，即论述政府效率损失是重要创新领域，具有必要性及学术价值。

二 对政府效率损失内涵的探究

已有文献注重从政府失灵角度界定政府效率损失，指出政府效率损失源自并表现为政府失灵。市场失灵是政府干预的基本理由，即"市场可能失败的论调，广泛地被认为是为政治和政府干预作辩护的证据"[①]。但是在政府解决市场失灵的过程中，由于成本与收益的分离、内在性等原因，往往会造成政府干预的低效率和社会福利的损失，产生政府失灵。同时，"当政府政策或集体行动所采取的手段不能改善经济效率或道德上可接受的收入分配时，政府失灵便产生"[②]。可以说，政府效率损失是政府效率的负面反映，是政府部门在提供公共物品和消除市场失灵时，结果与理想之间的差距。[③]

虽然政府效率损失有多种形式，但往往伴随着政府效率低下。政府效率低下常常表现为："放管服"改革成效不佳，如政府改革放权不当、市场领域受到行政干预或者政府规制较多、公共服务质量难以得到保证等；政府交易成本增加，如公共投入不足或者公共财政支出效率不高，对政府税收和支出的约束不够等；存在政府寻租等腐败现象，损害政府运行效率与公正性；政府职能转变难以跟上公众需求变化，政府"缺位"和"越位"现象并存；政府部门存在官僚主义及形式主义、行政执法措施不力、行政执法队伍素质不高等。

此外，政府效率损失与政府效率症结密不可分。这种症结是由政府及公共物品的特殊性所决定的。政府具有垄断性和非营利性，在经选举产生和法律认可后，社会成员只能被动接受其管理、享用它供给的公共物品。

---

① 〔美〕詹姆斯·M. 布坎南. 自由、市场和国家 [M]. 吴良建，桑伍，译. 北京：北京经济学院出版社，1988：13.

② 〔美〕保罗·A. 萨缪尔森、威廉·D. 诺德豪斯. 经济学 [M]. 高鸿业，等译. 北京：中国发展出版社，1992：1189.

③ 包国宪，张弘. 基于 PV-GPG 理论框架的政府绩效损失研究——以鄂尔多斯"煤制油"项目为例 [J]. 公共管理学报，2015（3）：117-125+159.

同时，政府作为政权组织和公共物品供给部门，目标是实现公共利益最大化。政府通过非市场机制提供非排他性、非竞争性公共物品，其成本与收益缺乏直接联系，以及政府经济行为的非营利目的，使得政府缺乏降低成本、提高效率的动力。① 由于这些特性，政府在配置资源、提供公共物品和服务时，往往导致效率损失，即出现政府失灵。② 政府效率症结主要反映在四个方面。其一，政府部门容易印证"帕金森定律"所描述的情景：无论政府工作增加与否，政府机构人员数量总是按一定速度增加。政府机构扩张不仅使政府运行成本大幅增加，还会造成运行的低效率。其二，政府职能定位模糊，职能越位与缺位并存。其三，政府部门之间推诿扯皮、相互掣肘。其四，行政审批程序众多，办事手续烦琐。它们会造成政府"放管服"改革成效不佳、政府寻租存在、政府交易成本增加、政府职能转变不到位等政府效率损失问题。③

在梳理相关文献的基础上，本书认为政府效率损失是政府失灵及其衍生形式，是政府效率的负面反映或相反形式，突出表现为政府在履职及提供公共服务时所诱发的高成本、低效率、不作为、寻租、发展失衡等问题，使公共资源配置效率难以实现帕累托最优，主要包括五个方面内容：公共决策或管制失效、公共服务效率低、"帕金森定律"引起政府扩张或机构膨胀、地方政府寻租和腐败、政府效率悖论。（1）公共决策或管制失效。因为社会上实际不存在政府公共政策目标所追求的共同利益、政府工作人员的经济人本性及官僚主义难以保证个人利益加总为集体利益④、政企之间多重博弈增强政府信息不完全性和决策失误的可能性，无法保证政

---

① 唐任伍，唐天伟. 政府效率的特殊性及其测度指标的选择 [J]. 北京师范大学学报（社会科学版），2004（2）：100–106.
② 唐天伟. 政府效率测度 [M]. 北京：经济管理出版社，2009：48.
③ 唐任伍，唐天伟. 政府效率的特殊性及其测度指标的选择 [J]. 北京师范大学学报（社会科学版），2004（2）：100–106；唐天伟，许才明. 我国政府技术效率的主要症结及优化 [J]. 中国流通经济，2009（9）：36–39；唐天伟. 政府效率测度 [M]. 北京：经济管理出版社，2009：48–50.
④ 陈秀山. 政府失灵及其矫正 [J]. 经济学家，1998（1）：3–5；彭仔美. 论政府失灵的原因及对策 [J]. 财经理论与实践，1999（6）：71–74；胡竹枝，邹帆，李明月. 市场失灵、政府失效与第三种力量缺失——中小企业融资困境辨析 [J]. 广东金融学院学报，2007（1）：78–83.

府运行成本最小①，所以产生公共决策或管制失效。（2）公共服务效率低。由于公共特性、没有完善的竞争与激励机制，政府基本公共服务供给成本高、效率低。②（3）"帕金森定律"引起政府扩张或机构膨胀。影响政府提供公共物品的质量，致使行政成本增加、存在效率症结。③（4）地方政府寻租和腐败。这造成公共资源浪费与配置扭曲，限制政府治理能力，产生政府效率损耗。④（5）政府效率悖论，即政府责任缺失、过分追求高经济增长与高发展效率所形成的发展失衡、社会鸿沟、居民福利受损、社会效率降低等问题。⑤

第二节　政府效率损失的表现

一　政府效率损失的一般表现

政府效率损失具有客观性、广泛性和危害性，具体包括"放管服"改革成效不佳、政府交易成本增加、政府寻租存在、政府职能转变不到位。

（一）"放管服"改革成效不佳

政府失灵理论作为公共选择理论的核心内容，主要论断是公共决策失误。政府是一个有自身利益的实体，政府、社会、人民是实现国家治理现

---

① Le G J. The Theory of Government Failure［J］. *British Journal of Political Science*，1991，21（4）：423－442；李郁芳. 政府规制失灵的理论分析［J］. 经济学动态，2002（6）：38－41；朱红军，陈继云，喻立勇. 中央政府、地方政府和国有企业利益分歧下的多重博弈与管制失效——宇通客车管理层收购案例研究［J］. 管理世界，2006（4）：115－129＋172.

② 周志忍. 公共性与行政效率研究［J］. 中国行政管理，2000（4）：41－45；续竟秦，杨永恒. 地方政府基本公共服务供给效率及其影响因素实证分析［J］. 财贸研究，2011（6）：89－96.

③ 唐任伍，唐天伟. 政府效率的特殊性及其测度指标的选择［J］. 北京师范大学学报（社会科学版），2004（2）：100－106；唐天伟. 政府效率测度［M］. 北京：经济管理出版社，2009：51－52.

④ 傅勇. 财政分权、政府治理与非经济性公共物品供给［J］. 经济研究，2010（8）：4－15＋65.

⑤ 吕炜，王伟同. 发展失衡、公共服务与政府责任——基于政府偏好和政府效率视角的分析［J］. 中国社会科学，2008（4）：52－64＋206；北京师范大学管理学院，北京师范大学政府管理研究院. 中国省级地方政府效率研究报告（2012）［M］. 北京：北京师范大学出版社，2012：30－33.

代化的重要主体。因此，不仅每一层级地方政府的决策具有无私的利民主义，而且它们具有正确处理央地、政社及政民之间的关系的能力。随着"放管服"改革的深入，地方政府在国家治理现代化过程中获得了极大的自主权。地方政府工作人员由于拥有丰富的公共权力资源，倾向于寻求利益，避免不利因素或做出难以真正实现公平、正义和开放目标的相关决定。[1] 这就降低了政府决策的有效性与成功概率，进而影响政府效率的高低，带来政府效率损失。

为规避这一效率损失，中央政府强力倡导提高政府效能。李克强总理在 2016 年政府工作报告中提出，应继续简化行政管理和下放权力，整合分权管理，优化服务，不断提高政府效率；2016 年 5 月 9 日，国务院召开电话会议，推动监管服务改革，李克强总理再次要求深化"放管服"改革，提高政府服务质量和效率。随后，国务院各部委先后出台文件，落实中央政府有关"放管服"改革及提高政府效能的政策。比如，2018 年 8 月 2日，公安部宣布在 2018 年 9 月 1 日前全面推行公安交管"放管服"改革，重视提升政府服务质量与效率，以此规避政府效率损失。

"放管服"改革是简政放权、放管结合、优化服务的简称，是政府的一场自我革命[2]，旨在减权限权、激发市场活力、创造新供给、释放新需求、培育新动能、加快转变政府职能、打造高效透明低成本的政府服务体系，不断提高行政效能，是推动我国政府治理现代化的必由之路。其中，加快政府职能转变，意味着各级政府应该更好地发挥本应赋予市场和社会的权力，有效发挥政府的作用，为各项改革创造良好的制度环境。[3] 而推进"放管服"改革，具有深刻的时代背景和现实意义，背后折射的是全球竞争不断加剧、中国特色社会主义步入新时代、政府向服务型转变的大趋势。[4] 截至 2018 年底，中央政府设立的管理费减至 49 项，其中涉及企业

---

① 朱家林. 公共选择理论下政府决策行为失范的反思 [J]. 劳动保障世界，2018（11）：52.

② 孙欣欣. 国家治理现代化下地方政府的"放管服"改革 [J]. 管理观察，2019（11）：49 - 50.

③ 张洋. 简政放权：全面深化改革的首要之举 [J]. 中国机构改革与管理，2016（5）：1.

④ 张帅. 政府"放管服"背景下泰安市建设项目审批"一链办理问题研究" [D]. 山东大学，2020.

的 31 项，涉及政府资金的 21 项。同时，按照"应减必减、该放就放"的原则，简化了大部分财政部门同级行政审批项目，简化比例高达 80%，并相应取消了全部行政审批涉及的中介服务和前置审批事项。①

尽管如此，我国政府推行的"放管服"改革成效仍然不够理想，存在政府失灵及效率损失。比如，在"放管服"改革进程中，政务服务、社会服务、公共服务能力不强，政府浪费资源引起资源配置效率损失；政府对市场或社会监管不透明，或者过度监管产生监管失灵与政府效率损失。又如，地方政府存在"放管服"改革措施贯彻不力或者落实相应政策效率低下的问题。地方政府有些该放的权还没放，有些关键环节改革突破不够，或者改革放权不当，虽然打破了传统的政府管理方式，但没有建立、运用新的管理方式，难以实现前后、上下管理模式无缝衔接，由此造成地方政府部门思想认识混乱，降低了群众和企业对制度改革成效的预期。

同时，随着反腐败以及反"四风"、转作风工作的深入，政府机关及公务人员的勤政为民心态发生很大变化，出现怠政、懒政以及消极不作为现象②，降低了"放管服"改革成效。另外，"放管服"的功能及范围不断拓展放大，也降低了改革成效、导致政府效率损失。比如，"放管服"起初局限于行政审批制度改革，后来扩大到行政管理体制改革，然后演变成全面深化改革和构建新型国家治理体系。这种"波浪螺旋式"改革模式可能会导致上一轮改革还没有实现预期效果就进入了新一轮改革进程，从而导致改革成效不佳。不仅如此，在审批事项放权的过程中，存在"打包"或者"拆分"处理、放小不放大、放虚不放实、避重就轻、重量轻质，还存在监管能力不足、监管缺失与过度监管并存等问题。③ 又如，以"放管服"改革所推行的清单制度为例，在分不清审批权力清单还是所有

---

① 凝心聚力、多措并举，财政"放管服"改革取得新成效 [EB/OL]. http://www.mof.gov.cn/mofhome/tfs/zhengwuxinxi/caizhengfazhidongtai/201902/t20190202_3141145.html, 2019 – 02 – 03.

② 汪玉凯. 放管服改革如何深化——社会各界对简政放权、放管结合、优化服务的评价 [J]. 中国党政干部论坛, 2017 (9)：47 - 50.

③ 高小平，陈新明. 政府绩效管理视角下深化"放管服"改革研究 [J]. 理论与改革, 2019 (2)：51 - 60.

行政权力清单的情况下，就引入了责任清单概念，后来又提出负面清单，有的地方政府及其部门还推出了监管清单、服务清单、资格认定清单和财政支出清单等。①

自 1982 年以来，在中国政府进行的行政改革过程中，不难发现令人尴尬的现象：审批项目已陷入"精简又膨胀"或"越减越肥"的怪圈。政府批准的项目过多过杂会不可避免地影响政府的内部管理水平和对外服务质量。② 行政审批制度改革的另一个方面是下放权力，即把政府不该承担的权力还给市场和社会，"简企业和群众最需要简的政，放企业和群众最需要放的权，提供企业和群众最需要的服务"。政府在简政放权后，还进行了清单制度改革，主要包括：推进审批事项和市场准入的负面清单制度，逐步做到审批清单之外的事项均由市场主体依法自行决定；实行权力清单制度，明确权力运行边界；推进责任清单制度，明确政府、市场及社会的责任边界；制定收费清单制度，明确政府相关部门在涉及收费方面的权限，切实减少涉及市场主体方面的收费自由裁量权。正是通过行政审批制度和清单制度的改革，将政府权力关在制度的笼子里。③ 但是，在办"证"环节上仍然存在许可多、门槛高、申办费时费力等现象；工程建设项目报批时存在涉及部门多、环节多、评估多、时间长等现象；行政事业单位和各类中介机构涉企收费项目仍然存在乱收费、乱摊派、乱罚款等现象。④ 比如，山东省政府部门改革的第三方评估结果显示，"互联网＋政府服务"改革未取得良好效果，主要表现为：政府在线服务平台普及率不高，网络服务不佳，电子记录的可用性弱和认可度低，网络服务的意识不强，在线服务平台的推广不够、兼容性不强，部门之间的信息障碍也没有被打破。⑤

---

① 张定安. 关于深化"放管服"改革工作的几点思考 [J]. 行政管理改革，2016 (7)：33 - 38.
② 戴蕖，刘兆帆. 地方政府行政审批制度改革的困境与对策——基于 F 市外经贸系统的实证考察 [J]. 中国行政管理，2011 (7)：90 - 93.
③ 李水金，欧阳蕾. 十八大以来我国"放管服"改革的动因、成效、困境及推进策略 [J]. 天津行政学院学报，2020 (2)：11 - 21.
④ 沈荣华. 十八大以来我国"放管服"改革的成效、特点与走向 [J]. 行政管理改革，2017 (9)：10 - 14.
⑤ 高学栋，李坤轩. 推进"互联网＋政务服务"对策研究——基于山东省部分政府部门"放管服"改革第三方评估 [J]. 华东经济管理，2016 (12)：178 - 184.

以上有关现象及问题表明我国"放管服"改革成效不佳，存在效率损失。

（二）政府交易成本增加

政府交易成本是指政府在一定时期内为实现社会经济发展目标而付出的成本，是政府机构正常运转的一切开支、公共物品的投资、建立健全社会保障服务体系的投入等[①]，主要包括信息成本、监督管理成本以及制度成本等[②]，可分为政府协调成本、信息成本与反腐败成本三种类型。

首先，公共决策及选择中的政府交易成本会不断增加。因为政府部门很容易出现"帕金森定律"，也就是说，无论是否增加政府工作，或者即使根本没有工作，政府人员的数量也总是以一定的速度增加。政府机构扩张不仅使政府运行及交易成本大幅增加，而且更容易导致运行效率低下及效率损失。[③]

其次，公共治理过程也会增加政府交易成本。因为公共治理不但需要包括政府在内的多元治理主体，而且需要各主体之间建立平等的协商合作关系。然而，现实社会中的公共治理实践表明，多元治理主体的地位和权威并不平等，多中心权威并存的权力格局并不存在，政府具有绝对资源和权威优势。[④] 于是，作为治理主体之一的政府在公共治理过程中难以受到约束，会产生额外治理成本，增加政府交易成本，致使效率低下与效率损失。

再次，我国行政管理体制改革存在的体制转轨的代价与错位、行政管理体制设计不科学、政府职能专业化和政府结构分化等问题会增加政府交易成本。例如，国家成立轻工业部负责轻工业的经济事务，这种政府职能划分的方法不可避免地导致庞大的政府机构，而政府职能的扩张以及对公

---

① 李培湛. 政府交易成本透视 [J]. 学术探索, 2002 (6): 62 – 64.
② 沈伯平, 陈怡. 政府转型、制度创新与制度性交易成本 [J]. 经济问题探索, 2019 (3): 173 – 180.
③ 唐任伍, 唐天伟. 2002 年中国省级地方政府效率测度 [J]. 中国行政管理, 2004 (6): 64 – 68.
④ 邱忠霞, 胡伟. 公共治理何以失灵？——基于结构—功能的逻辑分析 [J]. 学习与实践, 2016 (10): 50 – 59.

共资源占用的增加，会增加政府的规模成本和公众的税收负担。① 又如，政务人员素质结构存在缺陷、行政领导缺乏法制观念、领导协调能力较弱等也会增加政府交易成本。②

最后，政务信息不对称会增加制度成本，诱发政治家、官僚机构、管理者的寻租及腐败，可能使政府陷入严重的管理危机、财政危机与信任危机，降低政府公信力。而政府公信力下降对政权合法性与正当性产生的负面影响远远超过赤字危机与绩效危机。③ 由于政府信息的不对称性，每个部门只知道自己部门的政府信息，而对其他部门的政府信息知之甚少。每个部门在制定政策时都基于自己的部门，这不可避免地会导致部门之间的矛盾和扯皮，增加交易成本并降低行政效率。④ 在预算契约缔结的过程中，存在大量的信息不对称现象，信息不对称又会加大部门预算过程中的不确定性。⑤ 比如，在现实权力运作中，个别政府工作人员在分配稀缺的公共服务、政府采购、执行公务和执法的过程中会出现行贿受贿、寻租等腐败行为，这会损害政府形象、扰乱社会主义市场经济秩序，最终导致社会公平正义被严重损害，政府成本链条被越拉越长。⑥ 这种"政治不信任"导致的政府交易成本增加及效率损失是当前中国政治生活中必须直面并急需解决的问题。⑦

（三）政府寻租存在

政府寻租往往被称为"权力寻租"。它源于经济学有关诠释腐败的寻租理论。20 世纪中叶，随着市场经济的迅猛发展，寻租理论在资本主义国

---

① 张丽华. 政府成本的经济学分析——对地方政府职能转变的再思考 [J]. 云南财贸学院学报，2003（1）：36 – 41.

② 卓越. 政府交易成本的类型及其成因分析 [J]. 中国行政管理，2008（9）：38 – 43.

③ 薛瑞汉. 西方国家政府公信力提升的经验及其启示 [J]. 河南社会科学，2016（1）：48 – 54 + 123.

④ 缪国书. 政务信息不对称的成因、后果及治理措施 [J]. 行政论坛，2002（5）：15 – 17.

⑤ 李淑芳. 横向预算权力配置与政府治理能力：一个预算交易费用的视角 [J]. 地方财政研究. 2016（12）：37 – 43.

⑥ 何翔舟，刘一靖. 公务人员"期权交易"与政府成本 [J]. 忻州师范学院学报，2019（2）：69 – 72.

⑦ 薛瑞汉. 西方国家政府公信力提升的经验及其启示 [J]. 河南社会科学，2016（1）：48 – 54 + 123.

家中产生。1974 年，美国经济学家安妮·克鲁格（Anne Kruger）发表《寻租社会的政治经济学》一文，首次提出寻租理论。该理论假设对利润的追求是经济人的本性。但是，与市场上的自由竞争可以使个人追求利润并为社会带来"好"的结果相反，人们为牟利而寻租只能给社会带来"坏"的后果。在政府干预的情况下，为了获得个人利益，人们不再通过增加产量和降低成本来增加利润，而是利用财政和人力资源来赢得各种政府偏爱。与通过激烈的市场竞争增加利润相比，这些活动节省了很多劳动力，但是消耗了大量的稀缺资源，减少了社会经济利益并造成效率损失。[①]

政府寻租主要指权力寻租。权力寻租与合谋是权力主体结合的产物，只要权力主体掌握资源的配置权，就会存在超额租金，寻租与合谋就成为可能。[②] 可以说，政府寻租及腐败源于缺乏对政府公职人员手中权力的监督。腐败会降低政府效率，带来效率损失，因此须建立可行的反腐败制度，把反腐败作为推进政府体制改革、解决效率损失的优先事项。

由于现实经济生活中市场失灵现象时有发生，因此用于解决市场失灵问题的政府管制或干预具有客观必然性。于是伴随政府管制或者干预的政府寻租就难以避免。[③] 寻租必然滋生腐败。腐败是滥用公共权力而获得的私利，是一种负面现象与效率损失。因为腐败的实质是用公共权力来满足个人私欲，必然增加交易成本，导致政府失灵，甚至引起政府的合法性危机。政府寻租是一个全球性的问题，会极大地腐蚀政府履行公共职责的能力。[④] 政府部门具有很大的行政权力，当政府干预企业和个人的经济活动时，市场就缺少活力，市场竞争就会受到阻碍，这种干预将使特权者获得超额收入，导致社会不公，降低资源配置效率。该种超额收入称为"租金"，而寻求权力来获得超额收入的活动通常称为"寻租"。政府寻租活动为特定的利益群体谋取利益，造成社会资源的巨大浪费和对社会的巨大伤

---

① 龚金国. 当代西方寻租理论述评 [J]. 社会科学，1989（6）：51 - 54 + 9.
② 李韬. 项目制效率损失的内在结构与改进 [J]. 行政论坛，2019（3）：23 - 30.
③ 刘梦晨. 寻租理论视野下腐败问题探析 [J]. 牡丹江大学学报，2017（4）：29 - 31 + 51.
④ 薛瑞汉. 西方国家政府公信力提升的经验及其启示 [J]. 河南社会科学，2016（1）：48 - 54 + 123.

害，产生政府失败与效率损失。寻租的存在严重损害了市场机制的有效性，不但难以解决市场失灵问题，而且造成了市场机制的低效及新的市场失灵。从某种角度看，政府寻租是政府干预经济权力的滥用，必然造成效率损失①，危害政府运行的效率和公正性。

"阳光是最好的防腐剂。"推行政务信息公开可以有效预防政府寻租与腐败发生，规避政府效率损失，提升政府效率。因为，政务信息公开不但是衡量政府效率的重要指标②，而且是评估政府绩效，特别是政府网站绩效的主要内容。研究表明，自1999年政府的上网工程实施以来，政府的工作效率和政府网站的整体水平得到了极大提高，政务信息的公开性不断增强。但是，政务信息公开仍然存在一些问题，如信息公开不规范，信息公开的内容较为随意，信息公开各自为政，缺乏统一性和协调性③；政府门户网站建设不足，公众信息公开意识欠缺，信息公开监督和保障不力④。

（四）政府职能转变不到位

行政管理体制改革要求加快政府职能转变，提高政府效率。政府职能是指国家行政管理体制根据国家和社会发展需要依法承担的职责和职能。⑤在现代化建设实践中，随着行政管理体制改革的发展，政府职能转变的目标定位不断加深。但是政府职能转变不到位会造成政府效率损失。政府职能转变是行政管理体制改革的核心内容，是经济体制与政治体制改革的"结合"，是建设服务型政府、实现政企分离、建立现代企业、改革行政管理体制和政府机构的重要内容。改革开放以来，中国对政府机构进行了八次改革。前六项改革主要是对政府自身机构进行调整，这种调整会使政府陷入"精简—膨胀—再精简—再膨胀"的怪圈，使得改革效率大打折扣，但政府在运作过程中的制度和职能问题并未得到真正解决。因此，1998年

---

① 张向达. 政府寻租及寻租社会的改革 [J]. 当代财经，2002（12）：9-12.
② 唐任伍，唐天伟. 政府效率的特殊性及其测度指标的选择 [J]. 北京师范大学学报（社会科学版），2004（2）：100-106.
③ 郑文晖. 我国政府网站政务信息公开的现状及对策分析——基于55个省（市）级政府网站的调查 [J]. 现代情报，2007（12）：19-22.
④ 王晓刚. 甘肃省政府信息公开主要问题及对策研究 [D]. 甘肃大学，2019.
⑤ 王浦劬. 论转变政府职能的若干理论问题 [J]. 国家行政学院学报，2015（1）：31-39.

提出以政府职能转变为核心的政府机构改革。2008 年，中国正式启动了大部制改革。通过部委的合并或分立，建立了少数几个大型部门，以促进职能的整合，加速政府职能转变，并加强政府的宏观调控职能。①

尽管如此，我国仍然存在政府职能转变不到位的问题。这主要体现在两个方面。第一，从政府与市场的关系来看。一方面，政府对市场干预过多，导致地方政府行为企业化。一些地方政府直接充当市场主体，吸引投资和经营城市；或者政企和政资之间的关系没有理顺，国有企业建立现代企业制度的目标还没有实现；或者政府在经济调整过程中使用过多的行政手段，导致经济手段和法律手段使用不足。另一方面，政府对市场秩序维护不够。比如，对合法权利的保护还不够，甚至直接侵犯了公民权利；或对市场违规行为的监督不力。②

第二，从政府与社会的关系来看。一方面，政府在社会自治领域进行了过多干预，政事分开、政社分开改革推进缓慢；社会组织的培育和发展还不够，规范化的管理还不够；社会事务的干预过于详尽和过多，挤压了非政府组织、人民和司法部门发挥作用的空间。另一方面，政府对公共服务提供不足。公共服务投入不足、公共物品供给短缺、公共服务能力不强③，使政府的公共服务供给者责任和公共服务市场化机制没有有效建立起来。此外，政府在购买公共服务时存在政府动力不足、服务主体薄弱、购买力度不够等问题。④ 同时，公共服务分配不平衡和不公平现象突出，特别是在基础教育、医疗、社会保障和其他与民生直接相关的领域，因为基本公共服务投资的优先次序呈现相反的情况。⑤ 同时，我国政府购买公共服务存在发展不平衡的状态，很大程度上体现在购买公共服务的不同地

---

① 马健. 当前我国政府职能转变的困境 [J]. 山东省农业管理干部学院学报，2012 (5)：81 - 82.

② 顾瞳瞳. 在法治政府框架下进一步转变政府职能 [J]. 行政与法，2015 (6)：21 - 30.

③ 唐铁汉. 我国政府职能转变的成效、特点和方向 [J]. 国家行政学院学报，2007 (2)：10 - 13.

④ 杜荣胜. 政府购买公共服务问题和对策研究 [J]. 财政研究，2014 (6)：29 - 32.

⑤ 孙亚忠. 论我国政府职能界阈和结构的调整及优化 [J]. 南京社会科学，2007 (7)：74 - 81.

区、不同部门之间的不平衡。①

我国政府职能转变常常是将焦点集中在"机构改革"上,仅仅局限于撤并机构、精简人员,导致职能转变成效不显著,职能转变不到位。同时,由于地方政府经常关注一些表面的成就,而忽视了那些有利于社会发展但需要长期投资建设的项目,如基本医疗、教育、文化、环境保护等,基本公共服务能力不强,地区之间、城乡之间存在较大差异②,影响政府职能转变。此外,政府职能没有转变到位还表现为"缺位"和"越位"现象并存。当然,政府职能转变不到位的深层次原因是政府单方面追求增长率、政府对微观经济模式的直接干预、绩效评估机制的缺陷、金融体制改革滞后、各级政府职能分工不合理。③ 由此可见,政府职能转变不到位,职能定位模糊、职能越位与缺位并存现象依旧存在,政府部门之间推诿扯皮、相互掣肘等政府效率症结及效率损失表现突出。

政府职能转变不到位,也源于政府责任缺失与效率损失。在网络组织复杂的背景下,这个问题更具挑战性。由于"多只手"的相互作用,很难划清界限,这使得政府任务分配成功与失败的责任难以明确到某个具体的"手"中④,产生政府失灵与效率损失。2017 年 10 月 18 日,习近平总书记在党的十九大报告中提出"转变政府职能,深化简政放权,创新监管方式,增强政府公信力和执行力,建设人民满意的服务型政府"。2018 年 3 月 5 日,李克强总理在第十三届全国人民代表大会第一次会议上指出,有必要全面提高政府效率,优化政府机构的设置和职能配置,深化政府体制改革,形成政府治理体系,明确责任制和依法行政体制,增强政府的公信力和执行力,以此规避政府效率损失,不断提高政府效率。

二　省级政府效率损失的具体形式

相关研究指出,基本公共服务、居民经济福利、市场监管等是衡量省

---

① 吴丹丹. 我国政府购买公共服务存在的问题及对策研究 [D]. 长春工业大学,2017.
② 雷玉琼,李岚. 乡镇政府公共服务供给能力评估指标体系建构——兼论政府公共服务能力的研究现状 [J]. 中国行政管理,2015 (11):30 - 35.
③ 沈荣华. 转变政府职能需要解决深层次问题 [J]. 中共宁波市委党校学报,2009 (2):39 - 44.
④ 李超雅. 公共治理理论的研究综述 [J]. 南京财经大学学报,2015 (2):89 - 94.

级政府效率的重要指标。① 因此，与之相对的基本公共服务非均等化、居民经济福利损失、市场监管乏力就是省级政府效率损失的具体形式。同时，由于环境污染治理、（政府）腐败会消耗大量公共资源，减少政府产出，增加政府交易成本，降低政府效率，因此环境污染治理低效、（政府）腐败就成了影响政府效率的变量，成为省级政府效率损失的重要形式。

（一）基本公共服务非均等化

基本公共服务一般是由政府提供的与民生相关的纯公共服务，主要包括基础教育、社会保障、公共安全等。② 由于地区发展差距、财政转移支付制度的不完善、中央和地方事权划分不合理、政府基本公共服务管理机制失灵等原因③，大多数地方政府基本公共服务供给不均等，比如供给效率不高、区域之间基本公共服务水平与质量差异较大④。这表明政府公共物品供给效率较低、存在效率损失。换言之，基本公共服务非均等化就是指政府提供公共服务存在不均衡与低效率现象，包括基本公共服务供给结构不平衡、区域分布不平衡、供需不平衡。比如，市政广场等基本公共服务供给比较充裕，而基本医疗卫生等基本民生服务供给不够；城市公共服务较好，乡村公共服务不足；公共服务供给难以满足居民对基本公共服务的需求。同时，有的基本公共服务供给成本高、质量不佳等，也会导致政府基本公共服务效率较低。基本公共服务非均等化会带来基本公共服务供给失衡、不足，造成公共资源错配或者浪费，使基本公共服务效率难以实现均衡与最优，损害资源配置效率，因此成为省级政府效率损失的具体形式。

基本公共服务的供给是由政府主导的，为了满足公民生存和发展的基本需求，它包括基础教育、基本医疗、社会保障等，具有正外部性和非排

---

① 北京师范大学政府管理研究院，江西师范大学管理决策评价研究中心. 中国地方政府效率研究报告（2017）［M］. 北京：科学出版社，2017：20－33.

② 安体富，任强. 公共服务均等化：理论、问题与对策［J］. 财贸经济，2007：48－53＋129.

③ 党秀云，彭晓祎. 我国基本公共服务供给中的中央与地方事权关系探析［J］. 行政论坛，2018（2）：50－55.

④ 蔡春红. 完善财政转移支付制度的政策建议——兼论推进基本公共服务均等化和主体功能区建设的关系［J］. 中国行政管理，2008（4）：78－81.

他性。基本公共服务的供给应适应经济和社会发展的水平，否则会导致基本公共服务的短缺或过剩，形成基本公共服务的非均等化。同时，基本公共服务是政府为满足人民的最基本需求而提供的公共服务，因此应该符合居民基本生存、生活及发展需要。① 其中，省级政府作为地方公共服务的重要提供者，在供给基本公共服务时，既要考虑供给的总量和结构，提高供给质量与效率，又要考虑为该地区的居民提供相对平等的基本公共服务，确保区域和阶层之间所有居民平等地获得基本公共服务，平等地享用基本公共服务的数量和质量，对基本公共服务的满足程度没有显著差异。② 具体而言，省级政府应当在辖区内提供比较充足的基本公共服务，充分满足社会公众，特别是中低等收入群体的基本需求。同时，不同省域之间基本公共服务的差异不能太大。

但是，研究表明我国省级政府供给基本公共服务的总体效率不高，且省级政府间差异显著。③ 我国31个省级政府辖区的城市和农村基本公共服务水平差异十分显著。城市基本公共服务水平的空间分布为"T"字形格局，并呈"东—中—西"阶梯状递减格局；农村基本公共服务水平的空间分布与城市存在很大的不一致性，呈"东—西—中"阶梯状递减格局。④ 此外，省级政府提供的基本民生服务，特别是在基本就业、基础教育、基本医疗卫生、基本社会保障、基本公共文化服务等领域投入的人力、物力、财力明显不足、分布不均，致使省级政府间差异显著。⑤ 同时，省级政府在公共安全、医疗卫生等方面基本公共服务均等化程度较高，而在环境保护方面基本公共服务均等化程度偏低，社会保障与就业、文化体育与

---

① 吕炜，王伟同. 发展失衡、公共服务与政府责任——基于政府偏好和政府效率视角的分析 [J]. 中国社会科学，2008 (4)：52 – 64 + 206.

② 郭小聪，刘述良. 中国基本公共服务均等化：困境与出路 [J]. 中山大学学报（社会科学版），2010 (5)：150 – 158.

③ 续竞秦，杨永恒. 地方政府基本公共服务供给效率及其影响因素实证分析 [J]. 财贸研究，2011 (6)：89 – 96；郭小聪，代凯. 国内近五年基本公共服务均等化研究：综述与评估 [J]. 中国人民大学学报，2013 (1)：145 – 154.

④ 韩增林，李彬，张坤领. 中国城乡基本公共服务均等化及其空间格局分析 [J]. 地理研究，2015 (11)：2035 – 2048.

⑤ 刘德吉，胡昭明，程璐，汪凯. 基本民生类公共服务省际差异的实证研究——以基础教育、卫生医疗和社会保障为例 [J]. 经济体制改革，2010 (2)：35 – 41.

传媒、教育以及交通运输等方面基本公共服务均等化程度低①，即基本公共服务非均等化严重。这意味着省级政府在供给基本公共服务时，存在较为严重的非均等化现象及效率损失问题。以公共交通服务为例，交通拥堵已经成为我国常见的一种"城市病"。交通发展资源的刚性约束进一步加重，交通运输环境保护约束进一步强化，交通运输服务品质需求进一步提高，交通运输生产管理服务面临的效率、生态和安全矛盾突出。②比如，大多数省级政府的中心城市存在严重的交通拥堵问题，交通拥堵不仅是由公共交通服务的供需不匹配导致的，而且是城乡、区域之间的公共交通服务非均等化所致。这种公共交通服务的非均等化就表现了省级政府效率损失。③

基本公共服务供给成本差异是我国省域之间基本公共服务非均等化的重要原因。中国是一个幅员辽阔的国家，不同地区之间的经济和社会发展差距很大，不同省级政府需要不同的成本来提供具有相同使用价值的基本公共服务，特别是在西部地区，需要更多的投资来提供与东部地区相同数量和质量的基本公共服务④，致使西部地区的省级政府承担的财政压力更大，因为我国省级政府之间财政收支体制不一致和转移支付体制不完善。⑤我国基本公共服务供给存在央地权责关系不明、不匹配现象。中央和地方事权范围划分不清晰、事权和财权不匹配等也是造成基本公共服务非均等化与政府效率损失的重要原因。⑥从财政收支体制来说，现行的中央财政政策以税收减免、税收返还和财政补贴为主，在这种财政政策下，东部地

① 魏福成．我国基本公共服务均等化：评价指标与实证研究［J］.中南财经政法大学学报，2015（5）：26-36.

② 张新，杨建国．智慧交通发展趋势、目标及框架构建［J］.中国行政管理，2015（4）：150-152.

③ 白彦锋，徐晓芳．北京交通拥堵治理：基于公共服务均等化视角的分析［J］.经济与管理评论，2014（6）：143-149.

④ 安体富，任强．公共服务均等化：理论、问题与对策［J］.财贸经济，2007（8）：48-53+129.

⑤ 曾红颖．我国基本公共服务均等化标准体系及转移支付效果评价［J］.经济研究，2012（6）：20-32+45.

⑥ 党秀云，彭晓祎．我国基本公共服务供给中的中央与地方事权关系探析［J］.行政论坛，2018（2）：50-55.

区得到的财政政策收益明显多于中部、西部地区，致使财政政策红利不能弥补这些地区省级政府在基本公共服务投入方面的不足，加剧了区域间基本公共服务非均等化。① 另外，政府部门的自利行为、政府规模的扩大倾向、官本位文化盛行、政府职能转变不到位等原因，容易产生"政府本位"及"政府失灵"，造成基本公共服务政策体系不完善，带来政府基本公共服务投入不足、覆盖面不广、质量偏低等问题。② 不同层级政府间的委托代理问题、政府绩效考核标准不够科学等问题也是引发基本公共服务非均等化及省级政府效率损失的重要原因。③ 为此，解决基本公共服务非均等化问题及规避政府效率损失，需要省级政府通过积极推进"互联网＋农村"建设，缓解农村和偏远地区教育、医疗等基本服务供给不足与不均的问题。④

总之，由于基本公共服务供需矛盾、政府部门利己性等原因，政府在提供公共服务时，总会出现供给不平衡、高成本、低效率等问题，难以更好地满足社会需要，造成基本公共服务非均等化，产生公共服务领域的政府效率损失。⑤

（二）居民经济福利损失

居民经济福利是政府效率的外溢指标⑥，不断改善居民经济福利状况是政府的重要职责。政府在追求经济增长与社会协同发展、提高政府效率的同时，应以民为本，增进居民经济福利，不断满足人民对美好生活的需要，提升居民的获得感和幸福感。居民经济福利不但体现在居民收入水平、分配公平上，而且体现在生活环境改善等方面。但是由于政府过度重

---

① 杨志安，邱国庆. 财政政策对区域公共服务均等化的影响效应、作用机理及调控路径 [J]. 当代经济管理，2018（2）：72－78.

② 杨弘，胡永保. 实现基本公共服务均等化的民主维度——以政府角色和地位为视角 [J]. 吉林大学社会科学学报，2012（4）：13－19.

③ 郭小聪，刘述良. 中国基本公共服务均等化：困境与出路 [J]. 中山大学学报（社会科学版），2010（5）：150－158.

④ 翁斌. "互联网＋农村"化解农村基本公共服务困局 [J]. 金融电子化，2017（9）：92.

⑤ 陈振明. 非市场缺陷的政治经济学分析——公共选择和政策分析学者的政府失败论 [J]. 中国社会科学，1998（6）：89－105.

⑥ 唐任伍，唐天伟. 政府效率的特殊性及其测度指标的选择 [J]. 北京师范大学学报（社会科学版），2004（2）：100－106.

视经济增长，忽视居民经济福利状况的同步改善，因此造成经济增长与居民福利水平提升脱钩的问题，带来城乡收入差距较大、城市低收入群体收入保障不足等问题。① 这就表明政府行为没有实现预期目标，造成居民经济福利损失，带来政府效率损失。②

相关研究表明，由于公共决策失误、政策滞后效应、管理成本高等原因，政府通过制定政策提升居民生活水平、增进居民经济福利，有时可能会产生事与愿违的情形，损害居民福利，产生居民经济福利损失。这种损失会减弱政府效率的外溢效应，导致政府效率损失。③ 这种居民经济福利损失主要表现在不同地区、不同阶层居民的收入差距，尤其是城乡居民收入差距过大方面。统计数据显示，2015 年中国的基尼系数为 0.462，高于国际警戒线 0.4；2015 年，城镇居民可支配收入是农村居民的 2.73 倍，远高于国际公认的其他国家相应水平。④ 目前中国城乡居民综合收入的福利差距比例已经达到 6∶1，2017 年中国的基尼系数仍超过 0.4，2018 年城镇居民可支配收入是农村居民的 2.86 倍，表明中国的收入差距仍然很大，已成为世界上城乡居民收入分配不均最严重的国家之一。⑤

从发展历程看，我国经济体制改革虽然开始于农村，但率先在城市取得了成功。长期以来，省级政府通过行政手段将经济发展成果在城乡间进行不合理的分配与转移。例如，政府的大部分财政支出用于建设城市公共设施，提供城市公共服务，改善城市居民的生活和生产条件，保障城镇居民基础教育、医疗、养老等社会经济福利。同时，工业品与农产品在价格上的"剪刀差"进一步降低了农村居民经济福利水平，导致城乡发展差距

① 杨爱婷，宋德勇．中国社会福利水平的测度及对低福利增长的分析——基于功能与能力的视角 [J]．数量经济技术经济研究，2012（11）：3－17＋148．

② 韩凤芹．地区差距与政府失灵 [J]．中央财经大学学报，2005（8）：4－8；程永宏．改革以来全国总体基尼系数的演变及其城乡分解 [J]．中国社会科学，2007（4）：45－60＋205．

③ 丁煌．公共选择理论的政策失败论及其对我国政府管理的启示 [J]．南京社会科学，2000（3）：44－49．

④ 郑磊，汪旭晖．外商直接投资流入加大了中国省际城乡收入差距吗——基于空间视角下的分析 [J]．宏观经济研究，2018（3）：62－80．

⑤ 刘田．中国城乡收入差距收敛性及倒 U 形检验 [J]．当代经济科学，2013（1）：1－8＋124．

过大、城乡居民福利鸿沟明显。另外，农村居民的劳动成果不仅是全社会消费资料的来源，而且是生产资料的来源，在地方政府"重城市，轻农村"的发展理念下，整个社会的大部分资源和经济成果经常被政府用来发展城市。也就是说，尽管农村居民为城市发展做出了重要贡献并承担了城市发展的代价，但他们很少分享城市发展的成果①，造成城乡居民经济福利差距过大。造成这种差距的深层次原因在于地方政府为了追求经济增长的目标，将财政支出的重心放到城市，缺乏对经济增长缓慢的农村地区的重视，导致城乡发展不平衡、城乡居民经济福利差距拉大的问题。如果城乡居民经济福利差距进一步恶化，可能会影响城乡协调发展与乡村振兴，侵蚀政府政策执行力及效率，产生政府效率损失，阻碍地方政府治理现代化与农业农村现代化进程。② 同时，过高的房地产价格所导致的产业结构发展失衡进一步降低了城乡居民收入与福利水平。由于地方政府领导干部的"经济人"本性、有任期的地方政府领导干部考核侧重于 GDP、地方财政严重依赖房地产税费等原因，政府调控房地产市场出现失灵，致使房地产价格增速过快、越来越高。③ 过高的房地产价格吞噬了城乡居民收入，降低了居民经济福利水平，增加了发展成本，严重影响了城乡中低收入阶层的生产与生活，增加了居民经济福利损失，造成了发展悖论与效率损失。

（三）市场监管乏力

市场监管是政府消除市场失灵所带来的负外部性的重要手段。建立和完善市场监管体系，对解决"市场失灵"中的信息不对称、垄断、负外部性问题及公共物品的提供，具有重要作用。④ 然而近年来食品药品安全事件时有发生，表明政府在进行市场监管时存在监管乏力的问题。其中原因既包括监管环境复杂，存在信息过载、多重信息不对称等问题，又包括政

---

① 邓靖，宋一弘. 城乡居民经济福利水平区域差异研究 [J]. 广州大学学报（社会科学版），2018（2）：69-74.

② 邓靖，宋一弘. 城乡居民经济福利水平区域差异研究 [J]. 广州大学学报（社会科学版），2018（2）：69-74.

③ 王箭，王俊. 我国政府治理高房价问题的元规则建构——以布坎南宪政经济学元规则理论为分析视角 [J]. 税务与经济，2014（2）：40-46.

④ 戎天美. "大市场、大监管"背景下市场监管模式研究 [J]. 河北企业，2018（12）：66-67.

府面对复杂监管环境反应的滞后性、监管职能分散、监管激励不足。比如，由于交易过程中的信息不对称、产权界定不清等原因，容易产生交易主体为了自身私利破坏交易规制的问题，造成市场失灵。① 这些问题的存在会增加监管成本、降低监管效率，进而带来市场监管乏力，体现为市场监管领域的政府效率损失。

政府监管市场，不仅监督管理实物商品市场，而且监督管理服务市场和生产要素市场；不仅要培育可以独立竞争的市场主体，而且要为市场主体创造良好的平等竞争环境。市场的培育、发展与市场的监督、管理是必不可少的，必须同时促进。否则，社会主义市场经济所应体现的效率和公平就难以同时实现。② 要确保监管的公正性，必须明晰政府在政策制定、项目实施和市场监管中的不同职能定位，形成超越政府决策与市场主体的独立监管制度，即监管机构独立于政策制定部门和被监管企业，使三者成为互相制衡的不同主体。③ 就省级政府而言，对辖区内的市场进行有效监管是重要职责。通过市场监管，省级政府不仅可以保护消费者的权益，还可以促进市场主体的公平竞争，维护良好的市场秩序。省级政府可以通过对产品流通、消费的各个环节进行检查，对企业违规行为进行行政处罚等手段，履行市场监管职能。但是，由于市场监管过程中存在监管主体不明确、问责主体不清晰、监管力量分散等问题，因此产生监管过程中的"错位"和"缺位"并存的局面，带来了较为严重的政府监管失效。④ 其中的原因在于行政之手对资源和劳动力等要素价格的不当管制，扭曲了市场信号进而影响了市场主体的行为，管乱管死了市场。现实中，常常是此前的监管不作为甚至乱作为，才导致此后市场交易的种种乱象。比如，"三聚氰胺事件"曝光了牛奶的质量问题，与市场监管乏力有关。除此之

---

① 郭跃进. 论市场监管的几个基本理论问题 [J]. 福建论坛（人文社会科学版），2006 (4)：26 - 29.

② 刘福义. 广州建立社会大市场监管体系的设想 [J]. 中国工商管理研究，1994 (2)：28 - 30.

③ 陈婉玲. 基础设施产业 PPP 模式独立监管研究 [J]. 上海财经大学学报，2015 (6)：47 - 56.

④ 顾丹丹. 依法治国背景下市场监管亟需明确的四个维度——从食品安全事件说起 [J]. 中国行政管理，2015 (5)：44 - 48.

外，近年来我国的假冒伪劣产品、地沟油、毒疫苗等食品药品安全事件屡禁不止[1]，表明省级政府在对市场进行监管时存在监管失效的问题。省级政府的监管失效，致使省级政府在市场监管时社会成本比较高，从而降低了省级政府市场监管的效率，造成省级政府的效率损失。面对市场监管乏力，省级政府既要整合监管资源、支持第三方的参与[2]，又要注重为市场监管执法主体（比如基层政府）提供有关监管的人力和财力支持，提高市场监管的专业能力，并要破除市场监管过程中存在的一些体制性问题[3]。

（四）环境污染治理低效

经济高速增长带来的环境负面效应需要政府开展有效治理。然而，由于环保政策制定和执行过程中的信息不完全、地方政府长期过度重视经济发展而忽视环境承受力等原因，增加了环境负荷与治理成本，导致政府环境污染治理低效，产生环境治理效率损失。[4]

目前，大多数环境污染是人为因素造成的。从某种角度看，它是人类及社会组织对环境资源的过度猎取及寻租行为。环境污染会对生态系统和社会经济体系造成负面影响，需要加以处理。如果环境污染治理成本过高就会带来严重的负外部性，大幅增加经济社会发展支出，增加政府财政负担，造成政府效率损失。然而，"先发展后治理"是我国部分地方政府处理经济发展与环境问题之间关系的"潜规则"。这是由于当前尚未实现高质量经济发展的目标，经济增长方式仍然相对粗放，新兴经济体的经济发展对生态环境的负面影响更大，致使我国环境保护与环境治理迫在眉睫，环境治理成本高。虽然近年来生态环境保护被列入我国各级政府工作的重

---

① 周燕. 政府监管与市场监管孰优孰劣 [J]. 学术研究，2016（3）：89 – 99.

② 陈锡进. 食品安全市场监管的制度经济学分析 [J]. 南京工业大学学报（社会科学版），2009（1）：53 – 58.

③ 石亚军，王妍. 深化市场监管和执法体制改革破除综合化内卷化矛盾 [J]. 国家行政学院学报，2018（5）：106 – 111 + 190 – 191.

④ 肖巍，钱箭星. 环境治理中的政府行为 [J]. 复旦学报（社会科学版），2003（3）：73 – 79；蔡守秋. 论政府环境责任的缺陷与健全 [J]. 河北法学，2008（3）：17 – 25；沈坤荣，金刚. 中国地方政府环境治理的政策效应——基于"河长制"演进的研究 [J]. 中国社会科学，2018（5）：92 – 115 + 206.

要日程，但是并未从根本上改变"GDP至上"的发展理念。①

由于环境污染是市场失灵带来的负外部性，因此政府部门可以通过税收、处罚、补贴等手段规避污染、治理污染，从而实现经济增长与生态环境的协调。但是，我国环境污染问题并未得到根本遏制。由于履职目标的多样性、自由裁决权以及生态环境合作共治理念的缺失等原因，地方政府往往难以有效规避和治理环境污染：环境污染状况未见根本好转，而环境污染治理成本却不断攀升。② 此外，还出现了"治标不治本"的错误做法，比如将有污染的产业转移到落后地区，造成部分地区污染减少的假象，这只会导致落后地区对污染控制更加宽松，一些区域性污染甚至全国性污染增加，使得环境治理无法发挥规模效应，降低环境治理效率③，应当引以为戒。

我国省级政府辖区不合理的能源消耗方式也是环境污染形势严峻及环境污染治理低效的外在表现。近年来，虽然在中央政府的强力推动下，我国各地能源消耗强度已经大幅度下降，但是仍面临能源结构不合理的问题。以煤炭为代表的化石能源仍是我国主要的消耗能源，非化石能源所占的比重比较低。同时，由于长期形成的不合理的能源消耗方式、能源科技发展水平与能源转型的科技需要不匹配、关键核心技术自主创新能力不强等原因，我国整体的能源利用水平与发达国家还存在较大的差距，且省级政府之间能源利用效率差异显著，容易带来更为严重的环境污染问题，增加环境污染治理成本，降低政府环境治理效率，产生政府效率损失。④

同时，考虑到环境污染往往具有跨区域的特征，跨区域的环境污染可能降低省级政府环境治理效率，造成政府效率损失。以空气污染治理为例，由于空气的流动性，某一地区产生的污染源可能会影响其他地区的环境质量。而环境保护具有公共资源属性、外部性和空间外延性的特征，这

① 张萍. 冲突与合作：长江经济带跨界生态环境治理的难题与对策 [J]. 湖北社会科学，2018（9）：61-66.

② 蔡守秋. 论政府环境责任的缺陷与健全 [J]. 河北法学，2008（3）：17-25.

③ 陆铭，冯皓. 集聚与减排：城市规模差距影响工业污染强度的经验研究 [J]. 世界经济，2014（7）：86-114.

④ 桂华. 我国能源利用效率的成效、问题与建议 [J]. 宏观经济管理，2017（12）：41-46.

就决定了环境保护的整体性，提升环境治理效果往往需要多个省级政府的协助，要预防环境治理中的"搭便车"行为。① 目前我国的大气污染治理模式主要是与行政区划相适应的属地管理模式，在这种模式下容易产生治理分权、央地政府合作困境；地方政府恶性竞争；管制不力、政企博弈；公众参与不足、政企合作困难等问题。② 因此，政府在针对跨区域的环境污染治理（如大气污染的治理）时要避免"碎片化"治理的倾向，完善政府效率损失规避机制，注重省级政府之间的协调与合作，特别是注意各地环境治理政策之间的协同。另外，治理跨区域的环境污染，除了使用管制性的环境治理政策外，还要积极使用市场型和自愿型政策，鼓励多元主体参与，减少政府成本，以此规避政府治理环境污染的效率损失。③

环境污染治理低效所造成的政府效率损失也与我国环境治理投入总量不足、环境污染治理效果与公众期望相差较大有关。④ 以水污染防治为例，我国水污染治理有近万亿元的投入缺口。从融资来源看，环境治理资源投入不足、供给不够的主要原因在于地方政府的环保激励不足、环保制度缺失。⑤ 这进一步增加了地方政府治理环境污染的成本。

另外，现行的一些不合理的政策机制或缺乏较为成熟的区域间环境合作共治机制可能会影响省级政府环境治理效果的提升，增加省级政府环境污染治理成本。例如，在环保政策的制定和执行过程中存在信息不对称、寻租等问题，容易出现政策制定不合理、政策执行不到位等问题；又如，在长江经济带跨界生态环境治理中，生态环保意识不足导致地方政府对本地区生态环境问题采取"放纵"的态度，因此就难以治理跨界生态环境污染。因为这些污染发生的地理位置处于行政区域的边界且污染源不止一

---

① 杨妍，孙涛．跨区域环境治理与地方政府合作机制研究［J］．中国行政管理，2009（1）：66－69．

② 刘光兰．基于外部性的跨区域大气污染治理模式研究［D］．西南石油大学，2015．

③ 吴芸，赵新峰．京津冀区域大气污染治理政策工具变迁研究——基于2004－2017年政策文本数据［J］．中国行政管理，2018（10）：78－85．

④ 杨志安，邱国庆．财政政策对区域公共服务均等化的影响效应、作用机理及调控路径［J］．当代经济管理，2018（2）：72－78．

⑤ 张华．环境支出、地区竞争与环境污染——对环境竞次的一种解释［J］．山西财经大学报，2018（12）：1－14．

个，而责任主体涉及企业和地方政府的许多部门，这些责任主体在权力与责任之间的关系中含糊不清。所以，在跨界生态环境治理实践中，由于缺乏相应的制度机制约束，为了避免环境责任，地方政府和企业经常选择"搭便车"或将环境责任和治理成本转移给下游政府①，这就降低了各省级政府环境治理的效率，也就是环境污染治理低效带来省级政府效率损失。同时，由于委托代理问题、中央政府与地方政府目标冲突等原因，对省级政府进行例行的环境考核评估并不能提升环境治理效果，反而会导致地方政府环境治理的"共谋行为"，增加省级政府的环境污染治理成本，难以提升省级政府的环境治理效率。②

（五）腐败

由于政府工作人员具有经济人的特性、政府部门激励和监督机制的不完善、政府部门的垄断性等原因，政府在对社会经济进行干预的过程中，会产生寻租问题，进而引发腐败行为，造成政府效率损失。③ 腐败本身就是政府寻租和政府工作人员出于个人利益滥用公共权力的体现：一方面，部分政府工作人员为了个人利益将公共权力转化为个人权力，把公共权力作为个人谋取上升渠道的手段，造成公共权力的错位；另一方面，部分政府工作人员将政治上的权力转化为经济利益的来源，进行权钱交易，通过滥用权力谋取个人不正当利益。④ 政府工作人员通过同意或拒绝执行公务来滥用政府机关的权力，以使个人受益，而不管相关政府机关的正式法规和程序如何。当腐败成为处理公共事务的正常且可以接受的方式时，组织的日常工作将以系统性的腐败为主导。腐败犹如病毒，一旦渗入政府机关的血液中，就会迅速蔓延至整个机关，危害极大。一旦不进行及时有效地

---

① 张萍. 冲突与合作：长江经济带跨界生态环境治理的难题与对策 [J]. 湖北社会科学，2018（9）：61 – 66.
② 盛明科，李代明. 生态政绩考评失灵与环保督察——规制地方政府间"共谋"关系的制度改革逻辑 [J]. 吉首大学学报（社会科学版），2018（4）：48 – 56.
③ 吴玉宗，陈大永. 浅析政府腐败的动因及对政府腐败的控制 [J]. 社会科学研究，2000（4）：50 – 54.
④ 周振林. 论权力腐败的表现及成因 [J]. 理论探讨，2001（3）：53 – 58.

处理，它最终会破坏政府的信誉和执行力。[①] 腐败会浪费公共资源，导致无法实现资源合理有效配置，增加政府治理成本、造成经济福利损失，降低政府治理效率，甚至导致社会分配不公，使国家掉入道德腐败陷阱。[②] 腐败犯罪会妨害经济发展、破坏民主政治、损害法治建设、降低道德水准。[③] 省级政府的腐败行为，不仅会造成公共权力和社会资源的滥用，增加发展与治理成本，而且会扭曲社会激励机制，危害政府效率提升，产生政府效率损失。[④]

腐败的主要原因在于政府在治理市场失灵的过程中缺乏有效的竞争、激励机制。[⑤] 同时，现有监管机制，如行政问责机制的不完善，也是腐败的重要原因。[⑥] 诸如公共权力运行存在的多层委托代理、过程中的信息不对称和监督成本过高等问题，都容易形成滋生公务人员腐败的土壤，导致政府腐败行为。[⑦] 而反腐败制度建设中的"制度缺陷""制度漏洞"和"制度软约束"造成的制度性失效[⑧]、地方政府财政预算透明度不高所造成的财政资金动向不明[⑨]等，也是腐败的重要原因。

腐败会对政府效率提升产生不利影响。治理腐败、规避政府效率损失需要加强公共权力运行过程的信息公开和运行结果的政府审计，并保证审计结果的公开。[⑩] 同时，加强信息技术，比如区块链技术在权力监督、公

---

① K. R. 霍普. 发展中国家的政府腐败和行政改革 [J]. 黄育馥，译. 国外社会科学，1988 （9）：36 – 41.

② 成力为，张冰. 腐败对政府效率的影响及反腐败制度设计 [J]. 哈尔滨工业大学学报（社会科学版），2005 （3）：45 – 48.

③ 赵宏. 新形势下我国腐败犯罪治理机制研究 [D]. 河北大学，2017.

④ 杨灿明，赵福军. 政府腐败的宏观经济学分析 [J]. 经济研究，2004 （9）：101 – 109.

⑤ 苏英，齐经民，李治义. 基于政府失灵行为分析的预防腐败制度模式研究 [J]. 中央财经大学学报，2012 （7）：14 – 19.

⑥ 干杰. 我国行政问责制理论与实践问题再思考 [J]. 江西师范大学学报（哲学社会科学版），2016 （5）：44 – 50.

⑦ 郑利平. 腐败的成因：委托代理分析 [J]. 经济学动态，2000 （11）：15 – 20.

⑧ 雷玉琼，李岚. 乡镇政府公共服务供给能力评估指标体系建构——兼论政府公共服务能力的研究现状 [J]. 中国行政管理，2015 （11）：30 – 35.

⑨ 李春根，徐建斌. 中国财政预算透明与地区官员腐败关系研究 [J]. 当代财经，2016 （1）：19 – 28.

⑩ 郑小荣，程子逸. 政府审计结果公开与官员腐败——基于认知心理学的理论分析 [J]. 中国行政管理，2018 （11）：121 – 126.

共服务和腐败治理信息共建共享中的应用。① 此外，优化政府竞争、激励机制，完善行政问责机制，重视对腐败举报人的保护，发挥群众在治理腐败方面的作用，也是消除腐败，减少政府效率损失的有效措施。

第三节　政府效率损失的原因

以上所述的政府效率损失及其表现形式是由多种原因造成的，诸如信息不完全性和非对称性、政府部门垄断性、公共物品外部性等。

一　信息不完全性和非对称性

信息不完全性和非对称性是政府效率损失的主要原因，这会导致政府市场管制或公共决策存在局限性。根据传统的信息经济学理论，当市场交易主体中的一方能够利用自身信息优势获利时，处于信息劣势的一方便难以顺利地做出相应决策。其中，与市场交易信息相违背的"逆向选择"便会降低经济效率、造成资源错配。基于相同的逻辑②，政府的政策大多是在信息不充分、不完全、非对称的情况下制定出来的，这就很容易导致政府公共决策失误。比如，决策过程中的寻租和不完全信息等使政府难以制定符合管制目标的最优政策③；政府管制容易错位，即管制过度或者不到位使政府管制的力度和范围不好确定④；公共决策过程中对公共价值的考虑不充分、对资源禀赋的忽视、管理过程中的激励故障等原因，也容易在公共决策制定和执行过程中带来问题，造成决策偏离预期目标及效率损失⑤；

---

① 段琳，张凤侠. 区块链技术在腐败治理中的作用研究 [J]. 会计之友，2018 (22)：157 - 160.
② 柳光强. 税收优惠、财政补贴政策的激励效应分析——基于信息不对称理论视角的实证研究 [J]. 管理世界，2016 (10)：62 - 71.
③ Hepburn C. Environmental Policy, Government, and the Market [J]. *Oxford Review of Economic Policy*, 2010, 26 (2)：117 - 136.
④ 黄新华. 从市场失灵到政府失灵——政府与市场关系的论辩与思考 [J]. 浙江工商大学学报，2014 (5)：68 - 72.
⑤ 包国宪，马翔. 基于 PV - GPG 理论框架的公共项目绩效损失问题研究——以 G 省世界银行项目为例 [J]. 公共行政评论，2018 (5)：70 - 98.

不同政策手段之间可能相互矛盾和彼此冲突、政府寻租和腐败等也会降低政府管制的效果及效率，导致政府失灵或者政府效率损失。从信息经济学的角度来看，现实世界不仅是信息不完整的世界，还是信息不对称的世界。由于信息不完整和市场不完整的普遍存在，市场无法在约束条件下实现帕累托效率，从而导致市场失灵。一方面，政府面临的偏好显示和偏好聚合的困难使政府无法获得全面、准确的信息；另一方面，政府垄断了公共服务信息，致使居民个体和社会组织因信息缺乏无力对政府施政过程和后果的质量优劣或效率高低进行评判。[①] 比如，人们对公共物品具有不同的偏好，政府对公共物品的提供只倾向于反映"中位选民"的偏好，这样的结果就会使有些人的过度需求得不到满足，使另一些人的特殊需求得不到满足。[②] 因此，一些不需要公共物品补贴的人将享受公共物品的利益，而一些需要公共物品补贴的人将被排除在福利范围之外，从而导致公共物品供应效率低下。[③]

众所周知，高质量的信息对政府相关部门制定、实施恰当的政策非常关键。及时、可靠的信息不但有利于落实政府政策，而且能够使政府管理机构及时发现危机隐患，做出恰当的干预决策，防止危机的发生或蔓延。但信息的获取并非是毫无成本的，越是及时、准确的信息所费的成本就越高，尤其是对时变信息的获取更是如此。地方政府在地方信息甄别方面相对于中央政府具有比较优势。[④] 在中央政府与地方政府之间的博弈关系中，地方政府更具信息资源优势，因为地方政府离信息源较近，能够快速及时准确地获得信息，而中央政府所要求的信息需要地方政府上报，这往往是地方政府本身的行为信息。[⑤] 在提供地方公共物品方面，地方政府拥有的

---

① 岳书敬. 不对称信息条件下政府效率的提高与公众参与 [J]. 经济问题探索，2005（3）：13－15.

② 龚强，张一林，雷丽衡. 政府与社会资本合作（PPP）：不完全合约视角下的公共品负担理论 [J]. 经济研究，2019（4）：133－148.

③ 林洁. 公共物品供给效率研究 [J]. 学术探索，2014（2）：57－61.

④ 刘雷，刘锡良，王锦阳. 不对称信息环境下的金融集权与分权——基于中央政府视角的研究 [J]. 经济理论与经济管理，2016（12）：58－69.

⑤ 孙宁华. 经济转型时期中央政府与地方政府的经济博弈 [J]. 管理世界，2001（3）：35－43.

信息量要大于中央政府，而监管机构、被监管企业相比地方政府具有信息优势。① 根据信息经济学的理论，由于追求自身利益的最大化，地方政府的努力将低于帕累托最优。这样，地方政府的行为就会与中央政府的意图不一致，地方政府在应对中央政府颁布的指令时，就会出现"上有政策，下有对策"的现象。这就扩大了政府风险损失，大幅增加了政府效率损失发生的概率。

二　政府部门垄断性

政府部门垄断性是政府效率损失的又一原因。中国政府部门垄断是直接从计划经济转变而来的，而计划经济是由行政权力维持和运作的。因此，中国政府部门自身的垄断就具有强烈的行政垄断色彩。② 公共选择理论证明，政府部门垄断公共物品的供给，会使得公共物品缺乏竞争，缺乏降低成本及提高效率的压力③，造成大量浪费。除此之外，政府履行职能也具有垄断性，它不仅占用过多的社会资源，而且不断地将其经营成本转移给社会，导致资源失配和结构失衡。④ 同时，由于垄断带来的信息不对称，难以对政府行为开展有效监管⑤，从而产生供给失效。政府的垄断地位增大了政府生产公共物品的成本，降低了公共物品的产出，难以实现公共物品供求的均衡，不利于社会资源的有效配置，因而无法保证政府的效率。⑥ 具体而言，在政府垄断公共物品投资和运营的制度下，政府不仅是运营规则的制定者，而且是具体措施的监督者和执行者。长期处于政府保

---

① 岳书敬. 不对称信息条件下政府效率的提高与公众参与 [J]. 经济问题探索，2005（3）：13 – 15.
② 王俊豪，王建明. 中国垄断性产业的行政垄断及其管制政策 [J]. 中国工业经济，2007（12）：30 – 37.
③ 唐任伍，唐天伟. 政府效率的特殊性及其测度指标的选择 [J]. 北京师范大学学报（社会科学版），2004（2）：100 – 106.
④ 褚敏，靳涛. 政府悖论、国有企业垄断与收入差距——基于中国转型特征的一个实证检验 [J]. 中国工业经济，2013（2）：18 – 30.
⑤ 程鹏. 转型经济时期政府失灵的表现及规范政府经济行为的思考 [J]. 行政论坛，2003（3）：37 – 40.
⑥ 唐天伟. 政府效率测度 [M]. 北京：经济管理出版社，2009：53.

护之下的公共部门，由于具有垄断地位，缺乏竞争意识和最小化成本的能力，缺乏灵活的管理机制，导致公共服务意识淡漠和运营成本上升。在某些情况下，政府或公共部门的生产成本、管理成本和信息成本甚至可能超过提供公共物品的收益，从而导致政府提供公共物品的效率低下。① 同时，行政审批制度作为我国政府分配资源的重要手段，也是一种政府垄断行为。在许多情况下，即使政府批准的初衷是好的，比如调整产业结构、抑制投资的盲目性和减少资源浪费，但由于社会和经济制度的复杂性，监管者面临信息容量有限的问题，行政审批容易导致资源无效率的分配，依旧无法避免重复建设、产能过剩等问题，导致政府行为低效。②

另外，政府部门垄断性所产生的"帕金森定律"会引起政府扩张与官僚主义。由于政府存在追求自身利益而非公共利益的"内部效应"、政府支出缺乏硬预算约束等原因，政府往往倾向于扩大预算，容易产生"帕金森定律"所描述的机构臃肿、效率低下现象。③ 政府部门作为多元治理主体的权威地位不平等以及政府部门在每个行动中都至少是为自身的利益而行动，都源于政府部门具有利己性及垄断性特征。根据"帕金森定律"第一法则即增加部属法则，由于政府部门的私利，政府部门害怕竞争对手，渴望增加权力、提高地位，要求增加下属部门。这种政府机构的扩张只是为了满足政府追求自身利益的诉求，而不考虑整体的目标和利益。随着中国经济政治体制改革的不断深入，特别是国有企业改革不断深化，集体利己主义不可避免。中国的特殊国情使这些企业的首要任务是生存和支持人民。只要生产能够保证工人的工资，许多企业就能以较低的成本进行生产和销售。结果是，企业的进入成本大大降低，重复投资过多，导致国民经济布局总体失衡，最终受损的是国家。④ 行政效率较低、行政成本很高的后果是各级政府的威信受到严重损坏，存在政府效率损失。

---

① 姚从容. 重新解读"公共的悲剧" [J]. 财经理论与实践，2004 (4)：17 - 22.
② 刘志铭. 我国公共物品的政府提供机制及改革 [J]. 经济纵横，2003 (11)：29 - 32.
③ 陈秀山. 政府失灵及其矫正 [J]. 经济学家，1998 (1)：3 - 5.
④ 田向阳. "利己性"与社会主义市场经济 [J]. 淮北煤炭师范学院学报 (哲学社会科学版)，2004 (6)：33 - 35.

三　公共物品外部性

公共物品外部性也是造成政府效率损失的重要原因。在市场经济中，公共物品的出现是为了克服外部性对市场运作的干扰，弥补市场失灵的缺陷。但是，政府的公共物品供给和公共物品的消费会产生新的外部性问题。① 由于政府在公共物品的供给中不可能将每个消费者的意见都集中起来，以及存在不充分的社会公众参与，所以会出现政府公共责任的缺失。同时，在公共物品的使用和消费中，存在消费者的"搭便车"倾向。公共物品具有非排他性和非竞争性。非排他性是指该类物品一旦生产出来，就很难将任何一个使用者排除在外；非竞争性则是指即使该类物品只为特定人群生产，但也不会因其他人的使用产生成本：这两类属性会带来公共物品消费中的"搭便车"现象。② 与具有明确产权划分的私人物品不同，公共物品在消费中的非排他性使"免费获取"更加方便和容易。由于普遍存在"搭便车"行为，公共物品提供者的生产成本和收益不一致，导致外部性。③ 公共物品的负外部性是指政府供给行为对自然、社会和市场的负面影响。本质上是内部成本的外部化，降低了社会福利水平和供应效率。④ 在实际工作中，当问题涉及多个政府部门时，往往因不能明确问题的首要责任人或最终责任承担者，而陷入"谁都有责任，谁都可以推卸责任"的怪圈，使得部分问题成为政府管理中的"真空"地带。⑤ 在缺乏有效监督与约束的情况下，公共资源更容易被过度开发和肆意浪费，公共财产安全将得不到保障，并更容易受到损害及破坏⑥，从而出现环境污染、收入分

---

① 王野林. 关于公共产品属性与其外部性的思考 [J]. 经济视角（中旬刊），2011 (11)：113-114.
② 王雨辰，胡轶俊. 民营企业 PPP 项目参与度研究——基于公共性的风险分析 [J]. 软科学，2019 (6)：89-94.
③ 王野林. 关于公共产品属性与其外部性的思考 [J]. 经济视角（中旬刊），2011 (11)：113-114.
④ 林洁. 公共物品供给效率研究 [J]. 学术探索，2014 (2)：57-61.
⑤ 董幼鸿. 大城市基层综合治理机制创新的路径选择——以上海城市网格化管理和联动联勤机制建设为例 [J]. 上海行政学院学报，2015 (6)：31-37.
⑥ 姚从容. 重新解读"公共的悲剧" [J]. 财经理论与实践，2004 (4)：17-22.

配不公现象等。这些都与公共治理的目标形成反差。

此外，公共物品的负外部性也是成本的外溢，包括地域范围内的外溢和不同行业之间的外溢。① 比如，保护环境和应对气候变化都属于全球公益。除了普通公共物品的非排他性和非竞争性特征外，它们还具有跨时空及外部性特征，也会造成政府效率损失。近年来，气候恶化现象和雾霾天气频繁出现，生态环境和人类健康受到极大威胁。这些是公共物品的典型负外部性，其社会成本大于私人成本，也是因为政府在履职过程中未能充分发挥自己的作用和行使自己的职能造成的。② 除此之外，政府在履行职责过程中的负面外部影响还包括：未经公众许可的政府设施对周围环境的副作用，如噪音、恶劣的环境和拥挤的道路；政府建立的危险设施如政府授权的核电站对附近居民的损害。③

四　规避机制的不完善性

现有的政府效率损失规避机制不完善也是政府效率损失的重要原因。省级政府在我国行政管理体系中具有关键作用④，但大部分省级政府效率不高⑤、存在效率损失。如果不顾政府效率损失、放任政府低效率运行，就会给国家整个经济社会发展带来更大的、不可估量的效率损失。因此，必须重视规则、宪法及公共选择，建立健全政府监管、治理寻租等规避政府效率损失的有效机制。与中央政府相比，规避地方政府效率损失更加重要，因为这种效率损失不但是影响地方政府决策的重要维度，而且会造成更严重的政府失败，制约地方政府干预效果，拖累区域经济社会发展进程。目前，我国省级政府效率损失已有规避机制包括规则制定与选择机

---

① 王雨辰，胡轶俊. 民营企业 PPP 项目参与度研究——基于公共性的风险分析 [J]. 软科学，2019（6）：89－94.

② 付林，李鑫. 低碳经济发展过程中政府行为研究 [J]. 哈尔滨商业大学学报（社会科学版），2015（3）：31－39.

③ 李郁芳. 转轨时期政府规制过程的制度缺陷及其治理 [J]. 管理世界，2004（1）：137－138.

④ 唐天伟，唐任伍. 中国政府技术效率测度：2001－2009 [J]. 北京师范大学学报（社会科学版），2011（5）：123－129.

⑤ 陈诗一，张军. 中国地方政府财政支出效率研究：1978—2005 [J]. 中国社会科学，2008（4）：65－78＋206.

制、竞争与激励机制、决策与监督机制、责任追究与预警机制、社会合作机制、流程再造机制等，看起来比较系统和完善。但在实际运行中，现有政府效率损失规避机制存在一些漏洞，进一步加剧了地方政府职能转变不到位、公共政策失效等问题。比如，地方政府与市场职能界限模糊，政府越俎代庖，干预不当，产业政策执行受阻，产生公共政策失效①。又如，有效的竞争与激励机制能够充分激发政府工作人员的积极性，目的是提高工作效率。因为中国一直是人情维系起来的社会，所以这种人类情感文化和关系文化渗透现代政府组织，表现出强烈的"僵化"，模糊了公共和私人之间的界限，使得官场中的裙带关系、任人唯亲现象、小团体现象层出不穷②，阻碍了竞争与激励机制功能的发挥。再如，责任追究不到位致使责任追究机制的落实难，其原因来自三个方面。一是责任主体及职责边界不清晰。各个政府部门的职责重叠仍然很多，对于这些重叠的职责，没有相应的职责划分，没有职责界限，没有协调机制，不可避免地导致部门在实际运作中相互推诿扯皮。③一旦职责履行出现问题，追究起来无从下手，看似都有责任，其实都无责任。二是工作缺乏规范。三是追究力度不大，集中表现为该追究的不愿追究、不敢追究。正是因为现存的政府效率损失规避机制的不完善、不健全，政府权力未能得到有效约束，才导致政府寻租与腐败事件时有发生，降低政府效率，造成政府效率损失。

第四节　政府效率损失的规避机制

一　建立政府效率损失规避机制的必要性与可行性

（一）建立政府效率损失规避机制的必要性

前文研究指出，政府效率损失是客观存在的，会削弱政府执行力、浪

---

① 张士威，臧乃康. 经济新常态下政府职能的三重困局与消解路径 [J]. 现代经济探讨，2016（8）：30 – 33.

② 王自亮，陈洁琼. 科层理性与人情社会的冲突与平衡 [J]. 浙江学刊，2016（6）：137 – 140.

③ 郑俊田，郜媛莹，顾清. 地方政府权力清单制度体系建设的实践与完善 [J]. 中国行政管理，2016（2）：6 – 9.

费公共资源、阻碍地方政府治理现代化进程。因此，采取相应对策，建立政府效率损失规避机制具有必要性。然而，也有文献指出，政府行为目标多样性、政府自由裁量权、寻租成本以及规制中信息不对称等因素导致政府效率低下、存在效率损失等问题，使得人们开始怀疑政府规制的有效性。① 因此，制定合理的规章制度来规范约束政府规制目标的公共利益取向、控制自由裁量权的使用、建立租金消散机制和政府规制激励机制是非常有必要的，以上举措都能提高政府规制的绩效。此外，还有学者基于政府失灵、政府寻租角度来论述政府的低效率及效率损失，诠释相应的规避对策，提出建立不同层面政府效率损失规避机制的构想；指出，与中央政府相比，规避地方政府效率损失显得尤为重要，因为这种效率损失不但是影响地方政府决策的重要维度，而且会造成严重的政府失败，制约地方政府干预效果，拖累区域经济社会发展进程。因此，必须建立地方政府效率损失规避机制。

同时，经济形态的演变对建立、完善政府效率损失规避机制提出了更高要求。经济基础决定上层建筑，政府治理作为一种上层建筑要适应经济基础发展的要求。政府的科层治理、竞争治理和整体治理，分别建立在工业社会、后工业社会和网络社会的经济形态之上。当前，工业社会、后工业社会和网络社会是我国经济形态所具备的几大特征，这种复杂特征对我国政府的治理能力提出了更高标准及要求。② 因此，为了适应这种复杂的经济形态需要，提升政府的治理能力，建立、完善政府效率损失规避机制十分必要。

（二）建立政府效率损失规避机制的可行性

建立政府效率损失规避机制不但具有必要性，而且具有可行性。这体现在以下方面。

首先，不断增强的地方政府执行力，为建立我国省级政府效率损失规避机制奠定了基础。为增强政府执行力与提高政府效率，我国不断推进地

---

① 丁美东. 政府规制失效及其优化 [J]. 当代财经，2001（8）：17-20.
② 郑志龙，李婉婷. 政府治理模式演变与我国政府治理模式选择 [J]. 中国行政管理，2018（3）：38-42.

方政府治理现代化。地方政府治理现代化是从统治走向治理、从管制走向服务，从全能走向有限的过程。① 改革开放以来，我国总共经过 8 次自上而下的行政管理体制改革，这使政府机构更加透明，积累了有效的政府治理经验，促进了地方政府治理现代化，增强了地方政府执行力。这为建立省级政府效率损失规避机制奠定了基础。

其次，现代信息技术的应用为政府效率损失规避机制的建立提供了可能性。近年来，现代信息技术特别是互联网技术在政府机构的广泛应用，促进了政府流程再造，大幅提高了政府办事效率，为实现政府治理现代化及规避效率损失提供了支撑。② 政府部门通过应用大数据、人工智能等现代信息技术，提升政府运行质量及效率，促进政府行为的公开、透明，为建立省级政府效率损失规避机制以便进一步规范政府行为、提升政府治理绩效，为消除政府失败提供了可能性。③

最后，中国新型智库建设为政府效率损失规避机制的建立提供了智力支持。中国政府特别重视新型智库建设，取得了明显成效。美国宾夕法尼亚大学的研究成果表明，截至 2018 年底，中国共拥有党政智库、高校智库、研究院所等 500 多家新型智库。这些智库，凭借专业能力、社会影响力，在地方政府基本公共服务均等化、环境治理、经济发展等公共决策的制定及实施中发挥着越来越重要的参谋作用④，为建设效率型政府、减少政府效率损失、建立健全政府效率损失规避机制提供了智力支持。

二　政府效率损失规避机制的内容

政府效率损失影响我国供给侧改革、国家竞争力提升及政府治理现代

---

① 唐天伟，曹清华，郑争文. 地方政府治理现代化的内涵、特征及其测度指标体系 [J]. 中国行政管理，2014（10）：46 – 50.

② 吴昌杰. 政府流程再造：我国国家治理现代化的技术支撑 [J]. 安徽行政学院学报，2018（4）：41 – 46 + 88.

③ 赵瑞峰，周永生. 优化行政流程，规范政府行政行为 [J]. 行政论坛，2003（3）：16 – 17；顾平安. "互联网 + 政务服务" 流程再造的路径 [J]. 中国行政管理，2017（9）：28 – 31.

④ 李凌. 中国智库影响力的实证研究与政策建议 [J]. 社会科学，2014（4）：4 – 21.

化进程。① 目前，学术界关于政府效率损失规避机制的研究内容虽然广泛存在于政府失灵、政府效率损失的相关论述中，但比较零乱与分散，致使政府效率损失规避机制有关研究内容缺乏系统性。因此，建立健全一整套科学系统的政府效率损失规避机制显得尤为重要。

政府效率损失规避机制具有多样性、间接性等特征，相关研究内容多分布于政府效率损失原因及解决对策的论述之中。比如，通过政府合理干预，正确引导公众参与公共治理，将公共治理的参与主体、参与方式以及相关程序以法律法规的形式固定下来，有助于建立协调治理的多元化机制；又如，通过控制政府公共治理成本，将社会组织纳入公共治理体系，通过增强治理专业性、科学性，有助于打破政府垄断，实现公共服务的多元化供给②，进而减少政府效率损失。另外，建立监督与责任追究机制，委托第三方机构开展政府公共治理绩效评估及结果应用③，明确主管部门的治理责任及改进措施④，也有助于完善公共治理、规避政府效率损失。基于政府效率损失理论依据，结合政府效率损失的表现及原因，现阶段政府效率损失规避机制主要包括竞争与激励机制，公共决策与评价机制，预警、评估与责任追究机制，社会合作机制，流程再造机制等。

一是竞争与激励机制。政府机构低效率的原因之一就是内部缺少竞争机制来约束政府的行为，比如政务人员之间以及政府各部门之间缺乏竞争。⑤ 因此，为了提高政府机构效率，公共选择理论提出要在公共部门内部恢复竞争。罗晓东认为，公共物品生产垄断是政府低效率的重要原因，

① 瑞士国际管理发展学院. IMD 世界竞争力年鉴（2002）[M]. 姚俊梅，译. 北京：中国财政经济出版社，2002：1 - 4；俞可平. 推进国家治理体系和治理能力现代化 [J]. 前线，2014 (1)：5 - 8 + 13；胡鞍钢，周绍杰，任皓. 供给侧结构性改革——适应和引领中国经济新常态 [J]. 清华大学学报（哲学社会科学版），2016 (2)：17 - 22 + 195.

② 李新廷. 国家治理体系与政府购买公共服务 [J]. 沈阳工业大学学报（社会科学版），2015 (4)：289 - 294.

③ 朱新林. 城乡一体化背景下西藏农牧区公共服务供给研究 [J]. 西藏民族大学学报（哲学社会科学版），2017 (3)：19 - 25 + 154.

④ 胡志明，程灏，赵冰，方立媛. 公共治理视域下政府行为与公众响应的演化博弈 [J]. 沈阳工业大学学报（社会科学版），2018 (5)：464 - 468.

⑤ 丁煌. 公共选择理论的政策失败论及其对我国政府管理的启示 [J]. 南京社会科学，2000 (3)：44 - 49.

要消除这个障碍，就要在政府机构内建立起竞争机制①，并提出了建立政府机构内部竞争机制的系列建议：一是分散公共部门权力，减少政府垄断，加快提升政府效率；二是将许多本来由政府部门提供的服务承包给私人企业，由私人企业去为广大人民群众提供服务②。政府行政改革过程中绝不能忽视市场机制的调节作用，要加快分解政府权力和重新设计政府权力的进程。提高政府效率、减少效率损失还要改革政府垄断，实现公共服务多元化供给。早在 20 世纪 70 年代，美国、英国及日本等主要市场经济国家就推行了公用事业私有化，在公共服务供给管制政策和管制机构方面进行了相应改革和重组调整，逐渐完成了由政府垄断到公共服务多元化供给的转型。

政府机构低效率的原因之二在于政府组织缺乏降低成本的激励机制。政府组织的激励机制是指行政组织规范和引导公务员的行为方式和价值观念符合组织规定的机制。其中，政府对人力资源的开发和对人力资本的投资，能提高政府部门生产及管理效率，在促进社会经济发展和政府部门核心竞争力提升中具有举足轻重的作用。与此同时，改革开放以来，我国在公共服务供给方面推行了放松管制改革政策，取得良好成效，但也暴露出一些问题，比如：公共服务管理体制陈旧，难以适应深化行政管理体制改革实际；管理手段相对单一化，不能满足公共服务多元化供给要求；以政府机构为主体的公共服务部门形式比较单一，对公共领域的社会多元化参与设定的准入门槛较高，控制较严格；各地经济发展、居民收入、行政垄断、财力等方面的明显差异致使公共服务供给水平参差不齐。因此，政府部门需要扭转公共服务供给方面的大包大揽及效率低下的局面，引入竞争机制，拓宽公共服务多元化供给的渠道，建立健全我国公共服务供给方面的相关法律法规体系，不断提高我国公共服务供给质量及效率，更好地规避效率损失。

二是公共决策与评价机制。政府效率损失与公共决策或管制失效有

---

① 罗晓东. 论政府提供公共产品的经济职能 [J]. 经济评论，1995 (1)：66 – 69.
② 马春芳. 西方的"政府失灵"理论及对我国政府管理的启示 [J]. 理论探索，2004 (4)：79 – 80.

关。公共决策与评价机制包括多个方面内容。有学者认为，从决策主体来看，公共决策与评价机制涉及以下内容：针对公共政策或公共管理问题，政府等公共机构发起合作，包括利益相关的公共和私人部门等治理主体，这些主体直接参与决策过程，拥有决策参与权，协商的公共舆论空间组织化运作并要求共同参与，协商目的在于达成共识，并采取共同决策。从公共决策流程来讲，由于政府决策是由多个主体参与、多个环节构成的相对复杂的政务活动，其有效性受到多个方面因素影响。公共决策与评价机制通常由多个子机制构成，诸如察觉机制、沟通机制、公众参与机制、专家参与机制、制约机制、协调机制。① 这些子机制的良好运转对于制定科学可行的公共决策有着重要意义。因此，引入公共决策与评价机制，能有效规避公共决策、管制失效下的政府效率损失。

三是预警、评估与责任追究机制。布坎南表示，政府机构低效率的原因包括监督信息不完备，即对政府工作人员行为不能有效监督。因此，需要在一定程度上把决策者的决策权限与承担的政治、经济责任联系起来，减少政府机构决策失误带来的效率损失。为此，多中心治理理论从两个方面试图解决这一问题。一方面是把较大的管辖单位或者权利主体作为责任分配的承担者，这一做法是为了有序地将责任逐级分配下去，进而增加责任主体的维度；另一方面是通过建立多层级的分担责任模式，比如中央政府可以将某种服务委派给各级社会组织等其他非公益性机构。② 研究表明，从实施决策效果所追求的完全性、基础性、长久性来看，把决策权关进制度笼子里的公共决策责任终身制，既可以约束决策权，又可以激励决策者用好决策权。这样，通过完善决策机制体制，建立决策之前的决策失误防范机制和决策之后的监督评价、纠错救济机制③，更符合有效推动政府治理现代化、规避寻租带来的政府效率损失的要求。

四是社会合作机制。政府效率损失也表现为现行治理模式下公共服务

① 王满船. 政府决策机制的内涵及其完善 [J]. 国家行政学院学报，2003（6）：27 - 31.
② 王名，蔡志鸿，王春婷. 社会共治：多元主体共同治理的实践探索与制度创新 [J]. 中国行政管理，2014（12）：16 - 19.
③ 刘峰，张国玉. 把决策权先关进制度的笼子里：如何以决策责任终身制推动政府治理现代化 [J]. 人民论坛·学术前沿，2014（12）：40 - 49.

低效率。相关研究指出，中国政府治理存在三种治理理论倾向。第一种倾向认为联合非政府组织、第三部门及公民社会，充分发挥这几大社会角色的作用，从而做到对政府公共事务的有效治理；第二种倾向倡导建立完善的政府内部机制和沟通机制，主要是为了通过改革政府层级结构实现政府的有效治理；第三种倾向则是提倡综合性的治理模式，该种倾向以多元主体的互动来实现治理的可行性，这就需要从政府内外两个方面进行改革。①这种社会治理中的社会共治是建立在法治的多元主体共同治理的基础上，这既是其一大特征，也是国家治理体系和治理能力现代化必不可少的重要内容。显而易见，这不是简单意义上的政府治理社会，而是政府与社会携手共同治理，这亦是一个政府与社会共同努力的重要步骤。多元共治需要合作，合作是其最重要的机制之一。一方面，社会矛盾日益主要表现为资本在市场经济高速发展中不断加快积累的速度，导致社会两极分化加剧；与此同时，在政府体制转轨、政府改革和社会转型的过程中，政府自身也面临职能转变和转型挑战，国家与社会两者间的关系格局面临重塑，而群众日益增长的更高公共需求与各级政府供给不足之间的矛盾加速了政社合作的进程。另一方面，不断深化的政府改革，正在推进政府职能加快转变，也在推动改变当下社会组织体制的顶层设计，这些关于政府部门向好方向的改变，激起了全社会人民的热情支持和响应，在一定程度上推动着社会组织的迅速发展，其中涉及社会空间乃至政治空间的发展将进一步达到高潮。②

五是流程再造机制。流程再造（process reengineering）思想由美国学者迈克尔·哈默（Michael Hammer）提出，在 20 世纪 90 年代比较流行。比如，当企业在流程再造时，整体流程的最优化是首要追求的目标之一，此时并不是只追求单个环节的最优化，而是要求各个环节都是最优的。当流程再造实际运行时，以流程为导向的绩效评估机制需要及时建立健全，

① 张龙. 地方政府在公共服务中的行政责任探讨——基于行政伦理的视角 [J]. 法制与社会，2019（10）：129-130.

② 王名，蔡志鸿，王春婷. 社会共治：多元主体共同治理的实践探索与制度创新 [J]. 中国行政管理，2014（12）：16-19.

若不能及时完善，则会导致原有的绩效评估机制与新的流程产生矛盾，从而误导员工的价值取向，最终使流程偏离主要轨道。政府流程再造机制与企业流程再造机制类似。首先，推进跨部门政府业务流程再造，推进以"互联网＋政务服务"建设为特征的流程再造，逐步改变原先基于"职能分工"原则的传统工作方式，即把一项完整的工作分成不同部分、由相对独立的各个部门依次处理；其次，坚持以人民群众满意为导向，重新定位相关业务流程之间的逻辑关系，重新优化设计跨部门间的审批和服务等事项的受理，进行办理和最后办结的过程，形成高效化、便捷化和合理化综合业务流程；最后，建立"流程驱动型"的组织，促进信息流和业务流在水平和垂直方向上的顺畅流动，并通过"立标、对标、达标和创标"，实现跨部门业务流程持续健康的优化。①

第五节　政府效率损失与其规避机制的相互关系

一　二者理论基础相似

政府效率损失与其规避机制具有相似的理论基础。研究政府效率损失与其规避机制都以公共选择理论、政府效率理论、公共治理理论等为指导。一方面，公共选择理论有关政府效率损失的论述，政府效率理论有关政府效率症结和政府行为负外部性的论述都充分地论证了政府效率损失的客观性；另一方面，公共选择理论有关治理政府效率损失问题的论述，政府效率理论有关解决政府效率症结和政府行为负外部性问题的对策研究，公共治理理论有关多元治理机制和政府主导的"元治理"机制等的研究都是完善政府效率损失规避机制的理论依据。因此，二者具有相似的理论基础。

二　二者之间是矛盾与解决矛盾手段的关系

研究指出，是否具备完善的矛盾处理机制及能否有效地运用该机制，

---

① 顾平安．"互联网＋政务服务"流程再造的路径［J］．中国行政管理，2017（9）：28－31.

已经成为评价社会稳定性的重要标准。① 政府效率损失与提高政府效率互相矛盾，而规避机制是为了减少政府效率损失、提高政府效率。即规避机制是化解这种矛盾、消除效率损失的必要手段。因此，政府效率损失与其规避机制之间是矛盾与解决矛盾手段的关系。

一方面，政府效率损失是效率的相反面，政府效率损失规避机制是减少政府效率损失的手段，是提高政府效率的关键；另一方面，政府效率损失是客观存在的，因此需要对已有规避机制进行不断反思及优化。比如，从省级政府层面效率损失的实际出发，完善效率损失规避机制，有助于更好地规避政府效率损失。

三 对二者的研究有助于发展政府效率理论

政府效率损失也源自政府效率提升的实践，是一个客观存在并需要解决的现实问题，而损失规避机制则是为应对政府效率损失而产生的。因此，有关它们的研究成果会补充、发展政府效率的相关理论。同时，随着社会发展，政府效率损失的表现形式会不断变化，这就需要不断完善政府效率损失规避机制，从而补充政府效率损失规避机制理论。在实践层面，不断发现新的政府效率损失，并完善其规避机制，有助于丰富政府效率损失治理及提高政府效率的实践。

综上，政府效率损失与其规避机制二者具有一致性。它们具有共同的理论基础。同时，论证政府效率损失的表现及原因有利于阐述政府效率损失对策及规避机制。因此，对它们的研究从不同层面推进了政府效率损失理论及实践研究，二者相互联系、相互依存，具有内在联系。

第六节 小结

已有相关文献主要集中在政府效率损失的内涵、表现、原因等方面。一是，间接论证政府效率损失。相关文献注重从政府失灵角度界定政府效

---

① 刘中起，马西恒. 新形势下地方政府社会管理新方式的路径研究 [J]. 湖北社会科学，2010（1）：28 - 34.

率损失，指出政府效率损失源自并表现为政府失灵。二是，政府效率损失具有客观性、广泛性和危害性，突出反映在政府履职及提供公共服务时所诱发的高成本、低效率、不作为、寻租等方面，一般表现为"放管服"改革成效不佳、政府交易成本增加、政府寻租存在、政府职能转变不到位等。有关省级政府效率损失的五种具体形式包括基本公共服务非均等化、居民经济福利损失、市场监管乏力、环境污染治理低效和腐败，反映了政府履行职能及消除负外部性，即提供基本公共服务、改善居民经济福利状况、执行市场监管、参与环境治理、治理腐败等过程中的政府失灵或者效率损失。换言之，如果能定量考察政府履职及消除负外部性过程中的失灵或失效行为，就能测度政府效率损失。三是，政府效率损失的原因体现在信息不完全性和非对称性、政府部门垄断性、公共物品外部性和规避机制不完善性四个方面。四是，政府效率损失与其规避机制存在内在一致性，论证政府效率损失的表现及原因有利于阐述政府效率损失对策及规避机制。

综上所述，政府效率损失是客观存在的，其内涵与政府效率相反。尽管已有文献从政府失灵角度间接、定性论证了政府效率损失的原因及主要表现，个别文献也对省级政府的效率损失及其测度进行了有益探索，但没有直接论述，特别是没有定量考察省级政府效率损失。本书在梳理已有文献的基础上，基于政府效率损失与政府效率的内在联系，尝试从政府效率损失的内涵、原因及表现中发掘政府效率损失的定量因子，借鉴省级政府效率测度的思路及方法，试图从效率的相反层面即效率损失的角度，建立相应指标体系，定量考察省级政府效率损失，对深化政府效率损失研究、评价政府效率损失并构建政府效率损失规避机制，具有比较重要的研究价值。

第四章　省级政府效率损失测度构想

　　本书以 2014～2019 年作为省级政府效率损失测度区间，主要是基于三个方面考虑。第一，2014 年以来政府更加重视转变自身职能、建设服务型政府，更加强调自我革命及简政放权，更加关注规避效率损失、提高运行效率。这主要体现为：2013 年召开的党的十八届三中全会提出全面深化改革，要求加快政府职能转变；《2014 年国务院政府工作报告》首次提出探索建立政府绩效管理制度，提高行政效能。从而为规避政府效率损失描绘了新蓝图。第二，测度 2014～2019 年我国省级政府效率损失，不但有助于总结各省级政府"十三五"期间有关推进政府治理现代化、减少政府效率损失的经验与不足，而且有助于制定我国"十四五"规划有关"廉洁效率型"服务政府建设、政府治理现代化的目标及任务。第三，以 2014～2019 年为测度时间范围，指标数据比较新，能够比较直观地反映我国省级政府效率损失的现状及问题，为规避政府效率损失提供有效对策。

　　省级政府在我国行政管理体系中有着承上启下的重要作用。[①] 一方面，省级政府通过制定具体的措施落实中央政府制定的政策、法规；另一方面，省级政府通过为辖区居民提供区域性公共物品、有效的市场监管、良好的营商环境等，推动区域经济社会高质量发展。但是，我国大部分省级政府效率不高[②]，存在政府效率损失。同时，省级政府效率损失正在影响

---

　　① 北京师范大学管理学院. 中国省级地方政府效率研究报告（2011）[M]. 北京：北京师范大学出版社，2011：8－12.

　　② 陈诗一，张军. 中国地方政府财政支出效率研究：1978—2005 [J]. 中国社会科学，2008（4）：65－78＋206.

我国供给侧改革、政府治理现代化及国家竞争力提升①。为解决这一问题，"持续推进简政放权、提高行政效能"已被纳入国家"十三五"规划②；省级政府也通过问责、查处行政不作为等方式提升政府效能③。因此，考察政府效率损失具有迫切的现实意义。

　　然而，已有研究主要从一般意义上定性论证政府效率损失，缺少系统、定量研究效率损失，特别是缺乏关于省级政府效率损失的文献，导致相关研究缺乏针对性。如果没有对政府效率损失的定量考察，就不可能精确分析影响效率损失的因子，就难以设计科学有效的政府效率损失规避机制。因此，测度、分析省级政府效率损失具有比较重要的研究价值。

　　总之，测度、分析省级政府效率损失，一方面，有助于了解政府效率损失的大小，有的放矢地完善、创新政府效率损失规避机制，从而更好地规避省级政府效率损失、消除政府失灵，增强地方政府竞争力，推进地方政府治理现代化；另一方面，有助于比较近年来我国 31 个省级政府的效率损失大小，确定省级政府效率损失的主要原因，总结梳理规避省级政府效率损失的经验，更好地论证规避省级政府效率损失的对策，从而增强和提高我国省级政府执行力与运行效率，更好地满足新时代人民群众对地方政府治理能力与治理效率的更高需求。

第一节　省级政府效率损失测度思路与方法

　　前文指出，政府效率损失是政府效率的对立面及相反内容。如果仅从其内涵出发，就难以直接定量测度政府效率损失。有关政府效率损失的已有成果初步尝试间接定量考察政府效率损失。比如，有的运用 DEA 方法在

---

① 瑞士国际管理发展学院. IMD 世界竞争力年鉴（2002）[M]. 姚俊梅，译. 北京：中国财政经济出版社，2002：573 - 531；俞可平. 推进国家治理体系和治理能力现代化 [J]. 前线，2014（1）：5 - 8 + 13；胡鞍钢，周绍杰，任皓. 供给侧结构性改革——适应和引领中国经济新常态 [J]. 清华大学学报（哲学社会科学版），2016（2）：17 - 22 + 195.

② 中华人民共和国国民经济和社会发展第十三个五年规划纲要 [N]. 人民日报，2016 - 03 - 18（001）.

③ 丁云龙，王胜君. 政府治理效率损失的一般性解释及其解决策略——基于博弈论和"搭便车"视角的分析 [J]. 天津行政学院学报，2013（6）：91 - 96.

定量评估省级政府财政支出效率时，间接证明省级政府效率不高，存在效率损失①；又如，有的基于金融漏损构建政府失灵测度指标体系②，尝试从政府失灵视角测度政府效率损失；又如，采用问卷调查法尝试对具体公共项目运行环节的效率损失进行定量考察③。这些成果对本书探索、构建政府效率损失测度指标体系具有参考意义。

政府效率损失的具体表现主要反映了政府履行职能及消除负外部性过程中的政府失灵或者效率损失。如果能定量考察政府履职及消除负外部性过程中的失灵或失效行为，就能测度政府效率损失。因此，本书参考政府效率损失概念，结合省级政府基本职能及省级政府效率损失的表现形式，诸如基本公共服务非均等化、居民经济福利损失等，借鉴省级政府效率测度思路与方法，通过确定反映政府效率损失的定量因子及指标数据，来间接测度省级政府效率损失。

从某种角度来看，政府效率损失就是丧失或者减少的那部分政府效率，是政府效率的特殊形式，即政府效率相反形式及负面效应，是一种负的政府效率。④ 因此，借用测度政府效率的思路量化政府效率损失具有科学性。同时，定量测度省级政府效率损失具有可行性。与政府效率类似，政府效率损失也源于省级政府履行职能、提供公共物品、改善民生的过程。具体而言，省级政府效率损失突出表现为省级政府在提供基本公共服务过程中的非均等化、发展失衡导致的居民经济福利受损、解决市场失灵（如治理环境污染、加强市场监管）引发的效率损失，也就是省级政府在提供公共服务、公共物品和消除市场失灵时，实际产出与预期结果之间的

① 陈诗一，张军. 中国地方政府财政支出效率研究：1978—2005 [J]. 中国社会科学，2008（4）：65 - 78 + 206；乔俊峰，陈宇旺. 减税增支压力下地方政府财政支出效率研究——基于 DEA - Malmquist 方法的实证分析 [J]. 经济与管理评论，2017（4）：94 - 101.
② 安强身，姜占英. 市场失灵还是政府失灵？——基于主成分分析的金融漏损实证研究 [J]. 财经论丛，2015（5）：41 - 49.
③ 王学军，王子琦. 公共项目绩效损失测度及治理：一个案例研究 [J]. 中国行政管理，2019（1）：128 - 134.
④ 唐天伟，刘自伟. 我国省级政府效率损失及测度指标体系 [J]. 社会主义研究，2019（6）：101 - 108.

差距。① 因此，借鉴政府效率测度思路及方法，就能测度省级政府效率损失。

由于采用指标测度法及标准离差法可以测度省级政府效率②，因此借鉴这种思路及方法，建立省级政府效率损失测度指标体系，再通过标准离差法对测度指标数据进行标准化处理及比较，就可以测度、分析省级政府效率损失。

第二节　省级政府效率损失测度指标体系构建

一　省级政府效率损失测度指标选择依据

为确定省级政府效率损失测度指标及其权重，本书运用德尔菲（Delphi）法。德尔菲法的主要流程是将所需要解决的问题分别单独发送到所邀请的各个专家手中，征询意见，然后回收汇总这些专家的意见，并整理出综合意见，随后再将该综合意见分别反馈给专家，再次征询意见，直到最后取得比较一致的意见。因此，笔者所在团队邀请包括北京师范大学唐任伍教授在内的 10 余位国内政府效率、政府治理领域的知名学者组成专家组。根据省级政府效率测度思路及方法，遵循测度指标选择的代表性、权威性及指标数据的可获得性等原则，结合省级政府效率损失内涵及表现形式，确立政府效率损失测度指标体系。首先，通过对文献进行梳理初步筛选出一些能够反映省级政府效率损失的相关指标；其次，通过多轮专家访谈法、问卷法等方法，综合考虑指标的可比性、代表性，最终确定了包含基本公共服务非均等化、居民经济福利损失、市场监管乏力、环境污染治理低效、腐败共 5 个一级指标和 26 个二级指标的测度指标体系（见表 4 - 1）。

---

① 包国宪，张弘. 基于 PV - GPG 理论框架的政府绩效损失研究——以鄂尔多斯"煤制油"项目为例 [J]. 公共管理学报，2015（3）：117 - 125 + 159.
② 唐任伍，唐天伟. 2002 年中国省级地方政府效率测度 [J]. 中国行政管理，2004（6）：64 - 68.

表 4 - 1　省级政府效率损失测度指标体系

一级指标	二级指标（单位）
基本公共服务非均等化	文盲率（%）
	中小学生师比
	人均住院费增长率（%）
	围产儿死亡率（‰）
	基本养老保险未覆盖率（%）
	失业保险未覆盖率（%）
	农村贫困发生率（%）
	刑事案件发生率（起/十万人）
	交通事故发生率（起/万人）
	亿元 GDP 生产安全事故死亡人数（人）
	交通拥堵延时指数
居民经济福利损失	最低工资保障等级差距（元）
	城乡人均可支配收入比
	居民消费价格指数增长率（%）
	城市房价上涨率（%）
	城镇登记失业率（%）
市场监管乏力	食品不合格率（%）
	药品不合格率（%）
	单位 GDP 食品药品质量投诉案件数（件/亿元）
环境污染治理低效	单位 GDP 能源消耗量（吨标准煤/万元）
	环境污染治理投资占 GDP 的比例（%）
	全年空气质量非优良天数（天）
	单位 GDP 废水排放量（吨/万元）
腐败	万人信访举报次数（件/万人）
	每千名公职人员贪污腐败涉案人数（人/千人）
	每千名公职人员贪污腐败渎职立案数（件/千人）

二　省级政府效率损失测度指标含义

省级政府效率损失的测度指标体系及其所包含的指标，反映了省级政府履行职能及提供公共服务时的高成本、低效率，而且体现了政府效率损失的基本内涵。这些指标的含义多数能够根据其名称予以理解，少数难以理解的指标含义简述如下。

首先，基本公共服务非均等化反映了省级政府在辖区的基本公共服务供给非均等化所造成的效率损失，比如基础教育服务、基本医疗卫生服务和社会保障服务等非均等化导致的效率损失。需要说明的是，围产儿死亡率是相关学者在测度基本医疗卫生服务时常用的效果指标，因此可以用来反映省级政府在基本医疗卫生服务方面的非均等化及效率损失①。

其次，居民经济福利损失反映了省级政府在缩小居民收入差距、保障低等收入群体基本生活、控制物价等方面难以满足居民预期而带来的效率损失。比如，最低工资保障等级差距指标反映的是省级政府辖区内一类最低工资和三类最低工资之间的差距，表明省级政府在保障城市低等收入群体基本生活方面的差异及其引致的效率损失②。

再次，考虑到政府食品药品安全"监管困境"引发的一系列社会问题③，以及市场监管效率损失，本书选取市场监管乏力反映省级政府在保障食品药品安全方面存在的效率损失。因为食品药品安全监管不但是政府市场监管的重要领域，而且是社会关注的热点问题，所以食品药品安全监管方面的失效及损失在某种程度上就是市场监管乏力及政府效率损失。

又次，环境污染治理低效反映了省级政府由于预防污染不力或者环境污染严重或者治污成本过高而带来的高成本、低效率，是政府在环境污染治理方面的效率损失。

最后，腐败反映了由于寻租、腐败而造成的政府运行高成本及效率损失。

---

① 高萍. 区域基本医疗卫生服务均等化现状、成因及对策——基于全国各省面板数据的分析 [J]. 宏观经济研究，2015（4）：90-97+152.
② 贾朋，张世伟. 最低工资标准提升的溢出效应 [J]. 统计研究，2013（4）：37-41.
③ 谢康，肖静华，赖金天等. 食品安全"监管困局"信号扭曲与制度安排 [J]. 管理科学学报，2017（2）：1-17.

三 省级政府效率损失测度指标权重确定

本书在评估省级政府效率损失时借助德尔菲法确定权重。对专家组通过征求匿名意见、反馈结果评价、重新审视权重意见等环节咨询意见，5个一级指标的权重最终确定为 0.4、0.3、0.1、0.1、0.1，而所有二级指标则赋予平均权重。

第三节　省级政府效率损失具体测度

一　数据来源及处理

省级政府效率损失测度指标体系所包含的 26 个二级指标的原始数据，大部分直接来自国内正式出版的相关统计年鉴和省级政府官方网站发布的相关信息，少部分截至统计时日未更新或者没有的数据则根据相关数据间接计算或转换而来。

（1）文盲率指 15 岁及以上人口中文盲所占的比例，数据来自 2015～2020 年《中国统计年鉴》。

（2）中小学生师比指中小学在校学生总数与中小学专任教师总数的比值，数据来自 2015～2020 年《中国统计年鉴》。

（3）人均住院费增长率，数据主要来自 2015～2019 年《中国卫生健康统计年鉴》、2015～2020 年省级政府卫生与计划生育委员会官方网站发布的"卫生和计划生育事业发展情况简报"，其中安徽、江西、山东和广东的 2019 年数据分别来自《2019 年安徽省卫生健康事业发展统计公报》《江西省卫生健康委 2019 年工作总结和 2020 年工作思路》《2019 年山东省卫生健康事业发展统计公报》《2019 年广东省医疗卫生资源和医疗服务情况简报》。缺失的 2019 年数据根据二次平均法，即将对应的五年平均值与五年最低值再次进行平均求得。

（4）围产儿死亡率，数据来自 2015～2019 年《中国卫生健康统计年鉴》和 2015～2020 年《中国统计年鉴》。

（5）基本养老保险未覆盖率（100%－养老保险覆盖率），养老保险覆盖率数据主要来自2015～2020年《中国统计年鉴》、省级政府所辖的人力资源和社会保障厅（局）网站、政府统计公报及政府工作报告，其中安徽、江西、广西、海南及四川的2019年数据分别来自各省级政府官方网站。缺失的2019年数据根据二次平均法求得。

（6）失业保险未覆盖率（100%－失业保险覆盖率），失业保险覆盖率数据主要来自2015～2020年《中国统计年鉴》及相关政府统计公报，其中安徽、福建、湖北、湖南、广西、云南及陕西的2019年数据分别来自各省级政府官方网站。缺失的2019年数据根据二次平均法求得。

（7）农村贫困发生率，数据主要来自国务院扶贫办官方网站及统计公报，其中广西、重庆、甘肃、宁夏、新疆的数据来自各省级政府官方网站。缺失的2019年数据根据二次平均法求得。

（8）刑事案件发生率，相关数据来自省区市高级法院或检察院官方网站和2015～2020年《中国统计年鉴》。

（9）交通事故发生率，数据来自2015～2020年《中国统计年鉴》。

（10）亿元GDP生产安全事故死亡人数，数据主要来自相关省级政府统计公报。缺少的2019年数据根据二次平均法求得。

（11）交通拥堵延时指数＝旅行时间÷自由流通（畅通）旅行时间，数据来自国内领先的数字地图提供商——高德地图2016～2020年发布的《中国主要城市交通分析报告》。由于没有2014年和2015年的数据，所以在2014年和2015年相关测度分析时撇开该指标。

（12）最低工资保障等级差距，数据来自省级政府人力资源与社会保障厅（局）官网。

（13）城乡人均可支配收入比指城镇居民人均可支配收入与农村居民人均可支配收入的比值，数据来自2015～2020年《中国统计年鉴》。

（14）居民消费价格指数增长率，数据来自2015～2020年《中国统计年鉴》和相关年份省级政府工作报告及统计公报。

（15）城市房价上涨率基于平均销售价格计算得到，数据来自2015～2020年《中国统计年鉴》及2015～2019年《中国房地产统计年鉴》。

（16）城镇登记失业率，数据来自2015～2020年《中国统计年鉴》、相关年份省级政府统计公报及政府工作报告。

（17）食品不合格率指省级政府食品质量抽查中不合格样本的比重，数据主要来自省级政府食品药品监督管理局或市场监督管理局官方网站。缺失的 2019 年数据根据二次平均法求得。

（18）药品不合格率指省级政府药品质量抽查中不合格样本的比重，数据主要来自省级政府食品药品监督管理局或市场监督管理局官方网站。缺失的 2019 年数据根据二次平均法求得。

（19）单位 GDP 食品药品质量投诉案件数，相关数据主要来自省级政府食品药品监督管理局或市场监督管理局网站。缺失的 2019 年数据根据二次平均法求得。

（20）单位 GDP 能源消耗量，数据主要来自 2015～2020 年《中国统计年鉴》及省级政府统计公报。缺失的 2019 年数据根据二次平均法求得。

（21）环境污染治理投资占 GDP 的比例，数据主要来自 2015～2020 年《中国环境统计年鉴》、省级政府 2015～2020 年统计年鉴、省级政府环境保护厅（局）或者生态环境厅（局）官方网站公布的环境统计年报。缺失的 2019 年数据根据二次平均法求得。

（22）全年空气质量非优良天数基于省会城市全年空气优良天数计算（一年 365 天），数据主要来自 2015～2020 年《中国统计年鉴》和 2015～2020 年《中国城市统计年鉴》。

（23）单位 GDP 废水排放量，数据主要来自 2015～2020 年《中国统计年鉴》。缺失的 2019 年数据根据二次平均法求得。

（24）万人信访举报次数指信访举报次数与常住人口的比值，数据主要来自省级政府高级法院、高级检察院年度工作报告及 2015～2019 年《中国法律年鉴》和 2015～2020 年《中国统计年鉴》。缺失的 2019 年数据根据二次平均法求得。

（25）每千名公职人员贪污腐败涉案人数，数据主要来自省区市高级法院或检察院工作报告、2015～2019 年《中国法律年鉴》和 2015～2020 年《中国统计年鉴》。缺失的 2019 年数据根据二次平均法求得。

（26）每千名公职人员贪污腐败渎职立案数，数据主要来自省区市高

级法院或检察院工作报告、2015～2019 年《中国法律年鉴》和 2015～
2020 年《中国统计年鉴》。缺失的 2019 年数据根据二次平均法求得。

二　具体测度

在省级政府效率损失测度过程中，本书首先收集、计算或转换各指标
的原始数据①，然后运用标准离差法，计算各指标数据的标准化值：

$$S = \sqrt{\frac{1}{n} \sum_{i=1}^{n} (X_i - \bar{X})^2}$$

$$(STD)_i = (X_i - \bar{X})/S$$

其中，X_i 为指标 i 的原始值；$\bar{X}$ 为指标 i 的平均值；n 为样本数量；S 为指
标数据的标准差；$(STD)_i$ 为指标 i 的标准化值。

根据这个公式，先计算各二级指标的标准化值，再计算一级指标的标
准化值；之后根据一级指标标准化值及不同权重，计算省级政府效率损失
的标准化值，并根据标准化值的大小排序，以此定量评估省级政府效率损
失的大小。

---

① 具体原始数据见附录 1。

第五章　省级政府效率损失测度结果及分析

第一节　2014年省级政府效率损失测度结果及分析

一　2014年省级政府效率损失测度结果及其排名

依据前文的测度思路及方法，2014年我国31个省级政府效率损失与其一级指标的标准化值及其排名详见表5-1。

表5-1　2014年省级政府效率损失与其一级指标的标准化值及其排名

省级政府	地区	政府效率损失		A基本公共服务非均等化		B居民经济福利损失		C市场监管乏力		D环境污染治理低效		E腐败	
		数值	排名	数值	排名	数值	排名	数值	排名	数值	排名	数值	排名
西藏	西部	0.88	1	2.10	1	0.80	1	0.01	12	-0.34	22	-1.73	31
宁夏	西部	0.77	2	0.52	2	0.42	4	0.98	4	1.30	1	2.12	1
新疆	西部	0.52	3	0.38	4	0.69	3	1.15	3	1.17	2	-0.70	26
云南	西部	0.45	4	0.27	6	0.76	2	0.66	6	-0.13	17	0.57	7
甘肃	西部	0.42	5	0.21	9	0.24	7	1.31	1	0.62	5	0.71	5
内蒙古	西部	0.27	6	0.45	3	0.38	6	-0.43	24	0.25	8	-0.08	15
贵州	西部	0.20	7	0.35	5	-0.07	18	1.17	2	0.08	12	-0.41	25
安徽	中部	0.13	8	0.27	7	-0.05	15	-0.64	29	0.61	6	0.40	9
山西	中部	0.13	9	-0.02	14	0.40	5	-0.34	21	0.75	4	-0.27	20
广西	西部	0.05	10	0.26	8	0.02	14	-0.59	28	0.07	13	0.07	11
吉林	东部	0.05	11	-0.06	17	-0.14	21	-0.16	15	-0.60	28	1.87	2

省级政府	地区	政府效率损失		A 基本公共服务非均等化		B 居民经济福利损失		C 市场监管之力		D 环境污染治理低效		E 腐败	
		数值	排名	数值	排名	数值	排名	数值	排名	数值	排名	数值	排名
河南	中部	0.04	12	-0.08	19	-0.08	19	0.50	8	0.11	10	0.31	10
青海	西部	-0.01	13	-0.06	18	0.13	12	-0.45	26	0.44	7	-0.29	21
陕西	西部	-0.06	14	-0.14	22	0.21	10	-0.31	19	-0.24	20	-0.09	16
福建	东部	-0.06	15	0.18	10	-0.16	23	-0.88	30	-0.71	30	0.71	4
重庆	西部	-0.07	16	-0.02	13	-0.19	24	0.04	11	-0.15	5	0.00	12
河北	东部	-0.08	17	-0.42	26	0.24	8	0.16	10	0.81	3	-0.79	29
湖北	中部	-0.09	18	-0.24	23	-0.06	17	-0.25	18	-0.14	18	0.62	6
江西	中部	-0.09	19	-0.06	16	-0.16	22	-0.34	20	0.13	9	-0.03	13
黑龙江	东部	-0.09	20	-0.44	28	0.24	9	-0.41	23	0.01	15	0.48	8
湖南	中部	-0.12	21	-0.05	15	0.15	11	-0.53	27	-0.10	16	-0.77	28
广东	东部	-0.13	22	-0.09	21	0.09	13	-0.24	17	-0.59	27	-0.41	24
辽宁	东部	-0.15	23	-0.28	24	0.20	14	-0.45	24	-0.39	24	0.75	3
海南	东部	-0.19	24	-0.01	12	-0.48	28	0.56	7	-0.80	31	-0.17	17
四川	西部	-0.20	25	-0.34	25	-0.05	16	-0.22	16	0.07	14	-0.33	22
山东	东部	-0.25	26	-0.42	27	-0.41	26	0.67	6	0.08	11	-0.37	23
天津	东部	-0.28	27	-0.08	20	-0.69	30	0.44	9	-0.59	26	-0.26	19
浙江	东部	-0.31	28	0.04	11	-0.58	29	-0.90	31	-0.40	25	-0.20	18
江苏	东部	-0.43	29	-0.67	29	-0.47	27	-0.11	14	-0.34	23	0.17	11
上海	东部	-0.50	30	-0.71	30	-0.25	25	-0.02	13	-0.63	29	-0.74	27
北京	东部	-0.77	31	-0.85	31	-0.85	31	-0.39	22	-0.33	21	-1.01	30

注：东中西部的划分标准参照《中国统计年鉴（2019）》，余同。

　　由表5－1可知，2014年31个省级政府中，西藏自治区政府效率损失的标准化值最高，为0.88，居全国第1名，表明其政府效率损失最大、政府效率最低；北京市政府效率损失的标准化值最低，为－0.77，排全国第31名，表明其政府效率损失最小、政府效率最高。进一步分析发现，西藏自治区政府效率损失很大的原因在于基本公共服务非均等化和居民经济福利损失两个一级指标的标准化值很高；北京市政府效率损失很小的原因在于该市基本公共服务非均等化、居民经济福利损失和腐败三个一级测度指标标准化值的排名非常靠后，分别位居全国第31、第31和第30名。

二 2014年省级政府效率损失测度结果分析

本部分根据表5-1中的数据，绘制2014年我国31个省级政府效率损失标准化值的柱状图（见图5-1），以便直观反映省级政府效率损失特征。结合表5-1和图5-1，可以看出2014年省级政府效率损失具有两大特征。

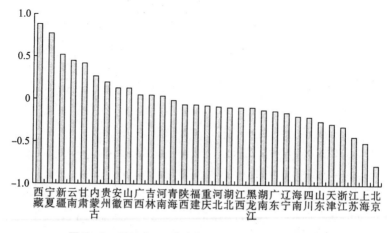

图5-1 2014年31个省级政府效率损失标准化值

第一，省级政府效率损失呈现三级分布态势。西藏、宁夏、新疆等6个省级政府效率损失的标准化值高于0.26，表明其效率损失很大，为第一级；贵州、安徽、山西、广西、山东等22个省级政府效率损失不大，其标准化值在-0.31与0.20之间，为第二级；江苏、上海、北京3个省级政府效率损失很小，其标准化值在-0.77与-0.43之间，为第三级。

第二，省级政府效率损失呈橄榄形分布，即"两头小、中间大"。一方面，政府效率损失特别大的省级政府有西藏、宁夏等6个，而政府效率损失很小的省级政府有江苏、上海、北京3个，即效率损失大、小"两头"省级政府数量少；另一方面，政府效率损失一般即所谓的政府效率损失不大不小、排名居中的省级政府数量很多，达22个。

三 2014 年省级政府效率损失一级指标测度结果分析

（一）基本公共服务非均等化测度结果分析

据表 5－1 中基本公共服务非均等化的标准化值，可以得到图 5－2。根据表 5－1 和图 5－2，可以看出 2014 年省级政府基本公共服务非均等化呈现两个特征。

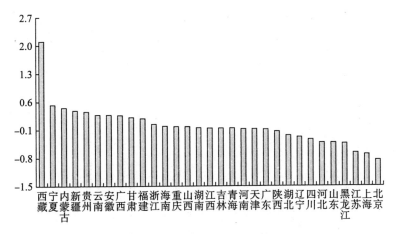

图 5－2　2014 年 31 个省级政府基本公共服务非均等化标准化值

第一，标准化值"高低两级态势"分明。其中，西藏自治区的基本公共服务非均等化标准化值高达 2.10，远高于国内其他 30 个省级政府。原因可能是：作为一个整体、集中成片的贫困地区，西藏的文盲率、农村贫困发生率等体现基本公共服务非均等化的指标数据逊色。

第二，大多数省级政府的标准化值不高，表现趋同。宁夏、福建、甘肃、青海、黑龙江等 27 个省级政府基本公共服务非均等化的标准化值大致相似，位于 －0.44 与 0.52 之间；而北京、上海、江苏 3 个省级政府基本公共服务非均等化标准化值的差异很小，在 －0.85 与 －0.67 之间。同时，北京该指标的标准化值为 －0.85，排第 31 名，表明北京市基本公共服务非均等化程度在 31 个省级政府中最低，从反面证明北京市基本公共服务均等化程度很高，原因在于，作为我国首都，北京市政府重视基本公共服务投入及均衡发展，建立了比较完善的基础教育、社会保障等基本公共服务体系。

由此可见，我国绝大多数省级政府的基本公共服务非均等化程度相差不大，从反面证明了我国省级政府总体上落实基本公共服务责任清单到位、服务型政府建设成效明显，即各地推进基本公共服务均等化的措施得力、效果较好。

（二）居民经济福利损失测度结果分析

根据表5-1中居民经济福利损失的标准化值，制作出图5-3。分析表5-1和图5-3，发现2014年省级政府居民经济福利损失具有两个特征。

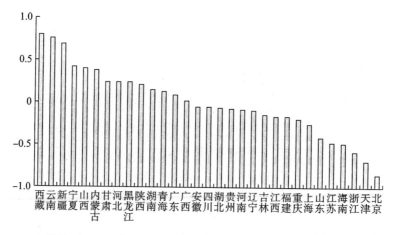

图5-3　2014年31个省级政府居民经济福利损失标准化值

第一，标准化值西高东低，呈阶梯状格局。位于西部的西藏、云南、新疆、宁夏等省级政府的居民经济福利损失标准化值较高、经济福利损失较大；而东部的北京、天津、浙江、海南、江苏、山东等省级政府的居民经济福利损失标准化值较低、经济福利损失较少。其中，北京市居民经济福利损失标准化值为－0.85，排第31名，居民经济福利损失最小。原因可能在于以下方面。其一，重视居民福利改善投入。北京市在2013年投入财政资金196.8亿元，全面落实32件惠民实事，同时稳步推进市属公立医院改革试点，新增86家社会举办的医疗机构。不断扩大基本药物目录和社区医保覆盖保险范围。其二，重视就业及稳定物价。2013年末城镇登记失业率为1.21%，全年居民消费价格上涨3.3%。出台加快养老服务业发展的意见。实施城乡统一的招用安置政策，将灵活就业的农村劳动力纳入城镇职工社会保险制度，社会保障相关待遇标准提高10%左右。① 虽然2010～2013年北京市房价上涨比较快，但是在失业率、城乡收入增长、最低工资保障等方面表现较好②，所以从整体上看，北京市居民经济福利损失较小、排名较为靠后。

第二，呈三级分布态势。第一层级包括西藏、云南和新疆3个省级政府，其标准化值高于0.6，表明其居民经济福利损失排名居前，居民经济福利损失很大；第二层级包括宁夏、山西、内蒙古、青海、黑龙江、河北、甘肃、陕西、湖南、广东、广西、安徽、四川、湖北、贵州、河南、辽宁、吉林、江西、福建、重庆和上海22个省级政府，其标准化值在－0.25和0.42之间，表明它们的居民经济福利损失不大不小、排名居中间位次；第三层级包括山东、江苏、海南、浙江、天津和北京6个省级政府，其标准化值低于－0.40，表明它们的居民经济福利损失很小，即居民经济福利水平很高。

（三）市场监管乏力测度结果分析

依照表5－1中市场监管乏力的标准化值，绘制出图5－4。结合表5－1和图5－4，可以看出2014年省级政府市场监管乏力呈现两个特征。

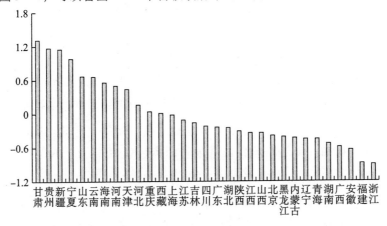

图5－4 2014年31个省级政府市场监管乏力标准化值

---

① 王安顺.2014年北京市政府工作报告［EB/OL］.http://leaders.people.com.cn/n/2014/0124/c58278-24216853.html，2014-01-24.

② 孙乐琪.2013年北京城镇居民收入同比长一成 CPI基本稳定［EB/OL］.http://finance.china.com.cn/news/dfjj/20140916/2678025.shtml，2014-09-16.

第一，标准化值的区域差异较小，表现得比较均衡。市场监管乏力标准化值比较高的省级政府，既有西部的甘肃、新疆、贵州，又有中部的河南，还有东部的山东及海南。同时，市场监管乏力标准化值比较低的省级政府，既有西部的广西、青海，又有中部的安徽，还有东部的福建、浙江等。这表明各省级政府落实"放管服"改革力度较大，取得了明显成效。其中，位于东部的浙江省的市场监管乏力标准化值很低，为 - 0.90，排名全国第 31，表明其市场监管乏力程度很低。原因在于，浙江省政府 2013 年深化监管体制改革，完成工商、质监管理体制调整和食品药品监管职能整合；同时重视加强和创新社会管理，创新和发展"枫桥经验"，加大食品药品安全整治和监管力度。① 提升了市场监管水平。

第二，标准化值呈三级分布态势。第一层级包括甘肃、贵州、新疆和宁夏 4 个省级政府，它们的标准化值不低于 0.98，表明其市场监管乏力现象比较严重；第二层级包括山东、云南、海南和安徽等 25 个省级政府，该层级的标准化值在 - 0.64 和 0.67 之间，其市场监管乏力程度比较低，表明我国大多数省级政府市场监管到位、效果较好；第三层级包括福建和浙江，其市场监管乏力标准化值很低，分别为 - 0.88 和 - 0.90，市场监管效果很好。

（四）环境污染治理低效测度结果分析

依照表 5 - 1 中环境污染治理低效的标准化值，制成图 5 - 5。结合表 5 - 1 和图 5 - 5，可以看出 2014 年省级政府环境污染治理低效的标准化值呈现三级阶梯形分布特征。第一层级包括宁夏、新疆、河北、山西、安徽等 7 个省级政府，它们的标准化值很高，均在 0.40 以上，在全国排名靠前，表明其环境污染治理效果较差；第二层级包括江西、河南、山东、广西、四川、内蒙古、贵州、黑龙江、湖南、湖北、重庆、云南、陕西、江苏、北京、西藏、浙江、辽宁 18 个省级政府，它们的标准化值不高，在 - 0.40 和 0.25 之间，在全国排名居中，表明我国多数省级政府环境污染治理效果较好；第三层级包括天津、广东、吉林、上海、福建、海南 6 个

---

① 李强. 2014 年浙江省政府工作报告 [EB/OL]. http://district. ce. cn/zt/zlk/bg/201401/23/ t20140123_2190780. shtml, 2014 - 01 - 23.

省级政府，它们的标准化值低于－0.56，在全国排名靠后，反映其环境污染治理效果很好。

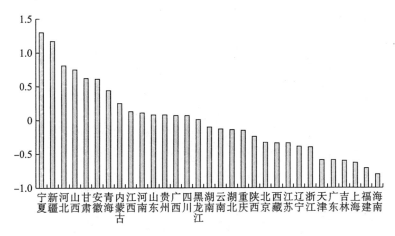

图5-5　2014年31个省级政府环境污染治理低效标准化值

在建设国际旅游岛的背景下，海南省重视生态文明建设，治理环境污染效果很好。该省环境污染治理低效的标准化值很低，仅为－0.80，排在全国最后，即第31名，表明其环境污染治理效果很理想。这主要是因为海南省重视改善生态环境质量，采取系列措施不断提升环境治理效果。一是大力推进"绿化宝岛"行动，2013年完成绿化造林面积45.3万亩，森林覆盖率升至61.9%；二是改进资源利用效率，通过新增光伏发电项目、推广节能灯促进绿色节能，同时对污染较大的项目实施节能技术改造和资源综合利用改造，提高了资源利用效率；三是严控项目审批，建立健全项目环境评价机制，暂停审批高能耗、污染项目22个，同时追究辖区内的多个市县和企业节能减排责任。

（五）腐败测度结果分析

根据表5-1中腐败的标准化值，绘出图5-6。结合表5-1和图5-6，可以看出2014年我国省级政府腐败的标准化值表现出以下特征。

第一，绝大多数省级政府腐败的标准化值不高，且相互差异不大。辽宁、福建、甘肃、湖北、云南、黑龙江、安徽、河南、江苏、重庆、江西、河北、北京等28个省级政府的标准化值在－1.01和0.75之间，表明我国省级政府总体上在预防与治理腐败上的效果明显，反腐斗争已成压倒

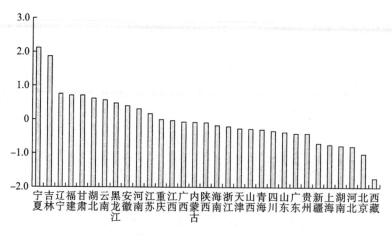

图 5 - 6   2014 年 31 个省级政府腐败标准化值

性态势。

第二，个别省级政府腐败的标准化值较高。宁夏、吉林 2 个省级政府腐败的标准化值比较高，分别为 2. 12 和 1. 87。这表明我国个别省级政府的腐败形势依然严峻，治理腐败任务依然艰巨。

第三，西藏自治区政府的腐败标准化值很低，排名全国最后，表明其腐败程度极低，腐败治理效果极好。

四 2014 年省级政府效率损失测度结果的区域特征分析

根据表 5 - 1 中相关数据，本部分将我国东部、中部、西部的省级政府效率损失及其一级指标的标准化值进行简单平均，得到表 5 - 2，以便进一步分析 2014 年省级政府效率损失的区域特征。

表 5 - 2   2014 年东中西部省级政府效率损失及其一级指标的标准化值

区域	政府效率损失	A 基本公共服务非均等化	B 居民经济福利损失	C 市场监管乏力	D 环境污染治理低效	E 腐败
东部	- 0. 246	- 0. 292	- 0. 273	- 0. 132	- 0. 345	0. 004
中部	- 0. 002	- 0. 030	0. 033	- 0. 267	0. 224	0. 043
西部	0. 268	0. 332	0. 279	0. 277	0. 262	- 0. 025

结合表 5 - 1 和表 5 - 2，2014 年省级政府效率损失的区域分布表现出

三个特征。

第一，从整体上看，各区域省级政府效率损失大致呈现阶梯形分布。从省级政府效率损失标准化值的大小来看，西部地区高于中部，中部又高于东部，即呈现"西—中—东"阶梯形分布特征。同时，政府效率损失排名前20的省级政府中，东部为4个、中部为5个、西部为11个，这也体现了"西—中—东"的阶梯形分布特征。

第二，从省级政府效率损失的一级指标来看，多数具有"西—中—东"的三级分布特征。比如，从基本公共服务非均等化来看，东部、中部、西部的标准化值分别为−0.292、−0.030和0.332，表明我国省级政府在基本公共服务非均等化程度方面，西部高于中部，中部又高于东部，这也证明了我国不同地区之间的基本公共服务非均等化差异显著，并与相关学者比如续竞秦和杨永恒[1]的研究结论一致。又如，从居民经济福利损失来看，东部、中部、西部的标准化值分别为−0.273、0.033和0.279，也呈现三级分布特征。

第三，同一区域内部省级政府效率损失分化明显、相互差异较大。从政府效率损失排名来看，大多数西部省级政府效率损失较大。比如，政府效率损失标准化值排名前10的省级政府，即政府效率损失很大的10个省级政府中有8个来自西部地区。但是，同处于西部地区的四川政府效率损失较小，标准化值排名较为靠后，为第25。又如，以省级政府效率损失一级指标居民经济福利损失为例，东部地区的多数省级政府居民经济福利损失标准化值较低，排名居后，居民经济福利损失排名全国后10位的10个省级政府当中，东部占了8个，但是同处于东部的河北和黑龙江的居民经济福利损失排名比较靠前，分别位于第8和第9，表明东部地区也有少数省级政府的居民经济福利损失很大，即东部有少数省级政府在居民经济福利方面效率很低。

---

① 续竞秦，杨永恒. 地方政府基本公共服务供给效率及其影响因素实证分析［J］. 财贸研究，2011（6）：89−96.

第二节 2015 年省级政府效率损失测度结果及分析

一 2015 年省级政府效率损失测度结果及其排名

按照前文的测度思路及方法，2015 年我国 31 个省级政府效率损失与其一级指标的标准化值及其排名详见表 5 – 3。

表 5 – 3 2015 年省级政府效率损失与其一级指标的标准化值及其排名

省级政府	地区	政府效率损失		A 基本公共服务非均等化		B 居民经济福利损失		C 市场监管乏力		D 环境污染治理低效		E 腐败	
		数值	排名	数值	排名	数值	排名	数值	排名	数值	排名	数值	排名
宁夏	西部	0.66	1	0.54	4	– 0.15	24	0.12	11	1.37	2	3.34	1
云南	西部	0.60	2	0.59	3	0.97	2	1.02	2	– 0.35	24	0.05	12
西藏	西部	0.54	3	1.11	1	1.02	1	0.21	9	– 0.80	31	– 1.51	31
新疆	西部	0.42	4	0.74	2	0.12	9	0.47	7	1.46	1	– 1.02	30
甘肃	西部	0.36	5	0.28	6	0.30	6	0.65	5	0.28	8	0.65	4
贵州	西部	0.34	6	0.28	7	0.47	3	0.88	3	0.33	6	– 0.31	23
广西	西部	0.25	7	0.35	5	0.32	5	– 0.22	19	– 0.02	14	0.34	7
青海	西部	0.22	8	0.19	9	0.42	4	– 0.10	16	0.32	7	– 0.01	16
安徽	中部	0.17	9	0.24	8	– 0.10	22	– 0.42	25	0.67	5	0.77	3
河南	中部	0.10	10	– 0.02	14	– 0.29	27	1.44	1	0.23	9	0.22	8
江西	中部	0.08	11	0.01	13	0.07	12	0.64	6	– 0.08	17	0.02	14
山西	中部	0.02	12	– 0.09	18	0.16	8	– 0.76	30	0.80	3	0.05	13
湖北	中部	– 0.02	13	– 0.22	23	– 0.03	16	– 0.04	15	– 0.04	15	0.88	2
内蒙古	西部	– 0.06	14	0.05	12	– 0.09	20	– 0.75	29	0.12	10	0.14	10
海南	东部	– 0.08	15	0.08	10	– 0.25	26	0.66	4	– 0.76	30	– 0.26	19
湖南	中部	– 0.09	16	– 0.04	16	0.12	10	– 0.22	18	– 0.17	18	– 0.68	28
吉林	东部	– 0.10	17	– 0.14	21	– 0.05	17	– 0.21	17	– 0.57	27	0.51	5
黑龙江	东部	– 0.10	18	– 0.16	22	– 0.15	25	– 0.25	20	– 0.17	19	0.47	6
重庆	西部	– 0.11	19	0.06	11	– 0.45	29	0.12	12	– 0.27	23	0.21	9

续表

省级政府	地区	政府效率损失		A 基本公共服务非均等化		B 居民经济福利损失		C 市场监管乏力		D 环境污染治理低效		E 腐败	
		数值	排名	数值	排名	数值	排名	数值	排名	数值	排名	数值	排名
福建	东部	-0.11	20	-0.05	17	0.07	11	-0.38	24	-0.69	29	0.01	15
山东	东部	-0.12	21	-0.34	27	-0.07	18	0.36	8	0.09	11	-0.08	17
四川	西部	-0.13	22	-0.23	24	-0.01	15	-0.02	14	0.01	12	-0.32	24
广东	东部	-0.13	23	-0.12	20	0.18	7	-0.30	23	-0.56	26	-0.49	25
河北	东部	-0.13	24	-0.34	28	-0.10	21	0.17	10	0.69	4	-0.50	26
辽宁	东部	-0.13	25	-0.23	23	0.01	14	-0.26	21	-0.23	20	0.06	11
陕西	西部	-0.16	26	-0.10	19	-0.11	23	-0.56	27	-0.05	16	-0.29	22
浙江	东部	-0.22	27	-0.03	15	-0.31	28	-0.78	31	-0.26	22	-0.13	18
江苏	东部	-0.38	28	-0.69	30	-0.08	19	-0.26	22	-0.21	21	-0.26	20
天津	东部	-0.39	29	-0.23	25	-0.75	30	0.04	13	-0.45	25	-0.27	21
上海	东部	-0.44	30	-0.67	29	0.02	13	-0.50	26	-0.65	28	-0.61	27
北京	东部	-0.88	31	-0.82	31	-1.26	31	-0.73	28	0.00	13	-0.99	29

由表 5-3 可知，2015 年 31 个省级政府中，宁夏政府效率损失的标准化值为 0.66，位列第 1，表明其政府效率损失最大；北京政府效率损失的标准化值为 -0.88，排名第 31，表明其政府效率损失最小。宁夏的政府效率损失很大，主要是因为其基本公共服务非均等化、环境污染治理低效和腐败三个指标排名相对靠前，分别居第 4、第 2 和第 1 位；北京政府效率损失很小，是因为其基本公共服务非均等化、居民经济福利损失和腐败三个指标的排名靠后，分别居第 31、第 31 和第 29 位。

二　2015 年省级政府效率损失测度结果分析

为便于直观分析，本部分依照表 5-4 中 2015 年我国 31 个省级政府效率损失的标准化值，绘制出图 5-7。结合表 5-3 和图 5-7 可以看出 2015 年省级政府效率损失标准化值可大致分为高、中、低三个档次，各档次省级政府数量分布类似橄榄形。这就是说，省级政府效率损失较大、一般及较小的省级政府数量分布具有橄榄形特征，即"两头小、中间大"。一方面，政府效率损失特别大的省级政府有宁夏等 6

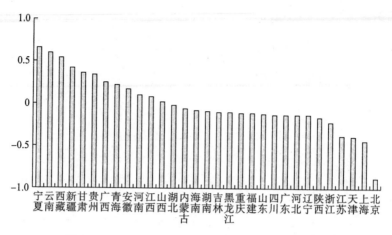

图 5 - 7   2015 年 31 个省级政府效率损失标准化值

个，数量比较少，而政府效率损失很小的省级政府有江苏等 4 个，数量也比较少。这就表明政府效率损失大、小两头的省级政府数量，即"两头"数量较少。另一方面，政府效率损失一般即所谓的政府效率损失不大不小、排名居中的省级政府数量很多，有青海等 21 个，即所谓的"中间大"。

进一步分析可以看出，属于高档次的有宁夏、云南、西藏、新疆、甘肃、贵州 6 个省级政府，它们的标准化值高于 0.30，表明其政府效率损失较大。比如，宁夏的标准化值为 0.66。属于中间档次的，即政府效率损失不大不小、表现一般的省级政府有青海、福建、广西、安徽、河南、江西、山西、吉林、湖北、湖南、山东、内蒙古、浙江、辽宁、广东、海南、陕西、重庆、四川、河北、黑龙江 21 个，它们的标准化值在 - 0.22 和 0.22 之间。属于低档次的，即政府效率损失很小、政府效率表现优秀的省级政府有江苏、天津、上海和北京 4 个，它们的标准化值低于 - 0.30。比如，北京的标准化值仅为 - 0.88。

三   2015 年省级政府效率损失一级指标测度结果分析

（一）基本公共服务非均等化测度结果分析

根据表 5 - 3 中基本公共服务非均等化的标准化值，得到图 5 - 8。结合表 5 - 3 和图 5 - 8，可以看出 2015 年省级政府基本公共服务非均等化具有两个明显特征。

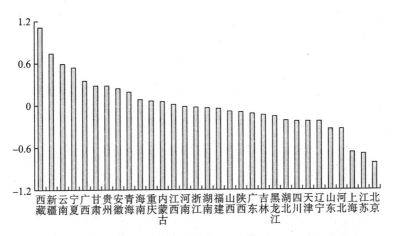

图 5 – 8　2015 年 31 个省级政府基本公共服务非均等化标准化值

　　第一，标准化值"高低两级态势"明显。西藏自治区基本公共服务非均等化的标准化值高达 1.11，远高于国内其他 30 个省级政府，其基本公共服务非均等化程度极高。这可能是由于西藏过去是一个整体、集中成片的贫困地区，文盲率、农村贫困发生率等体现基本公共服务非均等化的指标数据逊色于其他省级政府辖区。因此，这些相关指标的标准化值高，进而导致西藏的基本公共服务非均等化程度高。北京市基本公共服务非均等化的标准化值为 – 0.82，远低于国内其他 30 个省级政府，表明其基本公共服务非均等化程度很低、基本公共服务均等化最佳。原因在于北京市特别重视教育、医疗等基本公共服务均衡性发展。比如，北京市 2014 年新增城乡学校 20 所、学前教育学位 1.6 万个；成立区域医联体 30 个，着力解决看病难和看病贵的问题。① 同时，2015 年我国 31 个省级政府基本公共服务非均等化标准化值的最大值和最小值相差 1.93，表明我国省级政府间的基本公共服务非均等化差异比较显著。

　　第二，大多数省级政府的标准化值不高，并表现趋同。甘肃、内蒙古、海南、湖南、辽宁和天津等 21 个省级政府基本公共服务非均等化的标

----

① 王安顺 . 2015 年北京市政府工作报告 ［EB/OL］. http://district. cc. cn/newarea/roll/201502/04/t20150204_4512541. shtml, 2015 – 02 – 04.

准化值相差不大，处于 -0.23 和 0.28 之间。这表明我国大多数省级政府注重推进基本公共服务均等化建设。

（二）居民经济福利损失测度结果分析

根据表 5 - 3 中居民经济福利损失的标准化值，绘制出图 5 - 9。结合表 5 - 3 和图 5 - 9，可以看出 2015 年省级政府居民经济福利损失的标准化值有以下两个特征。

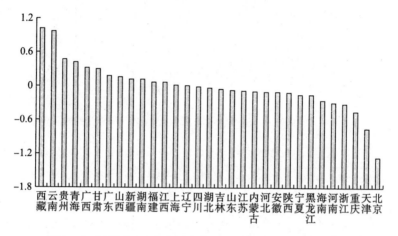

图 5 - 9　2015 年 31 个省级政府居民经济福利损失标准化值

第一，西高东低，呈阶梯形分布态势。位于西部的西藏、云南、贵州、青海等省级政府的居民经济福利损失标准化值较高、经济福利损失较大；而东部的北京、天津、浙江、海南、黑龙江等省级政府的居民经济福利损失标准化值较低、经济福利损失较小。其中，北京居民经济福利损失的标准化值为 -1.26，排名第 31，表明其居民经济福利损失很小、居民经济福利水平很高。究其原因在于：该市不断完善城乡居民就业创业体系，重点照顾困难群体就业，2014 年实现城镇新增就业 42.7 万人，多渠道增加城乡居民收入，保障城乡居民收入，特别是农村居民可支配收入快速增长[1]；稳步提升社会保障待遇水平，健全社会救助政策体系，提升社会保

① 北京市 2014 年国民经济和社会发展统计公报 [EB/OL]. http://www. beijing. gov. cn/gong-kai/shuju/tjgb/t1570427. htm，2015 - 02 - 27.

障水平，改善居民经济福利①。

第二，具有三级分布特征。第一层级包括西藏、云南、贵州、青海、广西、甘肃6个省级政府，它们的标准化值大于等于0.30，高于其他省级政府，其居民经济福利损失较大；第二层级包括广东、山西、新疆、湖南、福建、江西、辽宁、上海、四川、湖北、吉林、山东、江苏、内蒙古、河北、安徽、陕西、宁夏和黑龙江19个省级政府，它们的居民经济福利损失标准化值不高不低，在 −0.15 和0.18 之间，在31个省级政府中处于中等水平；第三层级包括海南、河南、浙江、重庆、天津和北京6个省级政府，它们的居民经济福利损失标准化值小于 −0.20，低于其他省级政府，居民经济福利损失较小。

（三）市场监管乏力测度结果分析

根据表5 − 3中市场监管乏力的标准化值，制成图5 − 10。结合表5 − 3和图5 − 10，可以揭示2015年省级政府市场监管乏力的两个特点。

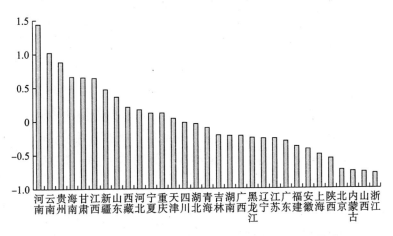

图5 − 10　2015年31个省级政府市场监管乏力标准化值

第一，市场监管乏力区域差异较小，比较均衡。东部、中部、西部都有市场监管乏力标准化值比较高的省级政府，既有西部的甘肃、新疆、云南，又有中部的河南、江西，还有东部的山东及海南。市场监管乏力标准

---

① 王安顺. 2015 年北京市政府工作报告［EB/OL］. http://district. cc. cn/newarea/roll/201502/04/t20150204_4512541. shtml, 2015 − 02 − 04.

化值比较低的省级政府，既有西部的广西、陕西，又有中部的山西，还有东部的福建、北京等。这表明各地省级政府落实"放管服"改革力度较大，取得的成效较好。比如，位于东部的浙江市场监管乏力程度很低，其标准化值仅为 -0.78，低于全国其他省级政府。原因在于，浙江省不断强化事中事后监管，严厉惩处危害食品药品安全等行为，注重完善相关监管制度，建立比较科学完善的抽查制度、责任追溯制度、经营异常名录和黑名单制度，有效增强了市场监管，降低了市场监管损失。①

第二，市场监管乏力具有两级分布特点。第一层级包括河南、云南、贵州、海南、甘肃、江西、新疆和山东 8 个省级政府，它们的市场监管乏力标准化值大于等于 0.36，在全国 31 个省级政府中处于较高层级；第二层级包括西藏、河北、宁夏、天津、四川、上海、陕西、浙江等 23 个省级政府，它们的市场监管乏力标准化值低于 0.22，在 31 个省级政府中居于较低层级，表明我国大多数省级政府市场监管到位、效果较好。

（四）环境污染治理低效测度结果分析

根据表 5-3 中环境污染治理低效的标准化值，绘制出图 5-11。结合表 5-3 和图 5-11，可以发现 2015 年省级政府环境污染治理低效的标准化值具有高、中、低三级分布特性。首先，标准化值比较高的层级包括新疆、宁夏、山西、河北和安徽 5 个省级政府，它们的标准化值大于等于 0.67，高于全国其他省级政府、排名比较靠前，表明其环境污染治理效果较差。其次，标准化值不高不低的中间层级包括青海、贵州、甘肃、河南、内蒙古、山东、北京、四川、湖北、广西、陕西、江西、黑龙江、湖南、辽宁、江苏、浙江、重庆、云南、天津、广东和吉林 22 个省级政府，它们的标准化值在 -0.57 和 0.33 之间，排名在全国居中，表明我国多数省级政府环境污染治理效果较好。最后，标准化值比较低的层级包括上海、福建、海南和西藏 4 个省级政府，它们的标准化值小于 -0.57，低于全国其他省级政府、在全国排名靠后，表明其环境污染治理效果很好。

---

① 李强. 2015 年浙江省政府工作报告 [EB/OL]. http://leaders. people. com. cn/n/2015/0127/c58278 - 26457874. html，2015 - 01 - 27.

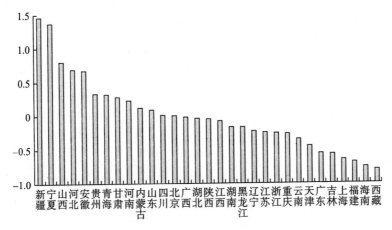

图5-11　2015年31个省级政府环境污染治理低效标准化值

这里值得指出的是，西藏的标准化值为-0.80，低于全国其他30个省级政府，表明其环境污染治理效果最优。原因在于：西藏不断出台县域环境保护考核、水资源管理等相关政策措施，同时全面落实环境保护与财政转移支付挂钩的奖惩机制；注重推行生态补偿机制，通过草原生态保护补助、森林生态效益补偿等形式助推生态补偿。①

（五）腐败测度结果分析

根据表5-3中腐败的标准化值，绘制出图5-12。结合表5-3和图5-12，可以发现2015年我国省级政府腐败的标准化值存在三个特点。

第一，我国绝大多数省级政府腐败的标准化值不高，相互差异不大。湖北、安徽、甘肃、吉林、黑龙江、广西、新疆、福建、辽宁、重庆、河南、内蒙古、云南、山西、江西、青海、湖南等29个省级政府的标准化值在-1.02和0.88之间，表明我国省级政府总体上预防与治理腐败的效果明显。

第二，个别省级政府腐败的标准化值很高。宁夏的标准化值高达3.34，高于全国其他省级政府。这表明2015年我国个别省级政府的腐败状况比较严重，治理腐败任务比较艰巨。

---

① 2015年西藏自治区政府工作报告［EB/OL］. http://www. xizang. gov. cn/zwgk/zfgzbg/201502/t20150205_12516. html, 2015-02-05.

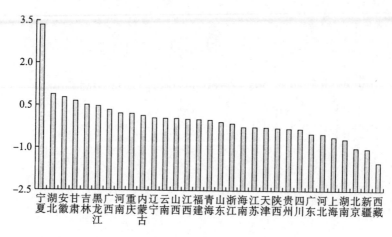

图 5－12　2015 年 31 个省级政府腐败标准化值

第三，西藏腐败的标准化值很低，低于全国其他省级政府，表明西藏自治区腐败程度很低，腐败治理效果很好。

四　2015 年省级政府效率损失测度结果的区域特征分析

根据表 5－3 中相关数据，本部分将我国东部、中部、西部的各省级政府效率损失及其一级指标的标准化值进行简单平均，得到表 5－4，以此进一步分析 2015 年省级政府效率损失的区域特征。

表 5－4　2015 年东中西部省级政府效率损失及其一级指标的标准化值

区域	政府效率损失	A 基本公共服务非均等化	B 居民经济福利损失	C 市场监管乏力	D 环境污染治理低效	E 腐败
东部	－ 0.246	－ 0.289	－ 0.211	－ 0.188	－ 0.293	－ 0.195
中部	0.043	－ 0.021	－ 0.012	0.106	0.237	0.210
西部	0.245	0.323	0.234	0.151	0.199	0.106

根据表 5－3 和表 5－4，2015 年省级政府效率损失的区域特征表现在三个方面。

第一，总体上从高到低看，省级政府效率损失大致呈现西大东小的阶梯形分布。从政府效率损失标准化值来看，西部高于中部，中部又高于东部，即呈现"西—中—东"阶梯形分布特点。西部、中部、东部省级政府效率损失的标准化值分别为 0.245、0.043、－0.246。同时，省级政府效率损失排名前 20 的省级政府中，西部有 10 个、中部有 6 个、东部有 4 个，体现了"西—中—东"的阶梯形分布特征。

第二，从省级政府效率损失一级指标的标准化值大小来看，整体上也具有"西—中—东"的分布特征。从基本公共服务非均等化来看，我国西部、中部、东部的标准化值分别为 0.323、－0.021 和－0.289，表明我国省级政府在基本公共服务非均等化程度方面，西部高于中部、中部又高于东部。从居民经济福利损失来看，我国西部、中部、东部的标准化值分别为 0.234、－0.012 和－0.211，表明省级政府居民经济福利损失的标准化值呈阶梯形分布，即西部高于中部、中部又高于东部。

第三，同一地区内部省级政府效率损失分化明显、相互差异较大。从政府效率损失高低的排名来看，西部多数省级政府比较靠前，2015年政府效率损失标准化值排名全国前 10 的省级政府，即政府效率损失较大的 10 个省级政府中有 8 个来自西部。但是，同处于西部的陕西、四川等省级政府效率损失较小，它们的标准化值排名比较靠后，分别为第 26、第 22。以居民经济福利损失为例，东部地区的多数省级政府居民经济福利损失标准化值较低，在全国排名比较靠后，排名全国后10 的省级政府当中，东部有 5 个，但是同处于东部的广东和福建的居民经济福利损失标准化值排名比较靠前，分别位于第 7 和第 11，表明2015 年我国东部地区有少数省级政府的居民经济福利损失较大，即居民经济福利欠佳。

第三节　2016 年省级政府效率损失测度结果及分析

一　2016 年省级政府效率损失测度结果及其排名

根据前文的测度思路及方法，2016 年我国 31 个省级政府效率损失与其一级指标的标准化值及其排名详见表 5–5。

表 5 - 5　2016 年省级政府效率损失与其一级指标的标准化值及其排名

省级政府	地区	政府效率损失		A 基本公共服务非均等化		B 居民经济福利损失		C 市场监管乏力		D 环境污染治理低效		E 腐败	
		数值	排名	数值	排名	数值	排名	数值	排名	数值	排名	数值	排名
云南	西部	0.71	1	0.55	4	0.97	1	1.56	1	-0.16	19	0.63	3
宁夏	西部	0.62	2	0.53	5	0.05	12	0.40	6	1.35	2	2.19	1
青海	西部	0.29	3	0.72	2	0.22	7	-0.47	26	0.39	6	-0.53	27
甘肃	西部	0.22	4	0.19	9	0.12	9	0.53	4	0.37	7	0.21	10
广西	西部	0.20	5	0.30	8	0.08	10	-0.04	15	0.07	13	0.58	5
贵州	西部	0.19	6	0.33	7	0.21	8	0.37	8	-0.01	15	-0.39	24
新疆	西部	0.19	7	0.71	3	-0.42	30	-0.12	17	1.41	1	-1.02	29
安徽	中部	0.12	8	0.09	10	-0.23	24	0.50	5	0.57	4	0.50	7
内蒙古	西部	0.08	9	-0.03	13	0.03	13	0.73	3	0.17	10	-0.09	17
西藏	西部	0.03	10	1.07	1	-0.34	29	-0.10	16	-0.97	31	-1.87	31
湖南	中部	0.01	11	-0.16	20	0.28	4	0.32	9	0.15	11	-0.53	26
黑龙江	东部	0.01	12	-0.14	18	0.24	5	-0.28	23	0.00	14	0.20	11
辽宁	东部	0.01	13	-0.26	23	0.22	6	0.16	11	-0.08	17	0.34	8
海南	东部	-0.03	14	0.33	6	-0.71	31	0.99	2	-0.71	28	0.18	12
河北	东部	-0.04	15	-0.27	27	-0.03	17	0.38	7	0.49	5	-0.09	18
吉林	东部	-0.04	16	-0.32	28	-0.03	18	-0.48	27	-0.37	24	1.85	2
河南	中部	-0.07	17	-0.16	19	-0.09	21	0.00	14	0.29	8	-0.07	16
陕西	西部	-0.08	18	-0.13	17	0.08	11	-0.22	20	-0.12	18	-0.18	20
山东	东部	-0.09	19	-0.16	21	-0.15	22	0.28	10	0.20	9	-0.27	21
山西	中部	-0.09	20	-0.22	22	-0.20	23	-0.58	29	1.02	3	0.09	14
江西	中部	-0.10	21	-0.12	15	-0.07	20	-0.15	18	-0.05	16	-0.16	19
湖北	中部	-0.11	22	-0.26	24	0.03	14	-0.20	19	-0.22	20	0.33	9
福建	东部	-0.12	23	-0.12	14	-0.05	19	-0.38	25	-0.75	29	0.55	6
四川	西部	-0.14	24	-0.27	26	-0.03	16	0.04	13	0.09	12	-0.35	23
广东	东部	-0.14	25	-0.26	25	0.35	3	-0.54	28	-0.61	27	-0.27	22
上海	东部	-0.16	26	-0.59	29	0.68	2	-0.23	21	-0.45	25	-0.64	28
天津	东部	-0.17	27	0.02	12	-0.33	28	0.04	12	-0.79	30	-0.04	15
重庆	西部	-0.21	28	-0.13	16	-0.29	26	-0.34	24	-0.51	26	0.10	13

省级政府	地区	政府效率损失		A 基本公共服务非均等化		B 居民经济福利损失		C 市场监管乏力		D 环境污染治理低效		E 腐败	
		数值	排名	数值	排名	数值	排名	数值	排名	数值	排名	数值	排名
浙江	东部	-0.26	29	0.03	11	-0.32	27	-0.99	31	-0.25	21	-0.51	25
江苏	东部	-0.27	30	-0.66	31	-0.03	15	-0.26	22	-0.25	22	0.59	4
北京	东部	-0.57	31	-0.62	30	-0.24	25	-0.93	30	-0.25	23	-1.33	30

根据表 5 - 5，2016 年 31 个省级政府中，云南的政府效率损失标准化值高达 0.71，高于其他省级政府，位列全国第 1，表明其政府效率损失偏大；北京的政府效率损失标准化值仅为 - 0.57，低于其他省级政府，位列全国第 31，表明其政府效率损失很小。云南省政府效率损失很大、排名居前的原因在于：基本公共服务非均等化、居民经济福利损失、市场监管乏力、腐败四个一级指标的标准化值较大，分别为 0.55、0.97、1.56 和 0.63，排名靠前，分别为全国的第 4、第 1、第 1 和第 3 名。同时，北京市政府效率损失很小、排名居后的原因在于：基本公共服务非均等化、居民经济福利损失、市场监管乏力、环境污染治理低效和腐败五个一级指标的标准化值偏低，分别为 - 0.62、- 0.24、- 0.93、- 0.25 和 - 1.33，它们排名靠后，分别为全国第 30、第 25、第 30、第 23 和第 30 名。

二 2016 年省级政府效率损失测度结果分析

为更直观地分析，本部分根据表 5 - 5 中我国 31 个省级政府效率损失的标准化值，绘制出图 5 - 13。根据表 5 - 5 和图 5 - 13，可以看出 2016 年省级政府效率损失的标准化值具有两个特点。

第一，呈现高、中、低三级分布态势。宁夏、云南、青海、新疆、广西、贵州、甘肃 7 个省级政府效率损失的标准化值大于等于 0.19，效率损失很大，为高级；安徽、内蒙古、西藏、湖南、广东等 20 个省级政府效率损失不大，其标准化值在 - 0.17 和 0.12 之间，为中级；北京、江苏、重庆、浙江 4 个省级政府效率损失很小，其标准化值在 - 0.57 和 - 0.21 之间，为低级。

第二，省级政府数量分布类似橄榄形，即"两头小、中间大"。一方

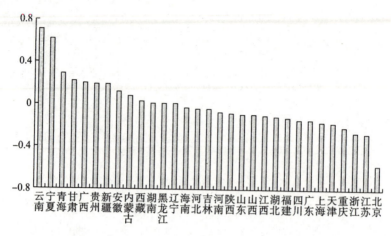

图 5 - 13 2016 年 31 个省级政府效率损失标准化值

面，政府效率损失标准化值特别高的有宁夏、云南、青海、新疆、广西 5 个、政府效率损失标准化值很低的有江苏、浙江、北京 3 个，表明政府效率损失大小"两头"省级政府数量少，即"两头小"；另一方面，政府效率损失不大不小、标准化值排名居中的省级政府数量很多，达 23 个，即"中间大"。

三 2016 年省级政府效率损失一级指标测度结果分析

（一）基本公共服务非均等化测度结果分析

依照表 5 - 5 中基本公共服务非均等化的标准化值，绘成图 5 - 14。结合表 5 - 5 和图 5 - 14，可以发现 2016 年省级政府基本公共服务非均等化呈现两大特征。

第一，标准化值"高低两级态势"明显。西藏基本公共服务非均等化的标准化值很高，达 1.07，远高于国内其他 30 个省级政府。这可能是因为西藏一直是一个整体、集中成片的贫困地区，辖区的文盲率、农村贫困发生率等反映基本公共服务非均等化的指标标准化值较高。江苏基本公共服务非均等化的标准化值很小，仅为 - 0.66，排名全国第 31，表明其基本公共服务非均等化程度极低，从反面证明江苏省基本公共服务均等化工作比较到位、效果好。原因在于以下三个方面，一是不断完善包括社会保险在内的社会保障体系，2015 年主要险种参保率保持在 95% 以上，全面建立

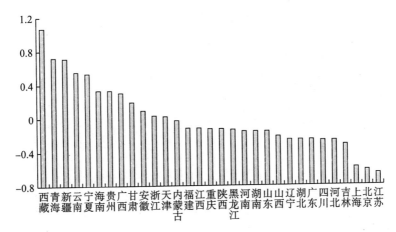

图 5 - 14　2016 年 31 个省级政府基本公共服务非均等化标准化值

城乡居民基本养老保险制度及大病保险制度，有效启动机关事业单位养老保险制度改革；二是注重教育服务现代化、均等化建设，学前教育全面普及，县域义务教育实现基本均衡全覆盖，2015 年高中阶段毛入学率达99.1%，高等教育主要发展指标位居全国前列，同时持续发展职业教育创新；三是不断深化医药卫生体制改革，持续提高新型农村合作医疗财政补助标准，不断增加基本公共卫生服务免费项目，医疗卫生服务能力明显增强。①

第二，大多数省级政府的标准化值不高不低，并表现趋同。青海、新疆、云南、宁夏、甘肃等 8 个省级政府的标准化值大致相似，位于 0.19 和 0.72 之间；安徽、浙江、河北、吉林等 19 个省级政府的标准化值相差不大，处于 - 0.32 和 0.09 之间。

（二）居民经济福利损失测度结果分析

根据表 5 - 5 中居民经济福利损失的标准化值，绘制出图 5 - 15。结合表 5 - 5 和图 5 - 15，可以发现 2016 年省级政府居民经济福利损失有三个特点。

---

① 石泰峰 . 2016 年江苏省政府工作报告 [EB/OL]. http://leaders. people. com. cn/n1/2016/0205/c58278 - 28112908. html，2016 - 02 - 05.

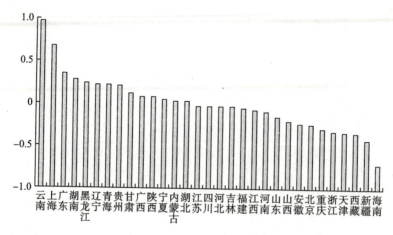

图 5 - 15　2016 年 31 个省级政府居民经济福利损失标准化值

第一，标准化值西高东低，呈阶梯形分布态势。这就是说，位于西部的云南、青海、贵州等省级政府的标准化值较高、居民经济福利损失较大；而东部的海南、北京、天津、浙江、河北、山东等省级政府的标准化值较低、居民经济福利损失较小。

第二，个别省级政府的居民经济福利损失很小，其经验值得借鉴。海南的居民经济福利损失标准化值很低，仅为 - 0.71，排名全国第 31，表明其居民经济福利损失很小。原因在于：该省把保障改善民生作为政府工作的出发点和落脚点，在财力并不宽裕的情况下，继续加大民生投入，2015年实现民生支出占地方一般公共预算支出的 75% 以上；实施就业优先的政策，2015 年新增城镇就业人口 10.1 万人；居民消费价格保持稳定，多项措施提升居民经济福利。①

第三，可细分为三个层级。第一层级包括云南、上海和广东 3 个省级政府，它们的居民经济福利损失标准化值高于 0.30，表明其居民经济福利损失较大。第二层级包括贵州、青海、湖南、黑龙江、辽宁、广西、陕西、福建、甘肃、内蒙古、四川、宁夏、湖北、江西、江苏、吉林、山

---

① 刘赐贵.2016 年海南省政府工作报告 ［EB/OL］. http：//district. ce. cn/newarea/roll/201601/29/t20160129_8641442. shtml, 2016 - 01 - 29.

东、河南、安徽、河北、山西、浙江、重庆、天津、北京和西藏26个省级政府，它们的居民经济福利损失标准化值在 −0.34 和 0.28 之间，表明其居民经济福利损失不大不小，在全国处于中等水平。第三层级则只有新疆和海南2个省级政府，该层级居民经济福利损失标准化值低于 −0.40，表明其居民经济福利损失很小。

（三）市场监管乏力测度结果分析

依照表5 –5 中市场监管乏力的标准化值，制成图5 –16。结合表5 –5和图5 –16，可以看出2016年省级政府市场监管乏力有三个特点。

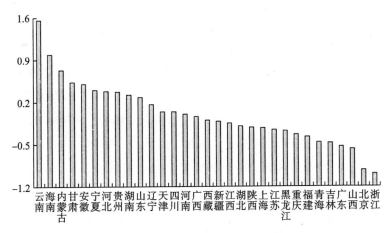

图5 –16　2016 年31 个省级政府市场监管乏力标准化值

第一，区域差异较小，分布比较均衡。市场监管乏力标准化值比较高的省级政府，既有西部的甘肃、云南、四川，又有中部的安徽和湖南，还有东部的山东与海南。市场监管乏力标准化值比较低的省级政府，既有西部的青海，又有中部的山西，还有东部的浙江、北京等。由此可见，我国省级政府在市场监管乏力指标上差异不大，表明各地落实"放管服"改革力度较大，且效果明显。

第二，个别省级政府的标准化值很低，值得深入探讨。位于东部的浙江省的市场监管乏力标准化值很低，仅为 −0.99，排名全国第31，表明其市场监管乏力程度很低，或者市场监管效果很好。原因在于，浙江省2015年强调进一步深化药品医疗器械审批制度改革，建立健全统一权威的食品药品安全监管体制①，提升了浙江省市场监管效果。

第三，市场监管乏力具有三级分布态势。第一层级包括云南、海南、内蒙古、甘肃4个省级政府，它们的标准化值比较高，高于0.51，表明其市场监管乏力现象比较严重。第二层级包括安徽、宁夏、河北和山西等25个省级政府，它们的标准化值介于 -0.58 和0.50 之间，其市场监管乏力程度不高，表明我国大多数省级政府市场监管到位、效果较好。第三层级包括浙江和北京2个省级政府，其标准化值极低，分别为 -0.99 和 -0.93，表明其市场监管效果很好。

（四）环境污染治理低效测度结果分析

依照表5-5中环境污染治理低效的标准化值，绘制出图5-17。结合表5-5和图5-17，可以发现2016年省级政府环境污染治理低效的标准化值具有三级分布特点。第一层级有新疆、宁夏、山西3个省级政府，它们的标准化值很高，均在1.02及以上，在全国排名靠前，表明其环境污染治理效果较差；第二层级包括安徽、河北、内蒙古、湖南、四川、江西、广西、吉林等21个省级政府，它们的标准化值差别不大，在 -0.37 和0.57之间，排名在全国居中，表明我国多数省级政府环境污染治理低效不明显，即环境污染治理效果较好；第三层级包括上海、重庆、广东、海南、福建、天津和西藏7个省级政府，它们的标准化值很小，不高于 -0.45，在全国排名靠后，表明其环境污染治理低效很微弱，即环境污染治理效果很好。

特别指出的是，西藏环境污染治理低效的标准化值在全国排名突出，低于全国其他省级政府，从侧面表明其环境污染治理效果很好，原因来自两方面。其一，西藏实施生态安全屏障保护与建设规划。2011~2015年财政投入71亿元，扎实推进环境保护"十大工程"建设。其二，西藏加强资源开发和生态环境保护监督管理。实行严格矿产资源勘查开发"一支

---

① 李强.2016年浙江省政府工作报告 ［EB/OL］. http://zj. people. com. cn/n2/2016/0124/c186806 - 27615252. html, 2016 - 01 - 24.

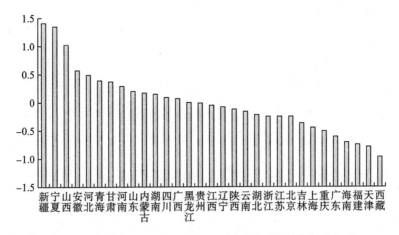

图 5 – 17　2016 年 31 个省级政府环境污染治理低效标准化值

笔"审批和环境保护"一票否决"制,严把准入关。①

(五) 腐败测度结果分析

根据表 5 – 5 中腐败的标准化值,制成图 5 – 18。结合表 5 – 5 和图 5 – 18,可以看出 2016 年省级政府腐败有三个特点。

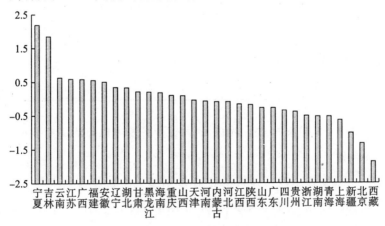

图 5 – 18　2016 年 31 个省级政府腐败标准化值

第一,绝大多数省级政府的腐败标准化值不高,且相互差异很小。云南、江苏、广西、辽宁、安徽、河南、甘肃、黑龙江、重庆、山西、上海

---

①　2016 年西藏自治区政府工作报告 [EB/OL]. http://www. xizang. gov. cn/zwgk/zfgzbg/2016 02/t20160217_12529. html, 2016 – 02 – 17.

等 26 个省级政府的标准化值在 -0.64 和 0.63 之间，表明我国省级政府在预防与治理腐败上节奏相当、效果明显。

第二，个别省级政府腐败的标准化值较高。2016 年宁夏和吉林 2 个省级政府腐败的标准化值比较高，分别为 2.19 和 1.85。这表明我国个别省级政府的腐败形势依然严峻，治理腐败任务比较艰巨。

第三，西藏腐败的标准化值很低，排名全国最后，表明其腐败程度极低，腐败治理效果极好。

四 2016 年省级政府效率损失测度结果的区域特征分析

根据表 5-5 中相关数据，将我国东部、中部、西部的省级政府效率损失及其一级指标的标准化值进行简单平均，得到表 5-6，以此进一步分析 2016 年省级政府效率损失的区域特征。

表 5-6 2016 年东中西部省级政府效率损失及其一级指标的标准化值

区域	政府效率损失	A 基本公共服务非均等化	B 居民经济福利损失	C 市场监管乏力	D 环境污染治理低效	E 腐败
东部	-0.144	-0.232	-0.031	-0.171	-0.294	0.044
中部	-0.039	-0.137	-0.047	-0.019	0.293	0.025
西部	0.176	0.320	0.057	0.194	0.172	-0.061

结合表 5-5 和表 5-6，2016 年省级政府效率损失的区域特征表现在以下三个方面。

第一，从整体上看，各省级政府效率损失大致呈现西大东小的阶梯形分布态势。从政府效率损失的标准化值来看，西部高于中部，中部又高于东部，从高到低呈现"西—中—东"阶梯形分布特征。我国西部、中部、东部省级政府效率损失的标准化值分别为 0.176、-0.039 和 -0.144。同时，政府效率损失排名前 20 的省级政府中，西部为 10 个、中部为 4 个、东部为 6 个，这也印证了"西—中—东"的阶梯形分布特征。

第二，从省级政府效率损失的一级指标来看，仍存在"西—中—东"

的分布特点。比如，从基本公共服务非均等化来看，我国西部、中部、东部的标准化值分别为 0.320、-0.137、-0.232，表明西部高于中部、中部又高于东部，这证明了我国基本公共服务非均等化分布也具有"西高东低的阶梯形分布"特性。

第三，同一地区内部省级政府效率损失分化明显、相互差异较大。从政府效率损失排名来看，西部的大多数省级政府效率损失较大，政府效率损失标准化值排名全国前 10 的省级政府，即政府效率损失较大的 10 个省级政府中有 9 个来自西部地区。但是，同处于西部地区的四川、重庆的政府效率损失较小，它们的标准化值排名较为靠后，分别为第 24 位和第 28 位。

第四节　2017 年省级政府效率损失测度结果及分析

一　2017 年省级政府效率损失测度结果及其排名

按照前文的测度思路及方法，2017 年我国 31 个省级政府效率损失与其一级指标的标准化值及其排名见表 5-7。

表 5-7　2017 年省级政府效率损失与其一级指标的标准化值及其排名

省级政府	地区	政府效率损失		A 基本公共服务非均等化		B 居民经济福利损失		C 市场监管乏力		D 环境污染治理低效		E 腐败	
		数值	排名	数值	排名	数值	排名	数值	排名	数值	排名	数值	排名
宁夏	西部	0.50	1	0.44	3	-0.24	26	0.86	4	1.44	2	1.66	2
西藏	西部	0.49	2	1.38	1	0.60	1	0.05	11	-0.81	29	-1.62	31
云南	西部	0.38	3	0.62	2	0.38	5	-0.05	14	-0.14	17	0.39	7
甘肃	西部	0.25	4	0.40	4	-0.33	28	1.27	1	0.34	6	0.32	10
青海	西部	0.24	5	0.39	6	-0.10	20	0.42	7	0.94	4	-0.22	18
新疆	西部	0.18	6	0.39	5	-0.40	29	1.09	2	1.25	3	-0.92	29
安徽	中部	0.14	7	0.08	12	0.08	11	0.02	13	0.21	9	0.58	4

省级政府	地区	政府效率损失		A 基本公共服务非均等化		B 居民经济福利损失		C 市场监管乏力		D 环境污染治理低效		E 腐败	
		数值	排名	数值	排名	数值	排名	数值	排名	数值	排名	数值	排名
广西	西部	0.11	8	0.24	8	0.04	13	− 0.09	16	− 0.37	23	0.49	5
湖南	中部	0.09	9	− 0.08	18	0.44	4	0.98	3	− 0.32	21	− 0.70	27
湖北	中部	0.08	10	0.04	14	0.07	12	0.04	12	− 0.14	18	0.58	3
贵州	西部	0.01	11	0.30	7	− 0.05	17	− 0.21	18	− 0.47	25	− 0.28	21
山东	东部	− 0.01	12	− 0.15	20	0.15	9	0.29	9	0.03	13	− 0.29	22
陕西	西部	− 0.02	13	− 0.08	17	− 0.08	18	− 0.24	19	0.25	8	0.33	8
海南	东部	− 0.03	14	0.15	9	− 0.16	23	0.38	8	− 0.51	26	− 0.27	20
辽宁	东部	− 0.05	15	− 0.31	26	0.29	7	− 0.26	21	0.04	12	0.14	15
江西	中部	− 0.05	16	0.00	15	− 0.02	15	− 0.38	22	0.08	11	− 0.09	16
吉林	东部	− 0.05	17	0.05	13	− 0.65	30	− 0.24	20	− 0.65	28	2.15	1
内蒙古	西部	− 0.05	18	− 0.07	16	− 0.11	21	− 0.11	17	− 0.07	15	0.32	9
山西	中部	− 0.07	19	− 0.15	21	− 0.32	27	− 0.84	31	1.59	1	0.14	14
重庆	西部	− 0.08	20	0.14	10	− 0.23	25	− 0.08	15	− 0.09	16	− 0.45	25
黑龙江	东部	− 0.10	21	− 0.16	22	0.03	14	− 0.59	29	− 0.15	19	0.31	11
福建	东部	− 0.10	22	− 0.12	19	0.11	10	− 0.39	23	− 0.94	31	0.45	6
广东	东部	− 0.10	23	− 0.28	25	0.45	3	− 0.60	30	− 0.45	24	− 0.23	19
四川	西部	− 0.12	24	− 0.39	27	0.20	8	0.09	10	0.12	10	− 0.40	24
河北	东部	− 0.12	25	− 0.50	28	− 0.05	16	0.60	6	0.48	5	− 0.14	17
河南	中部	− 0.12	26	− 0.20	24	− 0.12	22	− 0.58	28	0.34	7	0.18	13
浙江	东部	− 0.13	27	0.10	11	− 0.17	24	− 0.44	24	− 0.18	20	− 0.56	26
天津	东部	− 0.15	28	− 0.16	23	− 0.09	19	0.61	5	− 0.85	30	− 0.37	23
江苏	东部	− 0.21	29	− 0.61	29	0.35	6	− 0.54	27	− 0.36	22	0.19	12
上海	东部	− 0.28	30	− 0.69	30	0.59	2	− 0.48	25	− 0.61	27	− 0.77	28
北京	东部	− 0.64	31	− 0.74	31	− 0.67	31	− 0.53	26	0.00	14	− 0.93	30

由表 5 - 7 可知，2017 年 31 个省级政府中，宁夏的政府效率损失标准化值最高，高达 0.50，位居全国第 1，表明其政府效率损失最大。宁夏政府效率损失大的原因在于：基本公共服务非均等化、环境污染治理低效和腐败 3 个一级指标的标准化值很高，分别为 0.44、1.44 和 1.66，排名居

前，分别位列全国第 3、第 2 和第 2。

与此相对，北京的政府效率损失标准化值很小，排名居后。原因在于该市的基本公共服务非均等化、居民经济福利损失和腐败 3 个一级指标的标准化值很低，分别为 －0.74、－0.67 和 －0.93，排名比较靠后，分别为第 31、第 31 和第 30。深入分析发现，北京政府效率损失很小的原因具体表现在三个方面。一是，稳步提升北京市基本公共服务水平。例如，通过推进中小学校长、教师交流轮岗等措施，提升基础教育服务水平；加快出台公立医院综合改革实施方案，推进药品阳光采购，市属医院实行非急诊全面预约挂号，提升医疗卫生服务能力；有序推进城乡居民基本医疗保险制度整合，基本完成机关事业单位养老保险制度改革，不断提升社会保障水平。二是，进一步增进北京市居民经济福利，不断改善社会民生。积极做好就业创业工作，开展因病致贫家庭医疗救助，实施困难残疾人生活补贴和重度残疾人护理补贴，多个方面提升居民经济福利。三是，进一步加强政府自身建设。严格落实中央八项规定精神，加大"四风"问题监督检查力度，开展"为官不为""为官乱为"问题专项治理。同时加强行政监察和审计监督，强化绩效管理，开展行政问责[①]，预防腐败，提升政府效率。

二　2017 年省级政府效率损失测度结果分析

为更直观地分析，这里根据表 5－7 中 2017 年我国 31 个省级政府效率损失的标准化值，绘制出图 5－19。结合表 5－7 和图 5－19，可以看出2017 年省级政府效率损失有两个特点。

第一，省级政府效率损失呈现三级分布态势。宁夏、西藏、云南、甘肃和青海 5 个省级政府效率损失的标准化值较高，高于 0.20，表明其效率损失很大；新疆、安徽等 23 个省级政府效率损失的标准化值不高不低，在 －0.15 和 0.18 之间，表明其效率损失不大不小；江苏、上海、北京 3 个省级政府效率损失很小，其标准化值较低，在 －0.64 和 －0.21 之间。

---

① 蔡奇. 2017 年北京市政府工作报告 [EB/OL]. http://www. beijing. gov. cn/gongkai/jihua/zfg-zbg/t1581230. htm，2017－02－16.

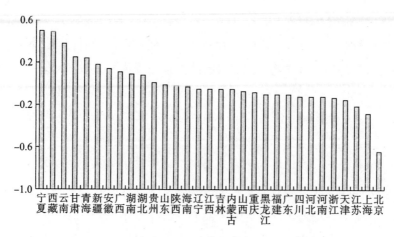

图 5 – 19　2017 年 31 个省级政府效率损失标准化值

第二，省级政府效率损失分布呈橄榄形，即"两头小、中间大"。一方面，政府效率损失特别大的省级政府有宁夏、甘肃等 5 个，数量比较少，而政府效率损失很小的省级政府有江苏、北京等 3 个，数量也较少，即所谓政府效率损失比较大、比较小的位居"两头"的省级政府数量较少；另一方面，政府效率损失一般即所谓的政府效率损失不大不小、排名居中的省级政府数量很多，达 23 个，即所谓"中间大"。

三　2017 年省级政府效率损失一级指标测度结果分析

（一）基本公共服务非均等化测度结果分析

根据表 5 –7 中基本公共服务非均等化的标准化值，制成图 5 – 20。结合表 5 –7 和图 5 – 20，可以看出 2017 年省级政府基本公共服务非均等化具有三个特征。

第一，标准化值"高低两级态势"分明。西藏的标准化值很高，高达 1.38，远高于国内其他 30 个省级政府的标准化值，表明其基本公共服务非均等化问题比较严重。原因在于：西藏的文盲率、农村贫困发生率等体现基本公共服务非均等化的指标表现不及其他省级政府。

第二，大多数省级政府的标准化值不高，相互差异很小，表明我国基本实现了基本公共服务均等化。云南、宁夏等 25 个省级政府的标准化值大致相似，位于 –0.31 和 0.62 之间；另外，四川、河北等 5 个省级政府标

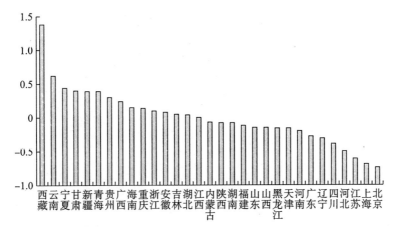

图 5 – 20 2017 年 31 个省级政府基本公共服务非均等化标准化值

准化值的差异也很小，在 – 0.74 和 – 0.39 之间。

第三，北京的标准化值很低，仅为 – 0.74，排名全国第 31 位，表明其基本公共服务非均等化程度很低，从侧面佐证了北京市实现了基本公共服务均等化。研究指出，尽管在城镇化早期，北京市基本公共服务存在一定的非均等化现象，但随着城镇化的推进，在公共政策作用下，北京市基本公共服务均等化程度显著提升，基本实现了基本公共服务均等化。

（二）居民经济福利损失测度结果分析

根据表 5 – 7 中居民经济福利损失的标准化值，绘制出图 5 – 21。结合表 5 – 7 和图 5 – 21，可以看出 2017 年省级政府居民经济福利损失有两个特征。

第一，标准化值"东高西低"。位于东部的上海、广东、江苏等省级政府的居民经济福利损失标准化值较高、经济福利损失较大；而西部的重庆、甘肃、新疆等省级政府的居民经济福利损失标准化值较低、经济福利损失较小，表现均较为突出。北京市居民经济福利损失的标准化值为 – 0.67，排名第 31，表明其居民经济福利损失最小。原因在于以下三方面：一是，实施就业优先的政策，一方面加强高校毕业生、就业困难群体和农村转移劳动力就业帮扶，另一方面做好相关企业职工分流安置，在 2016 年实现了新增就业 42.8 万人；二是，出台房地产调控 8 条措施，同时完成新开工保障性住房 5.6 万套，多项举措促进房地产市场平稳健康发

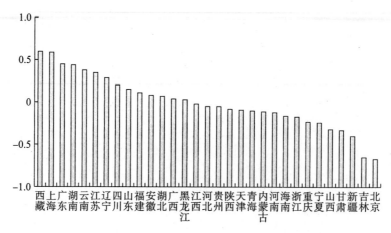

图 5 - 21　2017 年 31 个省级政府居民经济福利损失标准化值

展，实现房价的稳定；三是，打好脱贫攻坚战，精准帮扶低收入群体增收，实现了低收入农户人均可支配收入快速增长。[①]

第二，具有层次性。第一层次包括西藏、上海、广东、湖南等 7 个省级政府，它们的居民经济福利损失标准化值很高，高于 0.25，表明其居民经济福利损失较大；第二层次包括四川、山东、福建等 19 个省级政府，它们的居民经济福利损失标准化值在 -0.24 和 0.20 之间，不高不低，表明其居民经济福利损失在全国处于中等水平；第三层次包括北京、吉林、新疆等 5 个省级政府，它们的居民经济福利损失标准化值很低，低于 -0.30，表明其居民经济福利损失较小。

（三）市场监管乏力测度结果分析

根据表 5 - 7 中市场监管乏力的标准化值，绘制出图 5 - 22。结合表 5 - 7 和图 5 - 22，可以揭示 2017 年省级政府市场监管乏力的三个特点。

第一，市场监管乏力区域差异较小，分布比较均衡。市场监管乏力标准化值比较高的省级政府，既有西部的甘肃、新疆，又有中部的湖南，还有东部的天津与河北。市场监管乏力标准化值比较低的省级政府，既有西部的陕西，又有中部的山西、河南，还有东部的浙江、黑龙江等。也就是

---

① 蔡奇.2017 年北京市政府工作报告［EB/OL］. http://www. beijing. gov. cn/gongkai/jihua/zfg-zbg/t1581230. htm，2017 - 02 - 16.

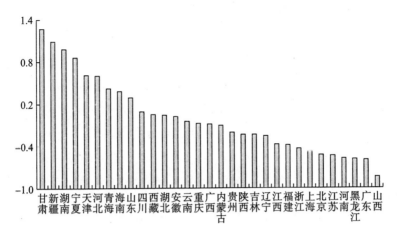

图 5 - 22　2017 年 31 个省级政府市场监管乏力标准化值

说，各区域都有市场监管乏力程度比较高、比较低的省级政府，表明各地都重视推进"放管服"改革。

第二，市场监管乏力的标准化值大致分为三个层级。第一层级仅有甘肃、新疆等 4 个省级政府，它们的市场监管乏力标准化值很高，大于 0.85，表明其市场监管乏力程度很高；第二层级包括天津、河北等 17 个省级政府，它们的市场监管乏力标准化值在 - 0.26 和 0.61 之间，不高不低，在 31 个省级政府中处于中等水平；第三层级包括山西、广东等 10 个省级政府，它们的市场监管乏力标准化值很小，低于 - 0.35，表明其市场监管乏力程度很低。

第三，中部的山西省的市场监管乏力标准化值很低，仅为 - 0.84，排名全国第 31，表明其市场监管乏力程度很低，换句话说，该省市场监管很好。原因在于，山西省着力推进事中事后监管信息公开，加强市场监管，完善企业信用信息公示系统，推动企业信息共享交换和互认互用；同时推广自贸区改革试点经验，在投资管理、服务业开放、检验检疫等领域，进一步探索新体制、新模式，取得了良好的成效。①

---

① 楼阳生. 山西省人民政府 2017 年政府工作报告［EB/OL］. http：//www. cc. cn/culture/wh-cyk/136795/qywhdt/201702/08/t20170208_20050133. shtml，2017 - 02 - 08.

（四）环境污染治理低效测度结果分析

依照表 5 – 7 中环境污染治理低效的标准化值，绘制出图 5 – 23。结合表 5 – 7 和图 5 – 23，可以看出 2017 年省级政府环境污染治理低效的标准化值呈现三级分布特征。第一层级有山西、宁夏等 4 个省级政府，它们的标准化值很高，均在 0.92 以上，在全国排名靠前，表明其环境污染治理效果较差；第二层级包括河北、甘肃、河南等 24 个省级政府，它们的标准化值不高不低，在 – 0.65 和 0.48 之间，排名居中，表明我国多数省级政府环境污染治理效果较好；第三层级包括福建、天津等 3 个省级政府，它们的标准化值很低，低于 – 0.80，在全国排名靠后，表明其环境污染治理效果很好。

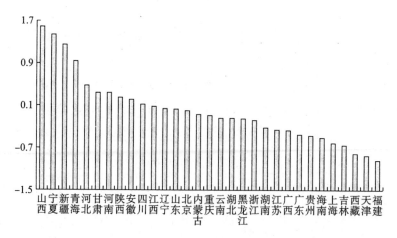

图 5 – 23　2017 年 31 个省级政府环境污染治理低效标准化值

（五）腐败测度结果分析

依照表 5 – 7 中腐败的标准化值，绘制出图 5 – 24。结合表 5 – 7 和图 5 – 24，可以看出 2017 年我国省级政府腐败的标准化值呈现三个特点。

第一，绝大多数省级政府的腐败标准化值不高，相互差异不大。湖北、安徽、广西、福建等 28 个省级政府的标准化值在 – 0.93 和 0.58 之间，表明我国省级政府总体上预防与治理腐败效果明显。

第二，极少数省级政府的腐败标准化值较高。吉林、宁夏两个省级政府腐败的标准化值比较高，分别为 2.15 和 1.66。这表明 2017 年这两个省级政府腐败形势比较严峻，治理腐败任重道远。

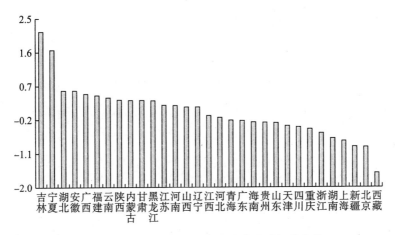

图 5 - 24 2017 年 31 个省级政府的腐败标准化值

第三，西藏的腐败标准化值很低，在全国排名靠后，表明其腐败程度低，腐败治理效果好。2017 年西藏自治区政府工作报告表明，西藏法治政府建设成效明显，依法行政能力不断提高，政府自身建设及反腐倡廉工作成效突出，西藏进入持续和谐稳定新阶段。①

四 2017 年省级政府效率损失测度结果的区域特征分析

根据表 5 - 7 中相关数据，本部分将我国东部、中部、西部的省级政府效率损失及其一级指标的标准化值进行简单平均，得到表 5 - 8，以此深入分析 2017 年省级政府效率损失的区域特征。

表 5 - 8 2017 年东中西部省级政府效率损失及其一级指标的标准化值

区域	政府效率损失	A 基本公共服务非均等化	B 居民经济福利损失	C 市场监管乏力	D 环境污染治理低效	E 腐败
东部	- 0.152	- 0.262	0.014	- 0.170	- 0.319	- 0.025
中部	0.012	- 0.055	0.021	- 0.129	0.291	0.115
西部	0.158	0.311	- 0.026	0.248	0.200	- 0.031

---

① 2017 年西藏自治区政府工作报告 [EB/OL]. http://www. xizang. gov. cn/zwgk/zfgzbg/2017 02/t20170213_120405. html, 2017 - 02 - 13.

结合表 5 - 7 和表 5 - 8，可以看出 2017 年省级政府效率损失的区域特征表现在三个方面。

第一，从整体上看，各区域省级政府效率损失从大到小大致呈阶梯形分布。从政府效率损失的标准化值来看，西部高于中部，中部又高于东部，即呈现"西—中—东"阶梯形分布特征。我国西部、中部、东部省级政府效率损失的标准化值分别为 0.158、0.012 和 - 0.152。同时，政府效率损失排名前 20 的省级政府中，西部为 11 个、中部为 5 个、东部为 4 个，这也体现了"西—中—东"的阶梯形分布特征。

第二，从省级政府效率损失的一级指标来看，部分一级指标的标准化值仍具有"西—中—东"的分布特征。比如，从基本公共服务非均等化来看，西部、中部、东部的标准化值分别为 0.311、- 0.055 和 - 0.262，表明我国西部高于中部，中部又高于东部；又如，从市场监管乏力来看，西部、中部、东部的标准化值分别为 0.248、- 0.129 和 - 0.170，也反映了西部高于中部、中部又高于东部。

第三，同一区域内部省级政府效率损失分化明显、相互差异较大。从政府效率损失来看，西部大多数省级政府效率损失较大，政府效率损失标准化值排名前 10 的省级政府，即政府效率损失很大的 10 个省级政府中有 7 个来自西部地区。但是，同处于西部地区的重庆、四川的政府效率损失较小，它们的标准化值排名比较靠后，分别为第 20 和第 24 位。

第五节　2018 年省级政府效率损失测度
结果及分析

一　2018 年省级政府效率损失测度结果及其排名

根据前文的测度思路及方法，2018 年我国 31 个省级政府效率损失与其一级指标的标准化值及其排名见表 5 - 9。

表 5 - 9　2018 年省级政府效率损失与其一级指标的标准化值及其排名

省级政府	地区	政府效率损失		A 基本公共服务非均等化		B 居民经济福利损失		C 市场监管乏力		D 环境污染治理低效		E 腐败	
		数值	排名	数值	排名	数值	排名	数值	排名	数值	排名	数值	排名
宁夏	西部	0.55	1	0.12	10	0.09	12	2.38	1	1.18	2	1.24	2
新疆	西部	0.39	2	0.47	3	0.45	3	0.88	2	0.83	4	- 1.05	29
云南	西部	0.36	3	0.42	4	0.27	7	0.34	5	- 0.21	18	0.96	3
吉林	东部	0.31	4	0.22	7	0.18	9	0.24	5	- 0.36	23	1.83	1
广西	西部	0.28	5	0.38	5	- 0.09	21	0.08	10	1.26	1	0.24	10
甘肃	西部	0.26	6	0.36	6	- 0.06	20	0.50	4	0.32	9	0.49	7
陕西	西部	0.23	7	0.00	13	0.66	1	0.05	14	0.07	13	0.17	11
青海	西部	0.22	8	0.52	2	- 0.05	19	- 0.10	20	0.57	6	- 0.22	21
西藏	西部	0.05	9	0.97	1	- 0.17	22	- 0.10	19	- 1.13	31	- 1.64	31
山东	东部	0.01	10	- 0.07	17	- 0.03	17	0.63	3	0.02	14	- 0.14	18
黑龙江	东部	0.01	11	- 0.23	25	0.46	2	- 0.62	26	- 0.10	16	0.42	8
安徽	中部	0.01	12	- 0.07	18	- 0.25	26	0.07	12	0.26	10	0.84	4
河南	中部	0.01	13	0.14	9	- 0.42	28	0.07	11	0.36	8	0.37	9
内蒙古	西部	- 0.02	14	- 0.02	14	0.13	11	- 0.65	27	0.16	11	0.04	14
重庆	西部	- 0.03	15	0.09	11	- 0.23	25	0.03	16	- 0.15	17	0.14	12
山西	中部	- 0.03	16	- 0.12	20	0.01	14	- 0.78	29	0.96	3	- 0.06	16
河北	东部	- 0.03	17	- 0.30	26	0.17	10	- 0.12	21	0.60	5	- 0.12	17
辽宁	东部	- 0.04	18	- 0.20	23	0.34	5	- 0.83	31	0.37	7	- 0.15	19
江西	中部	- 0.04	19	- 0.03	15	- 0.04	18	0.06	13	- 0.05	15	- 0.21	20
湖南	中部	- 0.05	20	- 0.12	21	0.35	4	- 0.19	22	- 0.32	20	- 0.53	27
福建	东部	- 0.05	21	0.09	12	- 0.21	24	- 0.23	23	- 0.76	30	0.78	5
湖北	中部	- 0.05	22	- 0.22	24	0.00	15	- 0.06	17	- 0.27	19	0.68	6
海南	东部	- 0.06	23	- 0.10	19	0.25	8	0.09	8	- 0.49	25	- 0.50	25
贵州	西部	- 0.06	24	0.15	8	- 0.21	23	0.05	15	- 0.42	24	- 0.25	23
浙江	东部	- 0.07	25	- 0.06	16	0.30	6	- 0.83	30	- 0.34	22	- 0.23	22
四川	西部	- 0.15	26	- 0.31	27	0.01	13	0.09	9	0.11	12	- 0.51	26
广东	东部	- 0.23	27	- 0.43	29	- 0.01	16	- 0.28	25	- 0.33	21	0.03	15
江苏	东部	- 0.31	28	- 0.42	28	- 0.26	27	- 0.25	24	- 0.50	27	0.09	13
天津	东部	- 0.33	29	- 0.12	22	- 0.55	30	- 0.09	18	- 0.60	29	- 0.47	24

省级政府	地区	政府效率损失		A 基本公共服务非均等化		B 居民经济福利损失		C 市场监管乏力		D 环境污染治理低效		E 腐败	
		数值	排名	数值	排名	数值	排名	数值	排名	数值	排名	数值	排名
上海	东部	-0.57	30	-0.64	31	-0.68	31	0.29	6	-0.50	26	-0.85	28
北京	东部	-0.58	31	-0.46	30	-0.42	29	-0.74	28	-0.56	28	-1.38	30

从表 5 - 9 看出，2018 年 31 个省级政府中，宁夏的政府效率损失标准化值很高，为 0.55，排名第 1，表明其政府效率损失很大、政府效率很低；北京的政府效率损失标准化值很低，为 -0.58，排第 31 名，表明其政府效率损失很小、政府效率很高。宁夏的政府效率损失较为突出的直接原因在于其市场监管乏力、环境污染治理低效和腐败 3 个一级指标的测度结果排名靠前，分别位列全国第 1、第 2 和第 2 名；北京市政府效率损失标准化值排名靠后，直接源于其基本公共服务非均等化、居民经济福利损失、市场监管乏力、环境污染治理低效和腐败 5 个一级指标标准化值排名比较靠后，分别为全国的第 30、第 29、第 28、第 28 和第 30 名。

二　2018 年省级政府效率损失测度结果分析

依照表 5 - 9 中 2018 年我国 31 个省级政府效率损失的标准化值，绘制出图 5 - 25。从表 5 - 9 与图 5 - 25 可以看出，2018 年我国 31 个省级政府效率损失具有两个特点。

首先，省级政府效率损失总体上呈西大东小的阶梯形分布。按照标准化值的大小排列，省级政府效率损失排名前 6 位中有 5 个来自西部，包括宁夏、新疆、云南、广西、甘肃，其标准化值分别为 0.55、0.39、0.36、0.28、0.26；排名居全国后 6 位的省级政府大多数来自东部，如北京、上海、天津、江苏、广东，其标准化值分别为 -0.58、-0.57、-0.33、-0.31、-0.23。

其次，同一区域内不同省级政府效率损失标准化值的排名差异比较大。西部地区的四川排全国第 26 位，然而同属该区域的宁夏位居全国第 1，二者差异很大。此外，类似情况也出现在东部、中部地区。比如，上

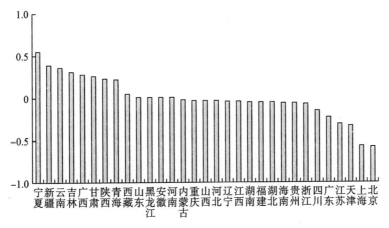

图 5 - 25　2018 年 31 个省级政府效率损失标准化值

海排名全国第 30，而同属东部地区的吉林排名第 4，相互差异较大。因此，
我国同一地区的不同省级政府之间的效率损失存在明显的差异。这是由于
地区内部省级政府之间的经济社会发展水平明显不同。比如，同属东部地
区的上海与吉林相互差异巨大。一方面，上海市是国际经济、金融、贸
易、航运、科技创新中心，经济增长迅速，社会发展水平较高，政府执行
力强，政府效率损失也较小；另一方面，吉林省因传统产业结构转型缓
慢，人均 GDP 等经济社会发展指标低于全国平均水平，不利于规避省级政
府效率损失。

三　2018 年省级政府效率损失一级指标测度结果分析

（一）基本公共服务非均等化测度结果分析

根据表 5 - 9 中基本公共服务非均等化的标准化值，绘制出图 5 - 26。
通过分析表 5 - 9 与图 5 - 26 发现，2018 年我国 31 个省级政府基本公共服
务非均等化具有以下特征。

第一，标准化值"高低两级态势"分明。西藏的标准化值很高，达
0.97，高于其他 30 个省级政府。这是因为西藏的经济相对落后、科教文化
水平不高，其文盲率和农村贫困发生率等指标表现不理想，致使基本公共
服务非均等化程度较高。此外，上海的标准化值很低，仅为 - 0.64，排名
全国第 31，其基本公共服务非均等化程度很低，表明该市基本公共服务均

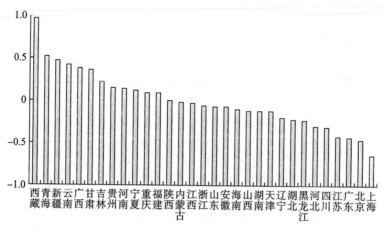

图 5 - 26　2018 年 31 个省级政府基本公共服务非均等化标准化值

等化程度很高。这得益于上海市通过积极稳步推进医疗改革、城乡统一养老保险等基本保障等措施，实现了居民养老保险、医疗保险等基本保障的城乡统一，促进了基本公共服务均等化。①

第二，大多数省级政府的标准化值不高，相互差距较小。青海、新疆等 29 个省级政府的基本公共服务非均等化标准化值在 - 0.46 和 0.52 之间，相互差距不大。

（二）居民经济福利损失测度结果分析

依照表 5 - 9 中居民经济福利损失的标准化值，绘制出图 5 - 27。从表 5 - 9 与图 5 - 27 可以看出，2018 年我国 31 个省级政府居民经济福利损失具有以下特点。

第一，居民经济福利损失分布比较均衡，区域差异较小。居民经济福利损失标准化值比较高的省级政府，既有西部的陕西、新疆，又有中部的湖南，还有东部的黑龙江和辽宁。居民经济福利损失标准化值比较低的省级政府，不仅有西部的贵州、重庆，而且有中部的安徽、河南，还有东部的天津、北京。

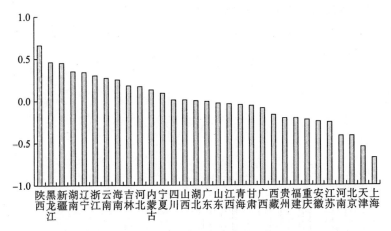

图 5 – 27 2018 年 31 个省级政府居民经济福利损失标准化值

第二，居民经济福利损失存在三级分布特点。第一层级包括陕西、黑龙江等 6 个省级政府，它们的居民经济福利损失标准化值比较高，在 0.30 和 0.66 之间，在全国排名比较靠前，其居民经济福利损失比较大；第二层级包括云南、海南、吉林等 21 个省级政府，它们的居民经济福利损失标准化值不高不低，在 – 0.26 和 0.27 之间，在全国排名居中，表明我国多数省级政府的居民经济福利损失不大；第三层级包括上海、天津、北京、河南 4 个省级政府，它们的居民经济福利损失标准化值较小，在 – 0.68 和 – 0.42 之间，在全国排名比较靠后，其居民经济福利损失较小。

第三，上海的居民经济福利损失标准化值很低，在省级政府中排名第 31，表明其居民经济福利水平较高。原因在于上海市坚持"房子是用来住的、不是用来炒的"定位，强化对房地产的调控，增加了住房供给，有效遏制了房价的过快增长。同时，坚持就业优先并实施积极的就业政策，开展了一系列提升劳动者技能的行动计划和鼓励创业带动就业的计划，鼓励重点人群特别是高校毕业生、失业青年等创业就业，带动城乡居民收入的增加，提升了居民经济福利水平。①

---

① 应勇.2018 年上海市政府工作报告［EB/OL］.http://sh.people.com.cn/n2/2018/0131/c138654 – 31203449.html，2018 – 01 – 31.

（三）市场监管乏力测度结果分析

依照表 5 - 9 中市场监管乏力的标准化值，绘成图 5 - 28。从表 5 - 9 与图 5 - 28 可以看出，2018 年我国 31 个省级政府市场监管乏力具有两个明显特征。

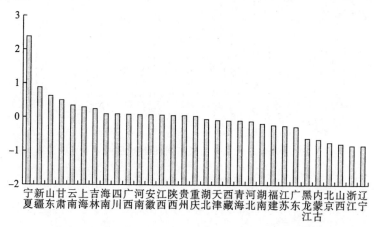

图 5 - 28　2018 年 31 个省级政府市场监管乏力标准化值

第一，分布比较均衡，区域差异较小。市场监管乏力标准化值比较高的省级政府，既有西部的新疆、宁夏、甘肃，又有东部的山东和吉林。市场监管乏力标准化值比较低的省级政府，既有西部的内蒙古，又有中部的山西，还有东部的浙江、北京等。

第二，从高到低，标准化值呈现三级分布态势。第一层级包括新疆、宁夏、山东、甘肃 4 个省级政府，它们的标准化值较高，为 0.50 ~ 2.38，其市场监管乏力问题比较严重；第二层级包括吉林、海南等 21 个省级政府，它们的标准化值不高不低，为 - 0.28 ~ 0.34，表明我国多数省级政府的市场监管乏力问题不突出；第三层级包括辽宁、浙江等 6 个省级政府，它们的标准化值很低，为 - 0.83 ~ - 0.62，其市场监管乏力程度很低。

（四）环境污染治理低效测度结果分析

依照表 5 - 9 中环境污染治理低效的标准化值，绘成图 5 - 29。从表 5 - 9 与图 5 - 29 可以看出，2018 年我国 31 个省级政府环境污染治理低效呈三级分布态势。第一层级有广西、宁夏、山西等 4 个省级政府，它们的标准化值较高，在 0.83 和 1.26 之间，在全国排名比较靠前，其环境污治理低效问题比较严重；第二层级属于中间位次，包括河北、青海等25个省级政府，它们的标准化值不高不低，在 - 0.60 和 0.60 之间，表明我国大多数省级政府的环境污染治理低效不明显；第三层级包括福建、西藏2个省级政府，它们的标准化值较低，分别为 - 0.76、 - 1.13，表明其环境污染治理低效程度较低，或者说环境污染治理效果很好。

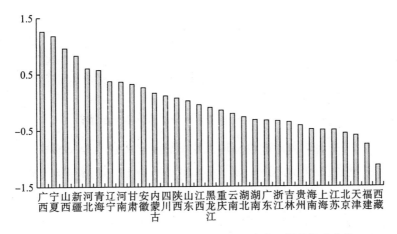

图 5 - 29　2018 年 31 个省级政府环境污染治理低效标准化值

同时，西藏的标准化值很低，仅为 - 1.13，位列全国第 31。这源于西藏推崇的绿色发展新格局成形。比如，当地 2017 年完成造林绿化 124 万亩，大力推进农村"四旁"植树；在班戈等 9 县区重点生态功能区实施产业准入负面清单；启动色林错生态公园建设；认真迎接中央环保督察。[①]

（五）腐败测度结果分析

依照表 5 - 9 中腐败的标准化值，绘成图 5 - 30。表 5 - 9 与图 5 - 30 揭示了 2018 年我国 31 个省级政府的腐败所具有的特征。

第一，绝大多数省级政府的腐败标准化值不高，相互差异不大。云南、安徽等 28 个省级政府的标准化值在 - 1.38 和 0.96 之间，表明我国省级政府总体上在治理腐败领域工作得力、效果明显。

---

① 齐扎拉. 2018 年西藏自治区政府工作报告 ［EB/OL］. http://www.xizang.gov.cn/zwgk/zfg-zbg/201802/t20180213_154758.html，2018 - 02 - 13.

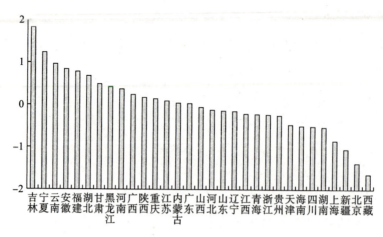

图 5 – 30   2018 年 31 个省级政府的腐败标准化值

第二，少数省级政府的腐败标准化值较高。吉林、宁夏腐败的标准化值比较高，分别为 1.83 和 1.24。这表明从严治党、反腐倡廉工作永远在路上，预防与治理腐败任务比较繁重。

第三，西藏的腐败标准化值很低，在全国排名靠后，表明其腐败程度很低，腐败治理效果很好。

四　2018 年省级政府效率损失的区域特征分析

根据表 5 – 9 中相关数据，本部分将我国东部、中部、西部的省级政府效率损失及其一级指标的标准化值进行简单平均，得到表 5 – 10，以深入分析 2018 年省级政府效率损失的区域特征。

表 5 – 10　2018 年东中西部省级政府效率损失及其一级指标的标准化值

区域	政府效率损失	A 基本公共服务非均等化	B 居民经济福利损失	C 市场监管乏力	D 环境污染治理低效	E 腐败
东部	− 0.148	− 0.209	− 0.035	− 0.210	− 0.272	− 0.053
中部	− 0.026	− 0.070	− 0.058	− 0.140	0.156	0.182
西部	0.173	0.262	0.067	0.298	0.216	− 0.033

表 5 – 9 和表 5 – 10 体现了 2018 年省级政府效率损失的区域特征。

第一，从整体上看，我国省级政府效率损失分布表现为西大东小。从

政府效率损失的标准化值来看，西部高于中部，中部又高于东部，即呈现
"西—中—东"的阶梯形分布。具体而言，我国西部、中部、东部的标准
化值分别为 0.173、 - 0.026 和 - 0.148。这表明东部地区省级政府效率损
失最小，中部居中，西部最大，具有层次性。

第二，从省级政府效率损失的一级指标来看，也具有"西高东低"的
分布态势。我国西部、中部、东部的基本公共服务非均等化的标准化值分
别是 0.262、 - 0.070、 - 0.209，东部低于中部，中部又低于西部。

第三，同一区域内部不同省级政府效率损失差异较大。2018 年西部的
不少省级政府效率损失较大，在全国排名靠前。在效率损失排名前 10 的省
级政府中，有 8 个在西部，表明西部地区省级政府效率损失总体偏高，但
是同属西部的贵州、四川等省的政府效率损失较小，在全国排名靠后，分
别为第 24、第 26。也就是说，尽管西部地区政府效率损失总体较高，但是
该区域仍有少数省级政府效率损失较小，表明区域内部不同省级政府效率
损失差异较大。

第六节 2019 年省级政府效率损失测度 结果及分析

一 2019 年省级政府效率损失测度结果及其排名

通过对相关原始数据做标准化处理，本书测度了 2019 年我国 31 个省
级政府效率损失及其一级指标的标准化值，测度结果及其排名见表 5 - 11。

表 5 - 11 2019 年省级政府效率损失与其一级指标的标准化值及其排名

省级政府	地区	政府效率损失		A 基本公共服务非均等化		B 居民经济福利损失		C 市场监管乏力		D 环境污染治埋低效		E 腐败	
		数值	排名	数值	排名	数值	排名	数值	排名	数值	排名	数值	排名
宁夏	西部	0.43	1	0.09	12	0.33	5	- 0.25	21	1.60	1	1.64	2
西藏	西部	0.35	2	1.32	1	- 0.18	24	0.48	5	- 0.77	31	- 0.98	31
甘肃	西部	0.34	3	0.30	6	- 0.23	25	1.79	1	0.30	8	0.83	4

续表

省级政府	地区	政府效率损失		A 基本公共服务非均等化		B 居民经济福利损失		C 市场监管乏力		D 环境污染治理低效		E 腐败	
		数值	排名	数值	排名	数值	排名	数值	排名	数值	排名	数值	排名
云南	西部	0.30	4	0.50	3	0.60	2	-0.54	28	-0.36	22	0.07	11
新疆	西部	0.27	5	0.49	4	0.04	14	-0.52	27	1.32	2	-0.22	18
青海	西部	0.24	6	0.55	2	0.13	11	-0.11	17	0.54	6	-0.58	25
内蒙古	西部	0.21	7	0.11	11	0.48	4	-0.27	22	0.69	5	-0.20	17
广西	西部	0.21	8	0.47	5	-0.24	26	0.98	3	0.10	13	-0.15	14
辽宁	东部	0.21	9	0.00	13	0.80	1	-0.20	19	0.20	11	-0.31	19
吉林	东部	0.19	10	-0.02	14	0.07	13	-0.28	23	-0.53	25	2.61	1
山东	东部	0.15	11	-0.47	29	0.52	3	1.57	2	0.00	14	0.22	9
安徽	中部	0.08	12	0.18	8	-0.17	23	-0.51	25	0.21	10	0.88	3
贵州	西部	0.05	13	0.18	9	0.24	8	-0.09	15	-0.34	21	-0.48	22
湖北	中部	0.04	14	0.13	10	-0.29	28	0.22	8	-0.25	18	0.81	5
河北	东部	0.01	15	-0.14	19	-0.04	18	0.28	7	0.71	4	-0.18	16
黑龙江	东部	0.00	16	-0.17	22	-0.02	17	0.01	11	0.12	12	0.64	6
江西	中部	0.00	17	0.28	7	-0.14	21	-0.03	13	-0.15	15	-0.57	24
海南	东部	-0.01	18	-0.03	15	0.01	15	0.45	6	-0.59	27	0.08	10
湖南	中部	-0.02	19	-0.07	17	0.25	7	0.02	9	-0.31	19	-0.37	20
河南	中部	-0.03	20	-0.06	16	-0.08	19	-0.09	16	0.28	9	0.02	12
广东	东部	-0.04	21	-0.16	21	0.24	9	0.02	10	-0.47	24	-0.05	13
山西	中部	-0.06	22	-0.15	20	0.14	10	-0.81	30	0.98	3	-0.60	26
福建	东部	-0.11	23	-0.13	18	-0.14	22	-0.11	18	-0.70	30	0.61	7
陕西	西部	-0.12	24	-0.20	24	0.32	6	-0.52	26	-0.17	16	-0.71	28
江苏	东部	-0.22	25	-0.39	27	0.12	12	-0.34	24	-0.45	23	-0.18	15
四川	西部	-0.24	26	-0.31	26	-0.24	27	0.73	4	-0.61	28	-0.54	23
重庆	西部	-0.27	27	-0.20	25	-0.01	16	-0.74	29	-0.54	26	-0.48	21
天津	东部	-0.28	28	-0.20	23	-0.97	31	-0.02	12	0.38	7	0.57	8
浙江	东部	-0.35	29	-0.44	28	-0.12	20	-0.23	20	-0.18	17	-0.93	30
上海	东部	-0.67	30	-0.81	31	-0.64	29	-0.04	14	-0.68	29	-0.80	29
北京	东部	-0.67	31	-0.64	30	-0.80	30	-0.85	31	-0.31	20	-0.62	27

　　表 5 - 11 所展示的政府效率损失测度结果表明，宁夏的标准化值很高，为 0.43，在全国排名第 1，表明其政府效率损失很大、政府效率很低；上

海的标准化值很低，为 - 0.67，在全国排名第 30，表明其政府效率损失很小、政府效率很高。

进一步分析发现，宁夏的政府效率损失标准化值很高的直接原因在于：居民经济福利损失、环境污染治理低效和腐败 3 个一级指标的标准化值很高、在全国排名靠前，分别位列 31 个省级政府的第 5、第 1、第 2。同时，上海市的政府效率损失很小源于其 4 个一级指标，即基本公共服务非均等化、居民经济福利损失、环境污染治理低效、腐败的标准化值很小、在全国排名靠后，分别为第 31、第 29、第 29、第 29 位。根本原因在于：该市重视完善民生制度，加强公共服务，建设租购并举的住房制度，严格调控房地产市场；改善就业、养老等社会保障服务；等等。这些举措不但使上海市政府在治理基本公共服务非均等化、居民经济福利损失等方面效果较好，而且有效治理了环境污染及腐败。上海市全面实施乡村振兴战略，加强城市精细化管理、社会治理和生态环境保护，取得明显成效。同时，上海市率先制定实施行政审批告知承诺管理办法，全面推行"双随机、一公开"市场监管方式，进一步加强依法行政、深化市政府机构改革，持续改进政府作风，扎实开展"不忘初心、牢记使命，勇当新时代排头兵、先行者"活动，注重解决一批基层群众反映的突出问题；扩大公务员从业行为规范试点，廉政建设取得实效。[1]

二　2019 年省级政府效率损失测度结果分析

根据表 5 - 11 中 2019 年我国 31 个省级政府效率损失的标准化值，绘制成图 5 - 31。表 5 - 11 与图 5 - 31 直观地反映了我国 31 个省级政府 2019 年的政府效率损失排名情况。排名全国前六位的分别是宁夏、西藏、甘肃、云南、新疆、青海；排名全国后六位的则是北京、上海、浙江、天津、重庆、四川。除此之外，它们还揭示了 2019 年我国 31 个省级政府效率损失所具有的两个特征。

---

[1]　应勇. 2019 年上海市政府工作报告〔EB/OL〕. http://district. ce. cn/newarea/roll/201902/02/t20190202_31421260. shtml, 2019 - 02 - 02.

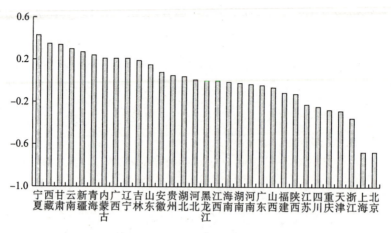

图 5－31　2019 年 31 个省级政府效率损失标准化值

首先，标准化值总体上呈西高东低分布态势。省级政府效率损失标准化值较高，排名全国前六位的全部来自西部；政府效率损失标准化值较低，排名全国后六位的多数来自东部，即所谓的"西高东低"。

其次，同一区域内不同省级政府效率损失的差异明显。比如，西部既有标准化值较高、排名靠前的省级政府如宁夏（全国第 1）、新疆（全国第 5），又有标准化值较低、排名靠后的省级政府如四川（全国第 26）、重庆（全国第 27）。类似情况也出现在东部和中部地区。究其原因，同一地区的不同省级政府在经济发展水平方面存在较大差异。

三　2019 年省级政府效率损失一级指标测度结果分析

（一）基本公共服务非均等化测度结果分析

根据表 5－11 中基本公共服务非均等化的标准化值，绘成图 5－32。透过表 5－11 与图 5－32 发现，2019 年省级政府基本公共服务非均等化具有以下特点。

首先，基本公共服务非均等化呈橄榄形分布态势，即"两头小、中间大"。一方面，基本公共服务非均等化标准化值很高的省级政府有西藏、青海、云南、新疆、广西 5 个，数量较少，而基本公共服务非均等化标准化值很低的省级政府仅有上海、北京、浙江等 5 个，数量也比较少，即所谓基本公共服务非均等化"两头"的省级政府数量较少；另一方面，基本

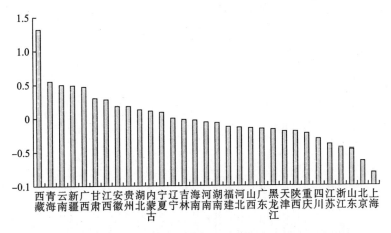

图 5 - 32　2019 年 31 个省级政府基本公共服务非均等化标准化值

公共服务非均等化居全国中间的省级政府数量较多,达 21 个,即所谓"中间大"。

其次,在橄榄形分布的基础上,基本公共服务非均等化表现为三级。西藏、青海、云南等 5 个为第一级,它们的标准化值较高,在 0.47 和 1.32 之间,其基本公共服务非均等化较为严重;第二级数量较多,包括甘肃、江西等 21 个省级政府,它们的标准化值不高不低,在 - 0.31 和 0.30 之间,表明多数省级政府基本公共服务非均等化程度居中;第三级包括上海、北京等 5 个,它们的标准化值较低,在 - 0.81 和 - 0.39 之间,其基本公共服务非均等化程度较低。

其中,北京的标准化值很低,仅为 - 0.64,排名第 30,表示其基本公共服务非均等化程度很低,或者说北京基本实现了基本公共服务均等化。这主要在于北京市强化公共服务资源均衡配置,比如 2018 年全市公园绿地覆盖率提高到 80%;坚持先立后破,有序疏解、整治交通运输等基本公共服务配置难题,推动了基本公共服务均等化水平的提高。[①]

(二) 居民经济福利损失测度结果分析

根据表 5 - 11 中居民经济福利损失的标准化值,绘制出图 5 - 33。分

---

① 陈吉宁. 2019 年北京市政府工作报告 [EB/OL]. http://district. ce. cn/newarea/roll/201901/ 23/t20190123_31339081. shtml, 2019 - 01 - 23.

析表5-11与图5-33，能够看出2019年我国省级政府居民经济福利损失具有三个特征。

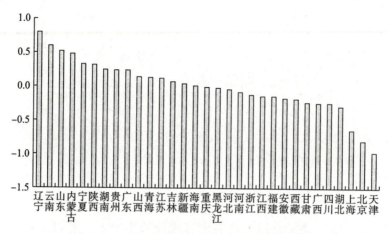

图 5 - 33　2019 年 31 个省级政府居民经济福利损失标准化值

第一，分布比较均衡、区域差异较小。居民经济福利损失标准化值比较高的省级政府，既有西部的云南、内蒙古，又有中部的湖南，还有东部的辽宁与山东。居民经济福利损失标准化值比较低的省级政府，既有西部的西藏，也有东部的天津，还有中部的湖北。这表明，在以民为本、持续改进民生方针的指导下，各地民生状况均明显改善，居民经济福利损失相差不大。

第二，很多省级政府的标准化值不高，且相互差距很小。其中，辽宁、云南等4个省级政府的标准化值在0.48和0.80之间；而宁夏、陕西等24个省级政府的标准化值处于-0.29和0.33之间，相差不大；而天津、北京等3个省级政府的标准化值在-0.97和-0.64之间，相互差异很小。

第三，天津的标准化值很低，仅为-0.97，排名第31，表明居民经济福利损失很小。原因在于天津市2018年将财政支出75%以上用于提升居民福利相关的民生工作，全面完成20项民心工程；持续提高群众就业质量和收入水平，在增加就业的同时缩小收入差距，取得了良好的效果；同时，通过困难村结对帮扶等形式，提升贫困人口收入，取得了困难村农民人均收入增速超过全市农民平均水平的成效，提升了居民经济福利。[①]

（三）市场监管乏力测度结果分析

依照表 5 - 11 中市场监管乏力的标准化值，绘成图 5 - 34。透过表 5 -
11 与图 5 - 34，可以看出 2019 年我国 31 个省级政府市场监管乏力存在两
个特征。

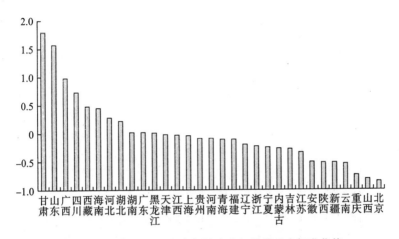

图 5 - 34　2019 年 31 个省级政府市场监管乏力标准化值

第一，大致表现出"西高东低"的分布态势。甘肃、广西等西部的省
级政府，市场监管乏力标准化值较高、市场监管亟待加强；而北京等东部
省级政府的市场监管乏力标准化值较低，表明其市场监管效果较好。

第二，体现为三个层级。第一层级包括甘肃、山东等 8 个省级政府，
它们的标准化值较高，在 0.22 和 1.79 之间，其市场监管乏力问题比较突
出；第二层级包括湖南、云南等 20 个省级政府，数量较多，它们的标准化
值不高不低，在 - 0.54 和 0.02 之间，其市场监管乏力不明显；第三层级
包括北京、山西等 3 个省级政府，其标准化值较低，在 - 0.85 和 - 0.74 之
间，它们的市场监管乏力程度很低。

（四）环境污染治理低效测度结果分析

根据表 5 - 11 中环境污染治理低效的标准化值，绘制出图 5 - 35。据

---

①　张国清.2019 年天津市政府工作报告［EB/OL］. http://tj. people. com. cn/n2/2019/0121/
c375366 - 32554817. html, 2019 - 01 - 21.

此分析，我国省级政府污染治理低效体现出三级分布特点。第一级有宁夏、新疆等 5 个省级政府，它们的标准化值较高，在 0.69 和 1.60 之间，表明其环境污染治理低效比较明显；第二级包括青海、天津等 23 个省级政府，它们的标准化值不高不低，在全国处于中间层次，在 - 0.61 和 0.54 之间，其环境污染治理低效不突出；第三级包括西藏、福建、上海 3 个省级政府，它们的标准化值比较低，在 - 0.77 和 - 0.68 之间，反映了其环境污染治理低效程度很低，即环境污染治理效果很好。

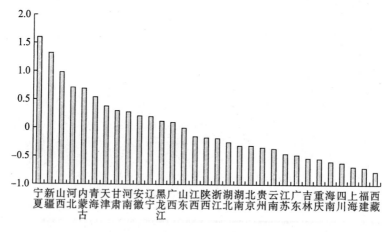

图 5 - 35　2019 年 31 个省级政府环境污染治理低效标准化值

其中，西藏的标准化值很低，仅为 - 0.77，居全国第 31 名，证明其环境污染治理低效程度很低，从侧面佐证了环境污染治理效果很好。这主要得益于：2018 年西藏严格实施生态保护红线划定方案，完成国家核定的能耗、碳排放、污染减排指标，地级以上城市空气质量优良天数比例高达 98.1%；全面推行生态文明建设目标评价考核，不断完善领导干部离任自然资源资产审计、生态环境损害责任追究等制度；不断规范自然保护区建设，调整珠峰、羌塘和芒康等国家级自然保护区，扎实创建生态示范区。[①]

（五）腐败测度结果分析

依照表 5 - 11 中腐败的标准化值，绘制出图 5 - 36，并以此揭示出以

---

① 齐扎拉. 2019 年西藏自治区政府工作报告 [EB/OL]. http://www.xizang.gov.cn/zwgk/zfg-zbg/201906/t20190627_181779.html, 2019 - 06 - 27.

下特征。

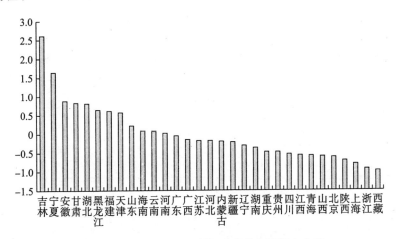

图 5 - 36　2019 年 31 个省级政府的腐败标准化值

第一，绝大多数省级政府的腐败标准化值不高，且相互差异不大。其中，浙江、上海等 27 个省级政府的标准化值在 - 0.80 和 0.88 之间，表明我国反腐斗争已成压倒性态势，各省级政府在预防与治理腐败上的效果较为显著。

第二，少数省级政府的腐败标准化值较高。吉林、宁夏 2 个省级政府的标准化值比较高，分别为 2.61、1.64。这表明 2019 年我国部分省级政府的反腐形势还比较严峻。

第三，西藏的腐败标准化值很低，在全国排名靠后，表明 2019 年其腐败程度较轻、腐败治理效果很好。这归因于：西藏自治区人民政府认真履职，切实加强自身建设；自觉接受人大、政协监督，主动接受社会和舆论监督；深入贯彻落实中央八项规定及其实施细则精神，有效遏制"四风"；认真落实中央专项巡视和国家审计督查整改工作，不断加强审计监督。①

四　2019 年省级政府效率损失的区域特征分析

根据表 5 - 11 中相关数据，本部分将我国东部、中部、西部的省级政

① 齐扎拉. 2019 年西藏自治区政府工作报告〔EB/OL〕. http://www. xizang. gov. cn/zwgk/zfg-zbg/201906/t20190627_181779. html, 2019 - 06 - 27.

府效率损失及其一级指标的标准化值进行简单平均，得到表 5 - 12，以此分析 2019 年省级政府效率损失的区域特征。

表 5 - 12 2019 年东中西部省级政府效率损失及其一级指标的标准化值

区域	政府效率损失	A 基本公共服务非均等化	B 居民经济福利损失	C 市场监管乏力	D 环境污染治理低效	E 腐败
东部	- 0.137	- 0.276	- 0.074	0.020	- 0.193	0.126
中部	0.002	0.052	- 0.047	- 0.201	0.126	0.029
西部	0.148	0.273	0.104	0.079	0.146	- 0.152

结合表 5 - 11 和表 5 - 12 可以看出，2019 年省级政府效率损失及其一级指标的区域特征反映在以下两个方面。

第一，从整体上看，我国省级政府效率损失表现为"西高东低"。从政府效率损失的标准化值来看，西部高于中部，中部又高于东部：西部、中部、东部省级政府效率损失的标准化值分别为 0.148、0.002、- 0.137，西部的标准化值高出中部 0.146、高出东部 0.285。

第二，同一区域内部不同省级政府测度结果差异很大。以政府效率损失为例，西部地区的多数省级政府效率损失较大，排名靠前，排名全国前 10 的省级政府中，有 8 个来自西部，但是西部的四川、重庆等政府效率损失较小，标准化值排名靠后，排名分别为第 26、第 27，表明区域内部政府效率损失差异很大。

第七节   2014 ~ 2019 年省级政府效率损失测度结果及分析

一   2014 ~ 2019 年省级政府效率损失测度结果及其排名

本书对 2014 ~ 2019 年我国 31 个省级政府效率损失及其一级指标的标准化值进行简单平均，并据此进行排名，结果见表 5 - 13。

表 5-13　2014~2019 年省级政府效率损失与其一级指标的
标准化值均值及其排名

省级政府	地区	政府效率损失		A 基本公共服务非均等化		B 居民经济福利损失		C 市场监管乏力		D 环境污染治理低效		E 腐败	
		数值	排名	数值	排名	数值	排名	数值	排名	数值	排名	数值	排名
宁夏	西部	0.59	1	0.37	5	0.09	11	0.75	2	1.37	1	2.03	1
云南	西部	0.47	2	0.49	3	0.66	1	0.50	5	-0.23	20	0.44	7
西藏	西部	0.39	3	1.33	1	0.29	2	0.09	12	-0.80	31	-1.56	31
新疆	西部	0.33	4	0.53	2	0.08	12	0.49	6	1.24	2	-0.82	29
甘肃	西部	0.31	5	0.29	7	0.01	16	1.01	1	0.37	7	0.53	5
青海	西部	0.20	6	0.38	4	0.13	9	-0.14	17	0.53	5	-0.31	23
广西	西部	0.18	7	0.33	6	0.02	15	0.02	14	0.19	10	0.24	9
贵州	西部	0.12	8	0.27	8	0.10	10	0.36	7	-0.14	17	-0.35	24
安徽	中部	0.11	9	0.13	9	-0.12	25	-0.16	19	0.42	6	0.66	3
内蒙古	西部	0.07	10	0.08	10	0.14	7	-0.25	22	0.22	9	0.02	13
吉林	东部	0.06	11	-0.04	15	-0.11	24	-0.19	21	-0.51	27	1.80	2
河南	中部	-0.01	12	-0.06	17	-0.18	26	0.22	9	0.27	8	0.17	10
山西	中部	-0.02	13	-0.12	20	0.03	13	-0.69	29	1.02	3	-0.11	15
湖北	中部	-0.02	14	-0.13	21	-0.05	20	-0.05	16	-0.18	18	0.65	4
辽宁	东部	-0.02	15	-0.21	23	0.26	4	-0.31	25	-0.01	12	0.14	11
湖南	中部	-0.03	16	-0.09	18	0.26	3	0.06	13	-0.18	19	-0.60	27
江西	中部	-0.04	17	0.01	12	-0.06	22	-0.03	15	-0.02	13	-0.17	20
陕西	西部	-0.04	18	-0.11	19	0.18	6	-0.30	24	-0.04	15	-0.13	16
黑龙江	东部	-0.05	19	-0.22	24	0.13	8	-0.36	27	-0.05	16	0.42	8
山东	东部	-0.05	20	-0.27	26	0.00	17	0.63	3	0.07	11	-0.15	18
河北	东部	-0.06	21	-0.33	28	0.03	14	0.25	8	0.63	4	-0.30	22
海南	东部	-0.07	22	0.07	11	-0.22	28	0.52	4	-0.64	29	-0.16	19
福建	东部	-0.09	23	-0.02	14	-0.06	23	-0.40	28	-0.76	30	0.52	6
重庆	西部	-0.13	24	-0.01	13	-0.23	29	-0.16	18	-0.29	23	-0.08	14
广东	东部	-0.13	25	-0.24	25	0.22	5	-0.32	26	-0.50	26	-0.24	21
四川	西部	-0.16	26	-0.31	27	-0.02	18	0.12	11	-0.04	14	-0.41	25
浙江	东部	-0.22	27	-0.06	16	-0.20	27	-0.70	31	-0.27	22	-0.43	26
天津	东部	-0.27	28	-0.13	22	-0.56	30	0.17	10	-0.48	25	-0.14	17

续表

省级政府	地区	政府效率损失		A 基本公共服务非均等化		B 居民经济福利损失		C 市场监管乏力		D 环境污染治理低效		E 腐败	
		数值	排名	数值	排名	数值	排名	数值	排名	数值	排名	数值	排名
江苏	东部	-0.30	29	-0.57	29	-0.06	21	-0.29	23	-0.36	24	0.10	12
上海	东部	-0.44	30	-0.68	30	-0.05	19	-0.17	20	-0.59	28	-0.74	28
北京	东部	-0.69	31	-0.69	31	-0.71	31	-0.69	30	-0.24	21	-1.04	30

由表 5 - 13 可知，2014～2019 年我国省级政府效率损失存在以下特点。

首先，北京的政府效率损失标准化值很低，仅为 - 0.69，排名比较靠后，为全国第 31 位，表明其政府效率损失很小、政府效率较高。直接原因在于：该市的基本公共服务非均等化、居民经济福利损失、市场监管乏力和腐败 4 个一级指标的标准化值很低，排名比较靠后，分别为全国的第 31、第 31、第 30 和第 30 名。

其次，宁夏、云南等省级政府效率损失的标准化值比较高、排名比较靠前，表明它们的效率损失较为突出。这与它们的基本公共服务非均等化、市场监管乏力等政府效率损失一级指标的标准化值比较高、排名比较靠前有关。其中，宁夏的环境污染治理低效和腐败指标的标准化值很高，排名全国第 1；基本公共服务非均等化和市场监管乏力的标准化值也很高、排名也比较靠前，分列全国第 5 和第 2 位。

二 2014～2019 年省级政府效率损失测度结果分析

为直观比较我国 31 个省级政府效率损失，依照表 5 - 13 中政府效率损失的标准化值均值，绘制出图 5 - 37。从表 5 - 13 与图 5 - 37 可以看出，2014～2019 年我国 31 个省级政府效率损失具有两个显著特征。

第一，具有明显的三个层级。宁夏、云南等 5 个省级政府效率损失的标准化值均在 0.30 以上，说明其效率损失较大，为高级；青海、广西等 24 个省级政府的标准化值在 - 0.30 和 0.20 之间，政府效率损失不大不小，为中级；上海、北京 2 个省级政府的效率损失很小，其标准化值低于 - 0.40，为低级。

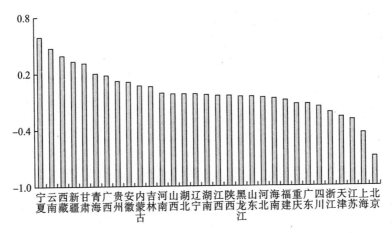

图 5 - 37 2014～2019 年 31 个省级政府效率损失标准化值均值

第二，表现出橄榄形分布特征，即"两头小、中间大"。一方面，政府效率损失特别大的省级政府有宁夏、西藏等 5 个，数量比较少，而政府效率损失很小的省级政府有北京等 2 个，数量也比较少，即所谓政府效率损失大的、小的"两头"省级政府的数量少；另一方面，政府效率损失一般即所谓的政府效率损失不大不小的省级政府数量很多，达 24 个。

三 2014～2019 年省级政府效率损失一级指标测度结果分析

（一）基本公共服务非均等化测度结果分析

依照表 5 - 13 中基本公共服务非均等化标准化值的均值，绘制出图 5 - 38。从表 5 - 13 与图 5 - 38 可以看出，2014～2019 年我国 31 个省级政府的基本公共服务非均等化具有以下特点。

第一，标准化值"高低两级态势"分明。其中，西藏的标准化值极高，达 1.33，大幅超过其他省级政府，位居全国第一，表明其基本公共服务非均等化程度很高，属于较高层级。西藏作为我国经济欠发达地区，科技教育等基本公共服务资源配置不平衡。比如，中小学生师比等指标在 31 个省级政府中排名靠后，致使基本公共服务非均等化标准化值排名较靠后。与此相反，其他省级政府的标准化值较低，属于较低层级。

第二，大多数省级政府的标准化值不高，相互差异较小。新疆、云南

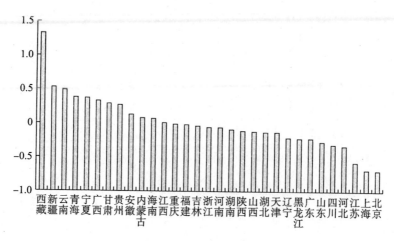

图 5 - 38   2014 ~ 2019 年 31 个省级政府基本公共服务非均等化标准化值均值

等 27 个省级政府的标准化值在 - 0.33 和 0.53 之间，相互差异不大；而北京、上海和江苏 3 个省级政府的标准化值处在 - 0.69 和 - 0.57 之间，相差较小。

（二）居民经济福利损失测度结果分析

依照表 5 - 13 中居民经济福利损失的标准化值均值，绘制出图 5 - 39。分析表 5 - 13 与图 5 - 39 能够揭示 2014 ~ 2019 年我国 31 个省级政府居民经济福利损失所具有的以下特点。

第一，居民经济福利损失分布比较均衡。居民经济福利损失标准化值比较高的省级政府既有西部的云南、西藏，又有中部的湖南，还有东部的辽宁、广东。居民经济福利损失标准化值比较低的省级政府，既有西部的重庆，又有中部的河南，还有东部的北京、天津等。表明各区域都有居民经济福利损失较小或者居民经济福利较好的省级政府。

第二，居民经济福利损失可分成三个层级。第一层级为高级，包括云南、西藏等 4 个省级政府，其标准化值较高，在 0.26 和 0.66 之间，居民经济福利损失比较严重；第二层级属于中级，包括广东、陕西等 25 个省级政府，其标准化值不高不低，在 - 0.23 和 0.22 之间，居民经济福利损失不大；第三层级是低级，包括北京、天津 2 个省级政府，其标准化值很低，分别为 - 0.71 和 - 0.56，它们的居民经济福利损失很小。

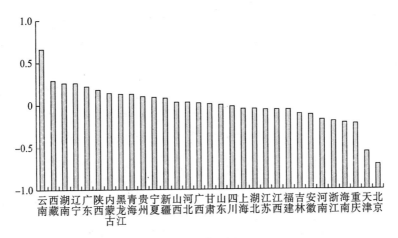

图 5 – 39　2014～2019 年 31 个省级政府居民经济福利损失
标准化值均值

(三) 市场监管乏力测度结果分析

依照表 5 – 13 中市场监管乏力的标准化值均值, 绘制出图 5 – 40。从表 5 – 13 与图 5 – 40 可以看出, 2014～2019 年我国 31 个省级政府的市场监管乏力具有两个特征。

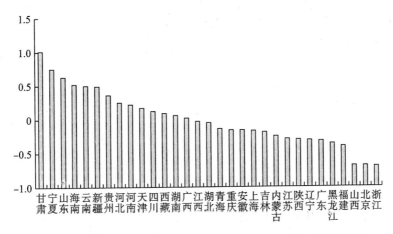

图 5 – 40　2014～2019 年 31 个省级政府市场监管乏力标准化值均值

第一, 标准化值呈西高东低分布态势。甘肃、宁夏、云南等属于西部, 市场监管乏力标准化值较高, 在全国排名靠前, 监管乏力比较明显; 而浙江、北京、福建等属于东部, 市场监管乏力标准化值较低,仟全国排名比较靠后，市场监管乏力比较微弱，反证其市场监管效果较好。

第二，标准化值大致可分为高、中、低三个层次。第一层次为高级，包括甘肃、宁夏等 7 个省级政府，其标准化值很高，超过 0.30，市场监管乏力比较明显；第二层次为中级，包括天津、福建等 21 个省级政府，其标准化值不高不低，在 −0.40 和 0.25 之间，市场监管乏力不突出；第三层次为低级，包括北京、山西和浙江 3 个省级政府，其标准化值很低，小于 −0.60，市场监管乏力很微弱，表明其市场监管效果很好。

（四）环境污染治理低效测度结果分析

依照表 5 - 13 中环境污染治理低效的标准化值均值，绘成图 5 - 41。从表 5 - 13 与图 5 - 41 可以看出，2014 ~ 2019 年我国 31 个省级政府环境污染治理低效分为三个层级。第一层级的标准化值较高，大于 1.00，包括宁夏、新疆、山西 3 个省级政府，表明其环境污染治理低效明显；第二层级的标准化值在 −0.36 和 0.63 之间，不高不低，包括河北、青海等 21 个省级政府，反映我国多数省级政府环境污染治理低效不明显；第三层级的标准化值很低，小于 −0.40，包括西藏和福建等 7 个省级政府，它们的环境污染治理低效很不明显，从反面证明其环境污染治理效果很好。

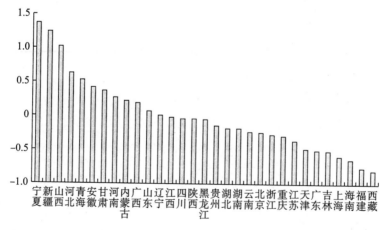

图 5 - 41　2014 ~ 2019 年 31 个省级政府环境污染治理低效标准化值均值

（五）　腐败测度结果分析

依照表 5 - 13 中腐败的标准化值均值，绘成图 5 - 42。据此发现 2014 ~ 2019 年我国 31 个省级政府的腐败具有以下特征。

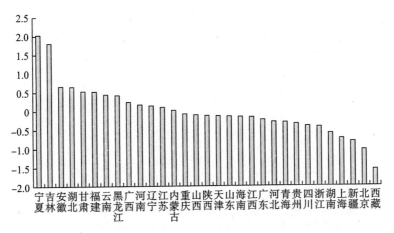

图 5 - 42　2014 ~ 2019 年 31 个省级政府腐败标准化值均值

第一，绝大多数省级政府的腐败标准化值不高，相互差异较小。安徽、湖北、甘肃等 28 个省级政府的标准化值在 - 1.04 和 0.66 之间，相互差异不大，表明我国省级政府特别重视反腐倡廉工作，且节奏一致，预防与治理腐败效果明显。

第二，少数省级政府的腐败标准化值较高。宁夏、吉林 2 个省级政府的腐败标准化值比较高，分别为 2.03、1.80。这表明二者反腐斗争形势严峻。

第三，西藏的腐败标准化值很低，在全国排名很靠后，表明其腐败程度低，腐败治理效果好。

四　2014 ~ 2019 年省级政府效率损失的区域特征分析

根据 2014 ~ 2019 年我国 31 个省级政府效率损失测度结果，本部分分地区列出省级政府效率损失及其一级指标的标准化值（见表 5 - 14），以对其区域特征进行分析。

表 5-14 2014~2019 年东中西部省级政府效率损失及其一级指标的
标准化值

年份	区域	政府效率损失	A 基本公共服务非均等化	B 居民经济福利损失	C 市场监管乏力	D 环境污染治理低效	E 腐败
2014	东部	-0.246	-0.292	-0.273	-0.132	-0.345	0.004
	中部	-0.002	-0.030	0.033	-0.267	0.224	0.043
	西部	0.268	0.332	0.279	0.277	0.262	-0.025
2015	东部	-0.246	-0.289	-0.211	-0.188	-0.293	-0.195
	中部	0.043	-0.021	-0.012	0.106	0.237	0.210
	西部	0.245	0.323	0.234	0.151	0.199	0.106
2016	东部	-0.144	-0.232	-0.031	-0.171	-0.294	0.044
	中部	-0.039	-0.137	-0.047	-0.019	0.293	0.025
	西部	0.176	0.320	0.057	0.194	0.172	-0.061
2017	东部	-0.152	-0.262	0.014	-0.170	-0.319	-0.025
	中部	0.012	-0.055	0.021	-0.129	0.291	0.115
	西部	0.158	0.311	-0.026	0.248	0.200	-0.031
2018	东部	-0.148	-0.209	-0.035	-0.210	-0.272	-0.053
	中部	-0.026	-0.070	-0.058	-0.140	0.156	0.182
	西部	0.173	0.262	0.067	0.298	0.216	-0.033
2019	东部	-0.137	-0.276	-0.074	0.020	-0.193	0.126
	中部	0.002	0.052	-0.047	-0.201	0.126	0.029
	西部	0.148	0.273	0.104	0.079	0.146	-0.152
均值	东部	-0.179	-0.260	-0.102	-0.142	-0.286	-0.017
	中部	-0.002	-0.044	-0.018	-0.108	0.221	0.101
	西部	0.195	0.303	0.119	0.208	0.199	-0.033

　　为了进一步分析 2014~2019 年省级政府效率损失的区域特征，按照表 5-14，本部分比较东部、中部、西部省级政府效率损失及其一级指标标准化值的 6 年均值（见图 5-43）。

　　表 5-14 和图 5-43 反映出，我国省级政府效率损失具有以下区域特征。第一，从均值看，我国省级政府效率损失从大到小，呈"西高东低"分布态势。即西部省级政府效率损失标准化值高于中部，中部又高于东

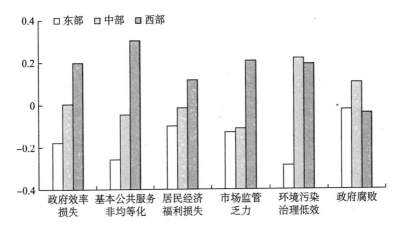

图 5 - 43　2014~2019 年东中西部省级政府效率损失均值比较

部。西部、中部、东部分别为 0. 195、 - 0. 002、 - 0. 179。第二，从省级
政府效率损失一级指标来看，也大致表现为"西高东低"。对于均值而言，
除了个别指标外，基本也是西部高于中部、中部又高于东部。

（一）基本公共服务非均等化

为了直观地分析区域之间基本公共服务非均等化的变动趋势，根据表
5 - 14 中基本公共服务非均等化标准化值，绘制出图 5 - 44。图 5 - 44 揭示
了 2014~2019 年我国东部、中部、西部地区的省级政府基本公共服务非均
等化的明显差距及变动趋势，主要体现在两个方面。

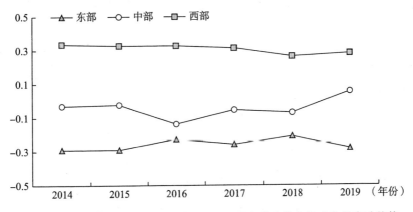

图 5 - 44　2014~2019 年东中西部基本公共服务非均等化标准化值变动趋势

首先，各区域基本公共服务非均等化波动较小。2014~2019 年我国东

部、中部、西部地区的省级政府基本公共服务非均等化的标准化值变化不大、波动较小，波动幅度在 0.2 以内，整体表现比较平稳。

其次，区域之间基本公共服务非均等化差异较大，且标准化值西部高于中部、中部高于东部，即"西高东低"。西部、中部、东部省级政府基本公共服务非均等化标准化值的均值分别为 0.303、−0.044、−0.260。

（二）居民经济福利损失

为深入分析各区域居民经济福利损失的变动趋势，依照表 5−14 中东中西部省级政府居民经济福利损失的标准化值，绘制出图 5−45。

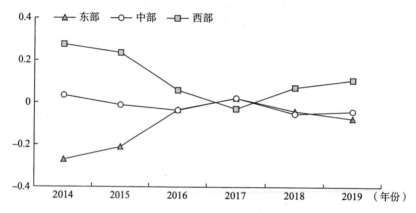

图 5−45 2014～2019 年东中西部居民经济福利损失标准化值变动趋势

图 5−45 表明，2014～2019 年我国东部地区居民经济福利损失总体上呈现先增后减的趋势。其中，2014～2017 年，东部地区的居民经济福利损失呈现增长趋势，2017～2019 年处于减少态势。中部地区居民经济福利损失的变化幅度比较小。而西部地区居民经济福利损失的变化趋势与东部地区相反，总体上先减后增。同时，2017 年以后我国东中西部的居民经济福利损失之间的差异比较小。

（三）市场监管乏力

为了诠释区域之间市场监管乏力的变动趋势，依照表 5−14 中 2014～2019 年东中西部省级政府市场监管乏力的标准化值，绘制出图 5−46。

图 5−46 指出，2015 年以后，我国中部和西部地区的市场监管乏力呈减弱趋势，而东部地区却略有加剧。同时，2019 年中部的市场监管乏力标准化值低于东部和西部，表明近年来中部地区特别重视市场监管，监管效

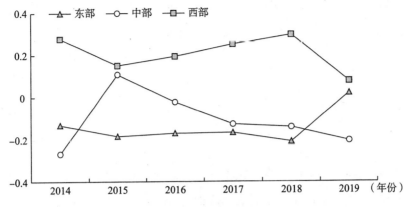

图 5 – 46　2014～2019 年东中西部市场监管乏力标准化值变动趋势

果明显提升。此外，多数情况下，我国东部地区的市场监管乏力标准化值低于中西部地区，表明相对而言中部和西部地区需要进一步加强市场监管。

（四）环境污染治理低效

为论证环境污染治理低效的变动趋势，本部分依照表 5 – 14 中 2014～2019 年东中西部省级政府环境污染治理低效的标准化值，绘制出图 5 –47。

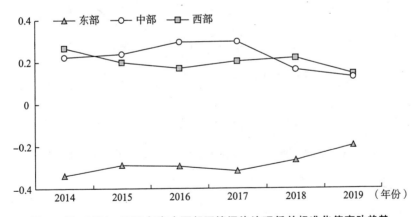

图 5 – 47　2014～2019 年东中西部环境污染治理低效标准化值变动趋势

图 5 –47 表明，2014～2019 年我国环境污染治理低效呈现以下特征。首先，中部的环境污染低效标准化值高于东部，也高于西部。从均值来看，中部、西部、东部环境污染治理低效标准化值分别为 0.221、0.199、－0.286。

其次，东部、中部、西部的环境污染治理低效标准化值变动较小，表现比较平稳。只是 2016 年以后西部地区的环境污染治理低效标准化值略有增加，而中部略有下降，但 2016 年以后中部和西部在环境污染治理低效方面的差距不断缩小。

（五）腐败

为揭示区域之间省级政府腐败变动趋势，根据表 5 - 14 中 2014 ~ 2019 年东中西部省级政府的腐败标准化值，绘制出图 5 - 48。图 5 - 48 指出，我国东部、中部、西部 2014 ~ 2019 年省级政府的腐败标准化值具有以下特点。首先，2015 年以后，东部基本处于上升状态，西部总体处于下降态势，中部则有升有降、持续波动。其次，2018 年以前中部地区的省级政府腐败标准化值整体高于西部和东部。此外，2019 年我国中西部地区腐败的标准化值呈现下降势头，但 2019 年东部的腐败标准化值上升较快，表明我国东部地区反腐形势严峻。

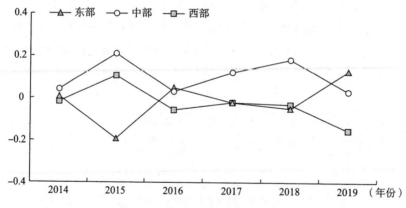

图 5 - 48　2014 ~ 2019 年东中西部省级政府腐败标准化值变动趋势

第六章　规避省级政府效率损失的实践经验

规避省级政府效率损失的经验与措施来自我国31个省级政府规避政府效率损失的有效实践，源于东部地区的北京市和浙江省、中部地区的江西省和山西省、西部地区的重庆市和四川省等规避政府效率损失的典型经验。比较、梳理这些实践经验，有助于规避政府效率损失，进一步提高政府效率、推动我国省级政府效率研究理论发展与实践变迁。

第一节　东部地区规避省级政府效率损失的经验

研究结果表明，我国东部地区的北京市、浙江省政府效率损失很小，具有代表性，梳理它们规避政府效率损失的经验与措施具有比较重要的参考价值。

一　北京市规避政府效率损失的经验

北京市政府效率损失很小，近年来它规避政府效率损失的实践经验值得我国其他省级政府学习和借鉴。

（一）北京市政府效率损失及其一级指标的变化分析

如表6-1所示，北京市政府效率损失及其一级指标的标准化值在2014～2019年总体上连续在全国排名靠后。其中，政府效率损失标准化值很低、基本排在全国最末位；同时，政府效率损失标准化值的均值也很低、排在全国第31位。

表 6 - 1　2014～2019 年北京市政府效率损失与其一级
指标的标准化值及其排名

年份	政府效率损失		A 基本公共服务非均等化		B 居民经济福利损失		C 市场监管乏力		D 环境污染治理低效		E 腐败	
	数值	排名	数值	排名	数值	排名	数值	排名	数值	排名	数值	排名
2014	-0.77	31	-0.85	31	-0.85	31	-0.39	22	-0.33	21	-1.01	30
2015	-0.88	31	-0.82	31	-1.26	31	-0.73	28	0.00	13	-0.99	29
2016	-0.57	31	-0.62	30	-0.24	25	-0.93	30	-0.25	23	-1.33	30
2017	-0.64	31	-0.74	31	-0.67	31	-0.53	26	0.00	14	-0.93	30
2018	-0.58	31	-0.46	30	-0.42	29	-0.74	28	-0.56	28	-1.38	30
2019	-0.67	31	-0.64	30	-0.80	30	-0.85	31	-0.31	20	-0.62	27
均值	-0.69	31	-0.69	31	-0.71	31	-0.69	30	-0.24	21	-1.04	30

根据表 6 - 1 中数据可以绘制 2014～2019 年北京市政府效率损失及其一级指标标准化值的变化趋势图，进而分析北京市政府效率损失及其一级指标标准化值的变动情况。

表 6 - 1 与图 6 - 1 指出，2014～2019 年，在 31 个省级政府中，北京市政府效率损失标准化值很低，在全国排名比较靠后、波动不大、比较稳定，反映其政府效率损失较小。原因在于北京市政府效率损失一级指标标准化值的排名靠后。比如，北京市基本公共服务非均等化的标准化值连续6 年排名靠后，都是第 30 或第 31 名；市场监管乏力及腐败等标准化值的排名也很靠后，基本在第 20 名以后。这就表明，北京市基本公共服务非均等化、居民经济福利损失、市场监管乏力、腐败等测度政府效率损失的一级指标的标准化值比较低，在全国排名比较靠后，成为北京市政府效率损失很小的主要原因。同时，北京市政府进一步减少效率损失的制约因素在于环境污染治理低效，因为该指标的标准化值不但较高、全国排名相对居前，而且波动较大。为了进一步揭示北京市政府效率损失的直接原因，在此具体分析其一级指标标准化值的变动趋势。

第一，北京市基本公共服务非均等化的标准化值一直比较低，波动幅度不大（见图 6 - 2），在全国排名很靠后。2014～2019 年该指标的标准化值介于 -0.85 和 -0.46 之间，在全国排名第 30 或第 31。进一步分析发

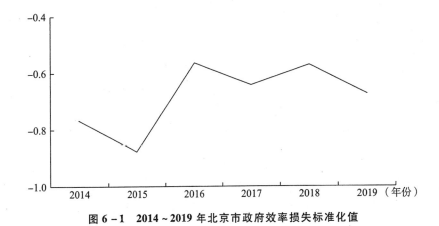

图 6 - 1　2014 ~ 2019 年北京市政府效率损失标准化值

现，北京市基本公共服务非均等化标准化值偏低反映了该市实现了基本公共服务均等化目标。据报道，近年来北京市政府重视全面落实深化改革各项任务，在重点领域的改革取得突破性进展：公共服务类建设项目投资审批改革试点效果明显；社会民生不断改善，重要民生实事全部办结，基本公共服务水平稳步提升，实现了基本公共服务均等化，有效规避了公共服务非均等化。

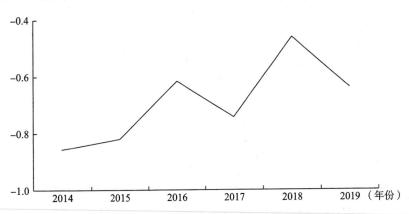

图 6 - 2　2014 ~ 2019 年北京市基本公共服务非均等化标准化值

　　第二，北京市居民经济福利损失的标准化值也比较低，但是波动幅度相对较大（见图 6 - 3）。2014 ~ 2019 年，北京市居民经济福利损失的标准化值从 - 0. 85 下降到 - 1. 26，再上升到 - 0. 24，又下降到 - 0. 80。从排名看，该指标的标准化值排名比较靠后，波动幅度相对较大，2014 年、2016

年、2018 年与 2019 年的排名分别是第 31 位、第 25 位、第 29 位与第 30 位。

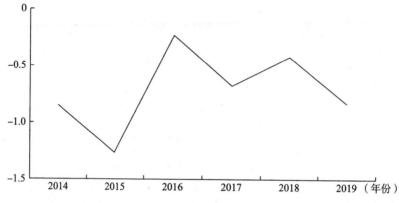

图 6 - 3　2014～2019 年北京市居民经济福利损失标准化值

　　第三，该市市场监管乏力标准化值变化呈倒 N 形，即下降—上升—下降的趋势（见图 6 - 4）。北京市市场监管乏力的标准化值及其排名分别是：从 2014 年的 - 0.39、全国排名第 22，下降到 2016 年的 - 0.93、排名第 30，又上升到 2017 年的 - 0.53、排名第 26，然后下降到 2019 年的 - 0.85、第 31 名。总体上北京市市场监管波动幅度较小，执行效果较好，偶有波动出现在市场安全监管案件较多的年份。后来，北京市政府以"四个最严"要求强化食品药品安全监管，持续加大安全生产工作力度，严守安全底线①，市场监管乏力现象减少。

　　第四，与其他一级指标相比，北京市环境污染治理低效具有两个方面特点（见表 6 - 1 与图 6 - 5）。一方面，标准化值相对较高、排名相对靠前。除 2018 年外，北京市环境污染治理低效标准化值排名较前，2015 年排全国第 13 名、2017 年排全国第 14 名、2019 年排全国第 20 名。因此，北京市环境污染治理压力相对其他方面比较大。另一方面，北京市该指标标准化值排名升降波动明显、变化幅度较大，但下降态势略强于上升趋势。2014～2016 年，该指标标准化值从全国第 21 名上升到第 13 名后，又下降到全国第 23 名；2017～2019 年，该指标标准化值从全国第 14 名大幅

　　① 陈吉宁 . 2018 年政府工作报告［R］. 北京市第十五届人民代表大会第一次会议，2018.

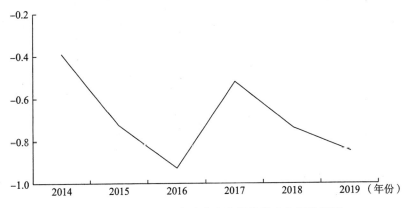

图 6 - 4 2014 ~ 2019 年北京市市场监管乏力标准化值

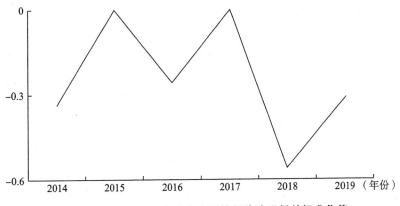

图 6 - 5 2014 ~ 2019 年北京市环境污染治理低效标准化值

下降到第 28 名后，又上升到全国第 20 名。可见，近年来北京市努力改善环境质量，但是环境污染治理效果不稳定、时高时低。比如，北京市政府完善有关环境及空气污染治理的政策体系，治理雾霾步入法制化、规范化轨道，走在全国前列。2014 年 1 月 22 日北京市第十四届人民代表大会第二次会议通过《北京市大气污染防治条例》，强化政府在环境污染治理方面的监管责任，推进了该市污染防治工作。[1] 同时，由于环境污染治理难度大、周期长，污染治理政策效果存在滞后性。因此，北京市环境污染治

---

① 李伟伟. 我国环境治理政策的绩效与北京市 PM2.5 治理政策分析 [J]. 科技管理研究，2015（23）：211 - 215.

理力度有待持续加大、治理效率需要进一步提高。

第五，北京市腐败的标准化值很低，变化不大，表现平稳（见表6－1与图6－6）。2014年、2016年、2017年、2018年，该指标的标准化值比较稳定，排名很靠后，都是全国第30名。可见，北京市的腐败程度很低、预防及治理腐败效果较好。

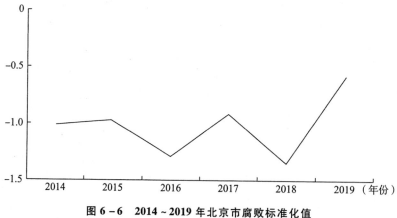

图6－6　2014～2019年北京市腐败标准化值

（二）北京市规避政府效率损失的实践经验

从前文测度结果来看，北京市规避政府效率损失的主要经验在于：持续改善基本公共服务质量，消除基本公共服务非均等化；增进人民福祉，不断提升居民获得感，减少居民经济福利损失；强化政府监管、建设廉洁型政府，保持预防腐败高压态势，有效治理监管失效及政府腐败等。北京市的相关实践佐证了本书论断，具体表现在以下三个方面。

第一，特别重视社会公共服务领域，持续关注民生及提升公共服务质量水平。比如，2016年，北京市"十三五"规划指出要加快形成与城市战略定位相匹配的城市管理体系，提升城市公共安全和公共服务管理水平，更好地服务市民生活；2017年9月，北京市发布《北京城市总体规划（2016年～2035年）》，明确了该市2020年发展目标之一就是普遍提高人民生活水平和质量，进一步健全公共服务体系、稳步提升城乡基本公共服务均等化水平。又如，据《北京日报》2019年2月20日报道，北京市下发了关于印发《加大力度推动社会领域公共服务补短板强弱项提质量　促进形成强大国内市场的行动方案》的通知。这是北京市政府积极落实国家政策的实践。根据该行动方案，到 2022 年，北京市将建成覆盖全民、普惠共享、城乡一体的基本公共服务体系，大力改善就近就便、高效快捷、便民利民的公共服务体验，健全政府基本保障、社会积极参与、全民共建共享的公共服务格局，有效缓解社会关注的民生热点难点问题，进一步丰富多样化可选择的公共服务资源，更好地满足潜力巨大的国内市场需求。

第二，以增进人民福祉、促进人的全面发展作为发展的出发点和落脚点，充分调动人民群众的积极性、主动性、创造性，让全体市民在共建共享发展中有更多获得感，减少居民经济福利损失。北京市在"十三五"时期重点打造幸福北京，不断增加居民经济福利。《北京城市总体规划（2016 年～2035 年）》明确提出要完善基础设施，切实改善民生。例如，北京市将采取低影响开发、雨污分流、截流和调蓄等综合措施改造老城排水系统，降低内涝风险，减少溢流污染；推广四合院厕所入院、入户；推进生活垃圾源头分类与再生资源回收有效衔接，实现垃圾分类全覆盖。又如，《2019 年北京市人民政府工作报告》要求，积极做好就业和社会保障工作，保证全市居民人均可支配收入增长与经济增长基本同步，不断改善居民经济福利。

第三，重视廉洁政府建设，以高压态势预防及治理腐败，减少腐败造成的政府效率损失。一是，持续深化监察体制改革。切实贯彻监察法，全面落实依法行政。北京市 2018 年制定修改废止政府规章 49 项，提请市人大常委会审议地方性法规 6 项，办理市人大代表议案 4 项、建议 931 件，办理市政协提案 941 件。不折不扣落实中央批准的机构改革方案，基本完成市级机构改革。二是，切实加强政府廉政建设，严格执行中央八项规定及其实施细则精神和市委贯彻落实办法，坚决防止"四风"反弹回潮，强化审计监督，努力营造风清气正的政治生态，消除政府腐败造成的效率损失。①

二 浙江省规避政府效率损失的经验

（一）浙江省政府效率损失及其一级指标的变化分析

如表 6 - 2 所示，作为东部地区的又一典型代表，浙江省政府效率损失

---

① 陈吉宁. 2019 年政府工作报告 [R]. 北京市第十五届人民代表大会第二次会议，2019.

及市场监管乏力、居民经济福利损失等一级指标的标准化值在 2014～2019 年总体上比较低、在全国排名比较靠后。其中，政府效率损失每年的标准化值均比较低，排在全国第 27 名前后；同时，政府效率损失标准化值的 6 年均值也偏低，在全国排第 27 名，比较靠后。

表 6 - 2　2014～2019 年浙江省政府效率损失与其一级
指标的标准化值及其排名

年份	政府效率损失		A 基本公共服务非均等化		B 居民经济福利损失		C 市场监管乏力		D 环境污染治理低效		E 腐败	
	数值	排名	数值	排名	数值	排名	数值	排名	数值	排名	数值	排名
2014	-0.31	28	0.04	11	-0.58	29	-0.90	31	-0.40	25	-0.20	18
2015	-0.22	27	-0.03	15	-0.31	28	-0.78	31	-0.26	22	-0.13	18
2016	-0.26	29	0.03	11	-0.32	27	-0.99	31	-0.25	21	-0.51	25
2017	-0.13	27	0.10	11	-0.17	24	-0.44	24	-0.18	20	-0.56	26
2018	-0.07	25	-0.06	16	0.30	6	-0.83	30	-0.34	22	-0.23	22
2019	-0.35	29	-0.44	28	-0.12	20	-0.23	20	-0.18	17	-0.93	30
均值	-0.22	27	-0.06	16	-0.20	27	-0.70	31	-0.27	22	-0.43	26

根据表 6 - 2 中数据可以绘制 2014～2019 年浙江省政府效率损失及其一级指标标准化值的变化趋势图，进而分析浙江省政府效率损失与其一级指标标准化值的变动情况。

表 6 - 2 与图 6 - 7 指出，2014～2019 年，在 31 个省级政府中，浙江省政府效率损失标准化值较低，基本排在第 27 名前后，比较靠后，排名波动不大，表明其政府效率损失一直较小。原因在于浙江省政府效率损失的主要一级指标标准化值排名靠后。其中，市场监管乏力的标准化值一直较低，6 年均值位居全国最末位：第 31 位。该省政府效率损失的其他一级指标如居民经济福利损失、腐败、环境污染治理低效等标准化值的排名也比较靠后，基本在第 20 名以后。这就表明，浙江省政府效率损失很小的直接原因在于该省市场监管乏力、居民经济福利损失等测度政府效率损失的一级指标的标准化值较低、在全国排名较靠后。

同时，浙江省政府进一步规避效率损失的制约因素在于基本公共服务

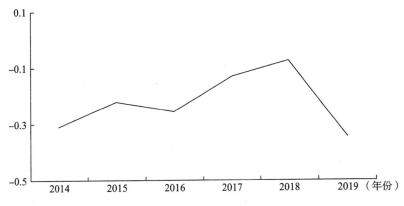

图 6 - 7　2014～2019 年浙江省政府效率损失标准化值

非均等化,因为该指标 2014～2019 年的标准化值比较高、排名相对靠前,多数年份排在全国前 16 名以内,并且排名上下波动较大。为了详细揭示浙江省政府效率损失的直接原因,在此进一步分析其一级指标标准化值的变动趋势。

第一,基本公共服务非均等化的标准化值较高,2014～2019 年在 - 0.44 和 0.10 之间(见图 6 - 8),均值排名比较靠前,为全国第 16 名。这是浙江省减少政府效率损失的短板,不利于进一步提高政府效率。

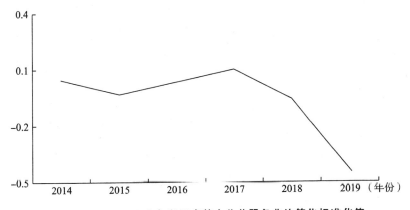

图 6 - 8　2014～2019 年浙江省基本公共服务非均等化标准化值

第二,居民经济福利损失的标准化值比较低,但是波动幅度相对较大(见图 6 - 9)。2014～2019 年标准化值在 - 0.58 和 0.30 之间,多数年份的排名在全国第 20 名以后,均值排名为第 27,其中,最低排名出现在 2014

年，为全国第29名，最高排名出现在2018年，为全国第6名，上下波动较大。总体来看，造成浙江省居民经济福利损失较小的原因在于两个方面。一是近年来浙江省适时调整最低工资标准，有效缩小了城乡最低工资保障差距。为保障劳动者的基本生活和合法权益，2017年11月1日，浙江省发布《浙江省人民政府关于调整全省最低工资标准的通知》，决定从2017年12月1日起，将全省最低月工资标准调整为四档，最高比原标准提高150元。二是浙江省城乡收入差距一直保持全国最小，居民人均可支配收入位居全国前列。根据搜狐网2018年1月30日报道，2017年浙江省居民人均可支配收入居全国第1位。城镇常住居民人均可支配收入连续17年居全国第3位、各省（区）第1位；农村常住居民人均可支配收入2014年首次超过北京，列上海之后居全国第2位，连续33年居全国各省（区）第1位。不仅如此，2017年，浙江省城乡居民人均收入倍差为2.054，是全国城乡收入差距最小的省份。同时，浙江省是全国唯一一个省内所有地级市的城镇居民人均可支配收入都超过全国平均水平的省份。导致浙江省居民经济福利损失波动较大的原因在于浙江省房价上涨率高，平均房价居高不下。根据中国社科院公布的2018年全国261个城市房价数据排名，浙江省的11个城市房价都名列全国50强，即使GDP远不及广东、江苏、山东，这种"房价实力"却只有浙江省独有。此外，浙江省近年来迈入高增长、低通胀的经济增长期，居民消费价格指数上涨缓慢。

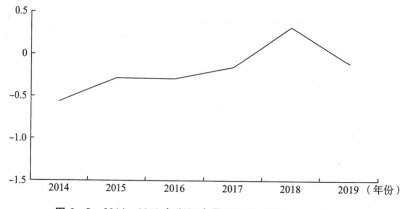

图6-9　2014～2019年浙江省居民经济福利损失标准化值

第三，市场监管乏力标准化值很低，半数年份排在全国最末位，即第
31名。2014～2019年，浙江省市场监管乏力的标准化值很低，介于 -0.99
和 -0.23之间（见图6-10），排名很靠后，有四年排全国第30名或者第
31名，表明其监管成效好，是全国市场监管的典范。这源于浙江省政府长
期重视市场监管体制改革实践。比如，2018年底浙江省在全国率先为深化
"放管服"改革提供省级政府层面制度样本，为"最多跑一次"改革立法。
据浙江新闻网报道，2018年11月30日，浙江省十三届人大常委会第七次
会议审议通过《浙江省保障"最多跑一次"改革规定》，并于2019年1月
1日起施行。这是一部创制性立法，为浙江省进一步优化营商环境、完善
市场监管提供法律保障。此外，2019年4月浙江省市场监督管理局先后发
布《关于全面推进"双随机、一公开"监管工作的通知》及具体工作细
则；根据东方财富网消息，浙江省从2019年6月6日起便全面推行"一次
抽取、全面检查"的"双随机"监管模式，做到市场监管领域随机抽查
"最多查一次"，公平公正执法，不仅提升了监管效能，也营造了更公平的
市场竞争环境。

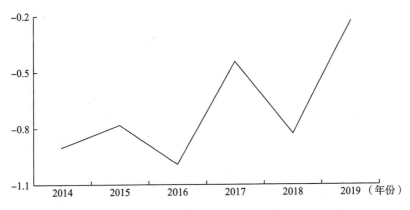

图6-10　2014～2019年浙江省市场监管乏力标准化值

第四，环境污染治理低效及腐败等指标的标准化值也比较低，在全国
排名也比较靠后。2014～2019年，浙江省环境污染治理低效的标准化值为
-0.40～ -0.18（见图6-11），排在全国第17名和第25名之间；腐败的
标准化值在 -0.93和 -0.13之间（见图6-12），均值排名为全国第26。

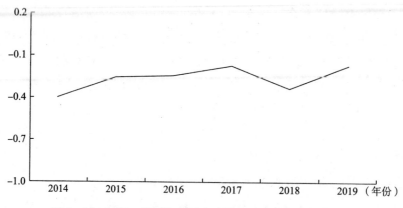

图 6 - 11　2014 ~ 2019 年浙江省环境污染治理低效标准化值

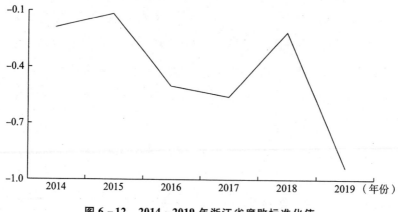

图 6 - 12　2014 ~ 2019 年浙江省腐败标准化值

（二）浙江省规避政府效率损失的实践经验

从前文测度结果来看，浙江省规避政府效率损失的主要经验在于：重视消除基本公共服务非均等化，着力补齐减少效率损失的短板，不断提升基本公共服务质量，实现基本公共服务均等化；深入推进"放管服"改革，不断加强市场监管，减少市场监管损失；坚持以人民为中心，让人民共享改革成果，持续改善居民经济福利，减少居民经济福利损失；加强环境污染防治，严防与治理腐败；等等。浙江省政府的相关实践经验进一步证明了以上论断，具体反映在以下六个方面。

第一，重视消除基本公共服务非均等化，着力补齐效率损失规避短板。促进基本公共服务均等化是浙江省减少政府效率损失的有效举措。为进一步规避基本公共服务非均等化带来的效率损失，浙江省采取系列措施实现城乡基本公共服务均等化目标。据中新网杭州2017年6月29日报道，近年来浙江省一直积极推动基本公共服务标准化建设，率先在国内实施基本公共服务均等化行动计划，并于2016年实施《浙江省基本公共服务体系"十三五"规划》，提出八大领域的114个基本公共服务标准清单，形成了基本公共服务体系的顶层设计和总体规划，确保到2020年基本完成标准清单制定的任务。

第二，不断改善民生服务，重视消除基本公共服务非均等化。根据央广网杭州2018年4月26日消息，以及中国之声《新闻和报纸摘要》栏目报道，习近平总书记早在浙江工作时就指出，"千村示范、万村整治"工程是造福千万农民的民心工程。经过长期努力，浙江省优质医疗、基础设施、环境整治、社会保障等基本公共服务覆盖农村，初步实现城乡基本公共服务均等化。同时，为深入落实中央政策，浙江省政府不断改革创新，通过设计和执行具体化的"改革项目"，有效缩短中央政府与地方政府之间的"政策距离"，以确保改革成效。[1]比如，为全面落实国家基本公共服务"十三五"规划总体要求，2017年6月21日，浙江省全面实施标准化战略领导小组发布《关于印发〈浙江省基本公共服务标准体系建设方案（2017～2020年）〉的通知》，指出要积极响应国家政策，不断实施基本公共服务标准化试点，着力提升基本公共服务标准化水平。浙江省政府牢牢把握"系统布局，明确重点""突出基本，促进均衡""注重衔接，分步建设"三个重点原则，采取有序高效行动，有的放矢，制定切实可行的主要目标。根据该建设方案，到2020年，浙江省基本建成普惠性、保基本、均等化、可持续的基本公共服务标准体系，确保标准整体水平处于国内先进水平，形成基本公共服务"浙江标准"，使得标准供给能力显著增强，标准实施水平更加领先，标准化促进公共服务均等化基本实现。[2]

第三，深入推进"放管服"改革，不断改进市场监管，减少市场监管

---

① 刘开君. 服务型政府建设的浙江经验［N］. 浙江日报, 2019 - 03 - 07（009）.
② 关于印发《浙江省基本公共服务标准体系建设方案（2017 - 2020年）》的通知［EB/OL］. http://www. zjt. gov. cn/art/2017/7/28/art_9534_989470. html, 2017 - 07 - 28.

损失。浙江省政府以提高市场主体质效为重点，认真履行市场监管职责。2018 年 6 月 29 日，中共浙江省委、省人民政府正式印发《关于开展质量提升行动的实施意见》，以"三强一制造"为抓手，积极打造具有浙江特色的质量变革新格局。2018 年新增"浙江制造"标准 559 个，"品字标"企业累计达到 556 家。浙江省率先开展国家标准化综合改革试点，把标准化融入"最多跑一次"改革、产业转型升级等各个领域。这种具有浙江特色的政府与市场良性互动、凸性组合的模式，推进了该省全面质量提升。此外，浙江省政府积极开展"放心消费在浙江"建设，培育放心消费示范单位 1.5 万家，无理由退货承诺单位 1.6 万家，建设农村家宴放心厨房 1602 个、名特优食品作坊 621 家、放心餐饮单位 3329 家、放心农贸市场 355 家；落实公平竞争审查制度，强化竞争执法；认真开展扫黑除恶专项斗争，查处各类案件 2.8 万件；开展涉企收费专项检查，清退违规金额 1.8 亿多元；加大知识产权保护力度，查处专利侵权假冒案件 1.5 万件、商标违法案件 4470 件；强化网络监管，顺利启动国家电子商务信用建设工程，建成全国首个"市场监管互联网执法办案平台"；推进省级部门"双随机"抽查机制建设，2.1 万户企业被列入失信"黑名单"；等等。这些系列举措大大提升了浙江省市场监管实效。① 此外，据浙江日报 2019 年 11 月 29 日报道，浙江省全力推进"一窗、一网、一日、一次"新模式，基本实现企业开办全省"一网通办"，跑出企业全流程一日办结的"浙江新速度"，企业开办便利化水平大幅提升，加快了"放管服"改革的步调。

第四，坚持以人民为中心，持续改善居民经济福利，减少居民经济福利损失。《2019 年浙江省政府工作报告》指出，坚持以人民为中心的发展思想，全面实施数字新政、科技新政、人才新政、生态文明新政，全力打好高质量发展组合拳，充分激发市场、企业、大众的活力，不断推进浙江经济提质增效升级；继续坚持就业增收富民政策，突出创业带动就业，落实好就业优先政策，城镇新增就业 80 万人，城镇失业人员再就业 30 万人，城镇调查失业率、登记失业率分别控制在 5%、3.5% 以内。同时，深入推

---

① 浙江省人民政府.2018 年政府工作总结［EB/OL］. http://www.zj.gov.cn/art/2019/4/2/art_1553482_31997151.html，2019 - 04 - 02.

进高校毕业生基层成长计划，加强就业困难人员帮扶，持续开展"浙江无欠薪"行动；保障居民可支配收入增长基本与全省经济增长同步，不断满足人民对美好生活的向往，减少居民经济福利损失。①

第五，加强环境污染防治，不断减少政府效率损失。2019 年，浙江省继续打好污染防治攻坚战。《2019 年浙江省政府工作报告》要求，编制实施美丽浙江建设规划纲要，积极参与长江经济带共抓大保护实践，高标准打好治气、治水、治土、治废四大硬仗；加快清洁能源示范省建设，实施 100 个工业园区废气整治、1000 个挥发性有机化合物整治项目，加强臭氧治理，实施运输结构调整三年行动，加快淘汰国Ⅲ及以下营运柴油货车，全省 PM2.5 平均浓度达到国家二级标准；深化"五水共治"，完善河长制和生态补偿机制，确保水质持续改善；完成 30 个工业园区"污水零直排区"建设，确保核心区和重点生态功能区 29 个出境断面水质全部达标，确保其他地区 116 个出境断面Ⅳ类水质以下比例控制在 4% 以内；坚持像保护西湖一样保护千岛湖，高标准推进千岛湖临湖地带综合整治，确保水质不下降、景观不破坏；制定实施城镇污水治理三年行动，完成 100 座城镇污水处理厂清洁排放技术改造；加强近岸海域污染防治，完成入海排污口整治，实现在线监测全覆盖。有效推进重点土壤污染地块和垃圾填埋场的生态修复，五类重金属污染物排放量比 2013 年削减 8% 以上。大力推进垃圾减量化、资源化，加强固废全过程闭环式管理，严打固废违法倾倒行为，新增危险废物利用处置能力 15 万吨以上，加快实现危险废物不出市、生活垃圾不出县。

第六，严防与治理腐败，规避腐败带来的政府效率损失。浙江省不断完善全面高效的监督体系，保持惩治腐败的高压态势。2017 年以来，浙江省政府积极稳妥推进派驻机构改革，省直派驻机构从 35 家减少至 25 家，全省监察对象由改革前的 38.3 万人增加到 70.1 万人，实现了对公权力的监督全覆盖。同时，建立上下联动的全省巡视巡察机制，推动查处了一批违纪违法案件。浙江省政府严厉查处顶风违纪的"四风"问题，对照"十

---

① 袁家军. 政府工作报告［N］. 浙江日报，2019－02－02（001）.

种情况"，坚决反对形式主义和官僚主义。2018 年，浙江省共查处违反中央八项规定精神问题 1781 起、处理 2962 人，给予党纪政务处分 1812 人，持续推动作风建设向纵深发展。保持惩治腐败的高压态势，坚持"打虎""拍蝇""猎狐"三管齐下；深入推进监察体制改革，坚持运用好"四种形态"；用好巡视利剑，坚持无禁区、全覆盖、零容忍。2018 年，浙江省共处置违纪问题线索 52957 件、运用"四种形态"处理 55138 人次，立案 17544 件、党纪政务处分 16650 人，推动反腐败斗争压倒性态势向压倒性胜利转化。[①] 2019 年浙江省政府公开 2018 年度反腐成绩单，党纪政务处分全省共 16650 人，共接受信访举报 63068 件次，主张"打虎拍蝇"力度不减节奏不变，彰显省政府反腐决心，提升反腐力度及成效。

第二节　中部地区规避省级政府效率损失的经验

一　江西省规避政府效率损失的经验

如表 6-3 所示，江西省政府效率损失与其一级指标的 2014～2019 年标准化值及其排名在全国 31 个省级政府当中处于中等水平，江西是中部地区规避政府效率损失较好的省级政府。其中，政府效率损失标准化值基本排在全国前 20 名以内；政府效率损失标准化值的均值排全国第 17 名。总结江西省规避政府效率损失的实践经验具有比较重要的借鉴意义。

表 6-3　2014～2019 年江西省政府效率损失与其一级
指标的标准化值及其排名

年份	政府效率损失		A 基本公共服务非均等化		B 居民经济福利损失		C 市场监管乏力		D 环境污染治理低效		E 腐败	
	数值	排名	数值	排名	数值	排名	数值	排名	数值	排名	数值	排名
2014	-0.09	19	-0.06	16	-0.16	22	-0.34	20	0.13	9	-0.03	13
2015	0.08	11	0.01	13	0.07	12	0.64	6	-0.08	17	0.02	14

---

① 浙江省人民政府.浙江省深化全面从严治党推进清廉浙江建设纪事 [EB/OL]. http://www.zj.gov.cn/art/2019/7/22/art_1554467_35963571.html, 2019-07-22.

年份	政府效率损失		A 基本公共服务非均等化		B 居民经济福利损失		C 市场监管乏力		D 环境污染治理低效		E 腐败	
	数值	排名	数值	排名	数值	排名	数值	排名	数值	排名	数值	排名
2016	-0.10	21	-0.12	15	-0.07	20	-0.15	18	-0.05	16	-0.16	19
2017	-0.05	16	0.00	15	-0.02	15	-0.38	22	0.08	11	-0.09	16
2018	-0.04	19	-0.03	15	-0.04	18	0.06	13	-0.05	15	-0.21	20
2019	0.00	17	0.28	7	-0.14	21	-0.03	13	-0.15	15	-0.57	24
均值	-0.04	17	0.01	12	-0.06	22	-0.03	15	-0.02	13	-0.17	20

（一）江西省政府效率损失及其一级指标的变化分析

根据表 6-3 中数据可以绘制 2014～2019 年江西省政府效率损失及其一级指标标准化值的变化趋势图，进而分析江西省政府效率损失及其一级指标标准化值的变动情况。

表 6-3 与图 6-13 指出，2014～2019 年，在 31 个省级政府中，江西省政府效率损失标准化值相对居中，在 -0.10 和 0.08 之间，均值为 -0.04，变动幅度不大；排名在全国第 11 和第 21 之间，均值排名为第 17，各年排名变化也不大，但大致都位居全国中游水平。

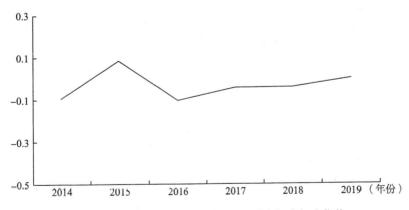

图 6-13　2014～2019 年江西省政府效率损失标准化值

江西省政府效率损失标准化值适中、排名居中且变化不大的直接原因在于其 5 个一级指标。第一，基本公共服务非均等化的标准化值变动幅度较大、排名比较靠前。2014～2019 年，江西省基本公共服务非均等化的标准化值比较高，居于 -0.12 和 0.28 之间（见图 6 - 14），均值为 0.01；排名位于全国第 7 和第 16 之间，均值排名第 12，排名比较靠前。这就是说，该省基本公共服务均等化进程有待加快，通过消除基本公共服务非均等化而减少政府效率损失仍任重道远。

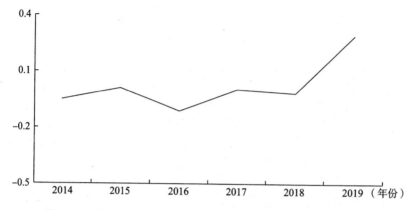

图 6 - 14　2014～2019 年江西省基本公共服务非均等化标准化值

第二，居民经济福利损失的标准化值排名相对靠后、变动幅度不大。2014～2019 年，居民经济福利损失的标准化值在 -0.16 和 0.07 之间（见图 6 - 15），均值为 -0.06；排名在第 12 和第 22 之间，均值排名为第 22，相对靠后。由此可见，江西省居民经济福利损失较小、居民经济福利可观，有助于减少政府效率损失。

图 6 - 15　2014～2019 年江西省居民经济福利损失标准化值

第三，市场监管乏力的标准化值排名居中、升降变化幅度较大。

2014～2019 年，市场监管乏力的标准化值围绕均值 - 0.03 在 - 0.38 和 0.64 之间波动（见图 6 - 16），变动幅度较大；排名位于第 6 和第 22 之间，均值排名为第 15。这就表明江西省市场监管不力一般，通过扭转监管不力形势而减少政府效率损失的潜力较大。

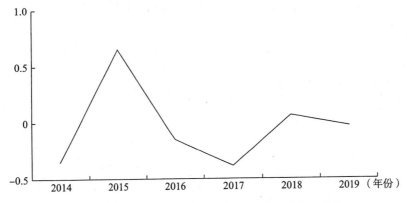

图 6 - 16 2014～2019 年江西省市场监管乏力标准化值

第四，环境污染治理低效的标准化值较高、排名比较靠前，但各年变化幅度不大。2014～2019 年，江西省环境污染治理低效的标准化值在 - 0.15 和 0.13 之间（见图 6 - 17），均值为 - 0.02；排名在第 9 和第 17 之间，均值排名为第 13。因此，该省环境污染治理成效不佳，是导致政府效率损失较大的主要原因。

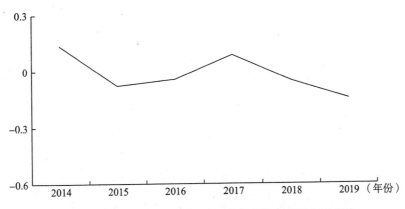

图 6 - 17 2014～2019 年江西省环境污染治理低效标准化值

第五，腐败的标准化值适中、排名也相对居中，但下降趋势明显。

2014～2019 年，江西省的腐败标准化值在 -0.57 和 0.02 之间（见图 6-18），均值为 -0.17；排名在第 13 和第 24 之间，均值排名为第 20。但是，2014～2019 年该省腐败指标标准化值的排名基本处于下降态势。该指标标准化值的 2014 年排名为第 13、2016 年下降为第 19、2018 又降至第 20、2019 年再降到第 24。不难看出，该省的腐败标准化值虽然适中，但是排名在不断下降，反映出该省反腐力度在加大，治理腐败效果不断提高，形成了惩治腐败的高压态势，有利于减少政府效率损失。

图 6-18　2014～2019 年江西省腐败标准化值

（二）江西省规避政府效率损失的实践经验

尽管江西省政府效率损失及其一级指标的标准化值整体适中、变化幅度不大，但是与中部其他省级政府相比，该省积累了比较丰富的实践经验，是中部地区有效规避省级政府效率损失的典范。这主要体现在以下方面。

第一，重视推进基本公共服务均等化进程，消除基本公共服务非均等化。2017 年 6 月 9 日，据《江西日报》记者郑荣林报道，江西省人民政府办公厅印发《江西省"十三五"推进基本公共服务均等化规划》，晒出该省"十三五"期间基本公共服务清单，共包括公共教育、劳动就业、文化体育、残疾人服务、社会保险、医疗卫生、社会服务以及住房保障等八大领域的 80 个基本公共服务项目，作为政府履行职责和公民享有相应权利的依据。这是该省首次制定、发布基本公共服务清单，标志着它以标准化推动基本公共服务均等化的工作进入实质性阶段，有利于提升该省基本公共服务水平。

同时，根据大江网 2019 年 2 月 14 日报道，2019 年江西省将进一步提升基本公共服务水平。深入推进教育强省建设，实施学前教育行动计划，加快一批公立中小学、教师周转宿舍等项目建设，推进 10 所高质量高职院校和 50 个优势特色专业建设计划；着力构建新型基本卫生服务体系，加快新建省直公立医院、县级医院以及若干乡镇卫生院和规范化乡村卫生服务室建设速度，完善分级诊疗体系，力争县域内就诊率达到 90% 左右；推进文化和体育等基本公共服务均等化、标准化，确保江西省文化中心建成运行，推进百万公里健身步道工程建设；推进省市县乡村五级综治中心实体化建设，实现城乡基本安全服务均等化。

第二，优化市场监管，避免市场监管乏力，以此规避政府效率损失。根据搜狐网 2019 年 8 月 19 日报道，江西省重视改进及规范市场监管服务，坚持以百姓心为心，聚焦"四最"营商环境，以"四个更"（即办事更快、服务更好、程序更简、花钱更少）为目标，立行立改加大"放管服"改革力度，不断提升服务便利化水平。全面推行"网上办、不见面、快递送"服务模式。2019 年上半年，江西省通过"网上办"设立登记企业占同期新登记企业总户数的 80.83%，户均注册登记时间为 23.7 小时，远远短于"三个工作日办结"要求。推动工业产品生产许可等更多事项网上办、网上批，要求 2019 年底前江西省市场监管局本级依申请类政务服务事项网办率达到 90% 以上，市县两级达到 70% 以上。

同时，围绕基层群众反映市场监管机构改革后证照种类多的问题，探索推行"以照含证、集约办理"试点，将营业执照与部门内多项行政许可合并为一次申请、一站审批、一照核发。针对企业反映的"退出难"问题，利用企业注销工作被列入江西省优化提升营商环境十大行动的契机，加快建设江西省"企业注销网上服务专区"，推进企业注销"一网"服务。

另外，基于基层反映市场监管部门内部多个处室管审批的问题，江西省将审批职能集中到行政审批部门，将业务受理集中到市场监督局办证中心，全面实行"一窗式"受理，统一接受咨询受理业务，已有 57 项行政审批事项实现"最多跑一次"甚至"一次也不跑"。①

第三，加强环境污染治理，重视生态文明建设。自 2015 年起，江西省加强了以工业废气、车辆废气和城市扬尘的污染控制为重点的"净空"行动，实现了 PM2.5 监测区和市区的全面覆盖，全省空气环境质量优良率达到 90.1%。② 主要表现在以下方面。一是，全力推进国家生态文明试验区建设，打造美丽中国"江西样板"。在全省范围内坚持全民共治、源头治理，对城乡环境进行综合性治理，有效解决环境突出问题。将"净空"行动进行到底，对城市"四尘""三烟""三气"进行专项治理；稳步推进"净水"行动，开展水环境综合整治行动，将生态鄱阳湖流域建设计划有效实施；有效推行"净土"行动，对固体废弃物以及城市生活垃圾等进行分类，实现"三化"处理，即减量化、资源化、无害化；将"厕所革命"进行到底，进一步提高人民群众的生活质量；对水土流失、森林及湿地保护等问题进行综合治理，使得生态环境更健康。

二是，推动绿色低碳循环发展。江西省将"生态＋"理念融入经济社会发展全过程，争创"国家可持续发展议程"创新示范区。健全节能、节水、节地、节材、节矿等标准体系，深入开展重点用能单位"百千万"行动，加快推进"电能替代"，节约集约利用各种资源；合理规划布局，鼓励装配式建筑发展，积极申报国家装配式建筑示范城市；深入推进园区循环化改造、城市矿产示范基地建设，实现资源循环利用；加大对绿色技术创新的支持力度，培育壮大节能环保产业、清洁生产产业和清洁能源产业；推动公共机构能源资源节约工作，倡导绿色低碳的生活方式和消费模式，真正让绿色成为本省发展的底色。

三是，加快生态文明制度建设。江西省深入推进生态文明体制改革，严格执行生态保护红线管理制度，全面落实升级版"河长制"，加快建立

① 林雍. 不断提升服务便利化水平 [EB/OL]. http://jiangxi. jxnews. com. cn/system/2019/08/19/018556844. shtml, 2019 - 08 - 19.
② 2016 年江西省政府工作报告 [EB/OL]. http://leaders. people. com. cn/n1/2016/0216/c58278 - 28127858. html, 2016 - 02 - 16.

并实施好"湖长制",探索建立"林长制";着力构建自然资源开发保护制度体系,深入推进自然资源统一确权登记试点,编制自然资源资产负债表,全面开展常态化地理国情监测;健全生态保护补偿制度体系,推进鄱阳湖湿地生态补偿试点,逐步实现森林、湿地、水流、耕地四个重点领域生态保护补偿全覆盖,探索生态产品价值实现机制;不断完善环保监管制度体系,加快推进省以下环保机构垂直管理体制改革;完善生态文明考核评价制度,严格落实生态环境损害责任追究制度,全面推行领导干部自然资源资产离任审计。①

第四,一直保持预防与惩治腐败的高压态势,消除腐败带来的效率损失。江西省严格落实中央八项规定及其实施细则精神,全面落实国务院"约法三章"。在全省积极推进忠诚型、创新型、担当型、服务型、过硬型"五型"政府的建设,坚决纠正"怕、慢、假、庸、散"等作风顽疾,大力倡导"事事马上办、人人钉钉子、个个敢担当"和"不为不办找理由,只为办好想办法",着力打造"四最"营商环境;坚持依法行政,向省人大常委会提交法规议案8件,制定和修改政府规章8件;坚决全面彻底肃清苏荣案余毒,深刻汲取腐败案例的教训,严肃查办违纪违法案件,夺取了反腐败斗争压倒性胜利。②

二　山西省规避政府效率损失的经验

作为中部地区的又一代表,山西省规避政府效率损失的经验也具有一定的参考价值。2014～2019年,山西省政府效率损失与其一级指标的标准化值及其排名在全国31个省级政府中总体上处于中上水平。其中,政府效率损失标准化值较高,基本排在全国前20名以内;政府效率损失标准化值的均值也比较高,排在全国第13名(见表6-4)。

① 2018年江西省政府工作报告 [EB/OL]. http://www.jiangxi.gov.cn/art/2018/2/21/art_392_209380.html, 2018-02-21.
② 2019年江西省政府工作报告 [EB/OL]. http://jx.workercn.cn/31596/201902/11/190211140614761.shtml, 2019-02-11.

表 6 – 4 2014～2019 年山西省政府效率损失与其一级
指标的标准化值及其排名

年份	政府效率损失		A 基本公共服务非均等化		B 居民经济福利损失		C 市场监管乏力		D 环境污染治理低效		E 腐败	
	数值	排名	数值	排名	数值	排名	数值	排名	数值	排名	数值	排名
2014	0.13	9	- 0.02	14	0.40	5	- 0.34	21	0.75	4	- 0.27	20
2015	0.02	12	- 0.09	18	0.16	8	- 0.76	30	0.80	3	0.05	13
2016	- 0.09	20	- 0.22	22	- 0.20	23	- 0.58	29	1.02	3	0.09	14
2017	- 0.07	19	- 0.15	21	- 0.32	27	- 0.84	31	1.59	1	0.14	14
2018	- 0.03	16	- 0.12	20	0.01	14	- 0.78	29	0.96	3	- 0.06	16
2019	- 0.06	22	- 0.15	20	0.14	10	- 0.81	30	0.98	3	- 0.60	26
均值	- 0.02	13	- 0.12	20	0.03	13	- 0.69	29	1.02	3	- 0.11	15

（一）山西省政府效率损失及其一级指标的变化分析

根据表 6 - 4 中数据制成 2014～2019 年山西省政府效率损失及其一级指标标准化值的变化趋势图，进而分析该省政府效率损失及其一级测度指标标准化值的排名变动情况。

表 6 - 4 与图 6 - 19 指出，2014 - 2019 年，在 31 个省级政府中，山西省政府效率损失标准化值相对较高，在 - 0.09 和 0.13 之间，均值为 - 0.02，变动幅度不大；排名在第 9 和第 22 之间，均值排名为第 13，比较靠前，处于全国中间偏上水平。同时，该省政府效率损失的标准化值及

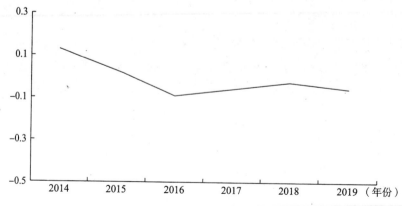

图 6 - 19 2014～2019 年山西省政府效率损失标准化值

其排名整体下降，表明其政府效率损失在不断减少。换言之，山西省政府效率损失标准化值虽然比较高，但在逐渐降低、排名在不断后移。

　　山西省政府效率损失具有这一特点源于其一级指标的相关表现。第一，基本公共服务非均等化的标准化值居中，但在逐步降低（见图 6 - 20），排名逐渐后移，反映出山西省基本公共服务非均等化问题在逐渐缓解。基本公共服务非均等化的标准化值从 2014 年的 - 0.02 下降到 2015 年的 - 0.09，再降至 2018 年的 - 0.12。2014 年山西省基本公共服务非均等化标准化值的排名是第 14，2015 年则后移到第 18，2018 年又后移到第 20。

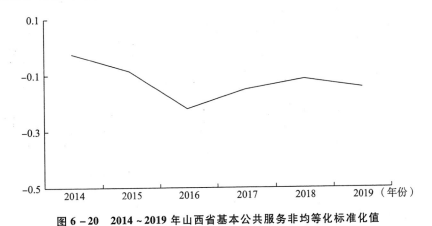

图 6 - 20　2014 ~ 2019 年山西省基本公共服务非均等化标准化值

　　第二，居民经济福利损失标准化值比较高，但也有所降低（见图 6 - 21）、排名后移，表明居民经济福利损失不断减少。2014 ~ 2019 年居民经济福利损失标准化值的均值为 0.03，排名为第 13；2014 年居民经济福利损失的标准化值为 0.40、排名全国第 5，2019 年标准化值降低到 0.14、排名后移至第 10。

　　第三，市场监管乏力的标准化值很低，排名也比较靠后，反映出山西省市场监管力度较大、成效较好。这是降低该省政府效率损失的主要方面，因此加强市场监管是规避政府效率损失的有效举措。如图 6 - 22 与表 6 - 4 所示，2014 ~ 2019 年该省市场监管乏力指标的标准化值很低，并在逐渐下降，在全国的排名很靠后，表明其政府效率损失较小；该指标标准化值的均值为 - 0.69、排名为第 29；2014 年，该指标的标准化值为 - 0.34、在全国排名第 21 位，2019 年该指标的标准化值下降到 - 0.81，在全国的

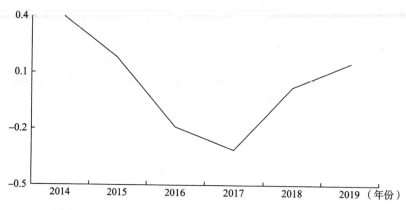

图 6 – 21　2014 ~ 2019 年山西省居民经济福利损失标准化值

排名后移到第 30 位。

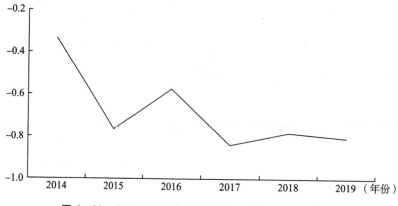

图 6 – 22　2014 ~ 2019 年山西省市场监管乏力标准化值

第四，环境污染治理低效的标准化值很高，排名很靠前。2014 ~ 2019 年该省环境污染治理低效的标准化值在 0.75 和 1.59 之间，均值高达 1.02（见图 6 – 23）；排名居全国前列，一直居前 4 位，均值排名是第 3 位。可见，该省环境污染治理低效特别突出，环境污染治理任务特别繁重。这构成了该省政府效率损失的主要内容，也是减少政府效率损失的短板。因此，加强污染防控，提高环境污染治理效率是山西省规避政府效率损失的重点领域与主要举措。

第五，腐败的标准化值大致处于全国省级政府中间，大致呈现下降趋势，但前后升降幅度较大（见图 6 – 24）。2014 ~ 2019 年，该指标的标准

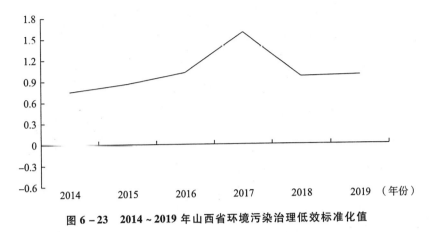

图6-23 2014~2019年山西省环境污染治理低效标准化值

化值在 -0.60 和 0.14 之间，排名在全国第 13 和第 26 之间，均值排名第 15。2015 年标准化值是 0.05，排全国第 13 名，2019 年标准化值下降至 -0.60，排名后移至全国第 26。也就是说，该省腐败造成的政府效率损失一般，治理腐败仍有待加强。因此，持续严惩腐败成为该省减少政府效率损失的又一重要领域与有效措施。

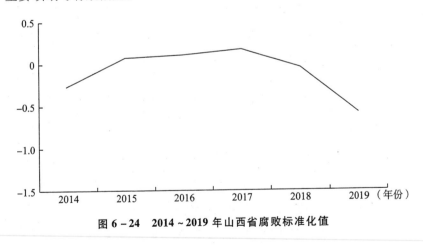

图6-24 2014~2019年山西省腐败标准化值

（二）山西省规避政府效率损失的实践经验

尽管山西省政府效率损失的标准化值较高，在全国排名相对靠前，但标准化值与排名总体上呈现不断降低、不断后移态势，是中部地区规避效率损失比较好的省级政府，具有一定的代表性及典型性，它减少政府效率损失的实践经验值得学习借鉴。

第一，重视保障及改善民生，促进基本公共服务均等化，持续减少基本公共服务非均等化带来的政府效率损失。《2019 年山西省政府工作报告》指出以下方面。一是，千方百计扩大就业，全方位改善公共就业服务，推进就业实名制管理服务，建立精准就业帮扶机制。二是，优先发展公共教育服务。全省建成 400 所普惠性幼儿园、500 所乡镇寄宿制学校，办好乡村小规模学校；提高义务教育服务城乡一体化发展水平。三是，重视提升全民基本健康服务水平。加快改革医疗保险的支付方式、公立医院的医药价格以及药械的采购；进一步加大县域综合医改、城市医联体建设和公立医院的改革力度，保持医改在全国的领先地位；建立医疗、预防、养老整合型的基本健康服务体系。四是，进一步健全基本住房保障服务体系。坚持"房住不炒"基本定位，大力发展住房租赁市场；继续抓好棚户区住房改造，加快推进农村危房改造；建立健全房地产市场调控长效机制，让住房保障服务政策惠及更多城镇中等及以下收入住房困难家庭，让广大人民群众"住有所居"。五是，进一步完善社会基本保障服务。加快落实全民参保，从而提高群众的各类社会保险待遇；对企业各级职工的基本养老保险基金中央调剂制度、城乡居民基本养老保险待遇确定以及基础养老金正常调整机制进一步落实，提高城乡最低生活保障标准及城乡社区养老服务水平；改善农村特殊群体关爱、孤残儿童基本生活保障服务，加强流浪乞讨人员救助管理服务，大力发展妇女、儿童、老龄、慈善、残疾人和红十字等基本救助服务。①

第二，综合施策增进居民经济福利，进一步减少居民经济福利损失，以此降低政府效率损失。2018 年山西省社会保险综合参保率达到 95%，城镇退休人员基本养老金每人每月增加 170 元，企业退休人员基本养老金实现"十四连涨"，城乡居民基础养老金最低标准由每人每月 80 元提高到 103 元，农村建档立卡贫困人口住院医疗费用综合报销比例平均达 90%，省市县定点医疗机构基本实现住院费用"一站式"即时结算。②

---

① 楼阳生. 健全充分发挥中央和地方两个积极性体制机制 [N]. 人民日报，2019 - 12 - 05 (009).

② 2019 年山西省政府工作报告 [EB/OL]. http://www.shanxi.gov.cn/szf/zfgzbg/szfgzbg/201902/t20190203_517408.shtml，2019 - 02 - 03.

同时，山西省对城乡居民生活环境的改善颇为重视，积极推动"五规合一"，对大同、长治行政区划进行调整，对太原市区进行合理规划，积极推进铁路、公路等基础设施的建设。另外，该省进一步加强"三农"工作，重视改善农村居民经济福利。山西省政府先后出台与开展了50项惠及农民生产生活的政策以及特色现代农业增效工程，如大力促成山西农谷、雁门关农牧交错带示范区、运城农产品出口平台的建设；落实脱贫攻坚责任制，开展易地扶贫搬迁、特色产业扶贫、健康扶贫、生态扶贫、光伏扶贫等精准扶贫工作，深入实施"基本医疗保险＋大病保险＋补充医疗保险"和"参保缴费救助＋辅助器具免费适配救助＋特殊困难帮扶救助"等举措，攻坚深度贫困。2017年全省累计退出贫困村4800个，贫困人口脱贫275万人，贫困发生率由13.6%下降到3.9%，贫困地区农民人均可支配收入由3967元增加到7330元，年均增长13.1%。[①]

第三，注重改善市场准入环境、竞争环境、消费环境，不断优化市场监管服务，着力解决市场监管乏力问题。这主要包括四个方面。一是，进一步深化"放管服"改革，诸如深化企业准入改革、产品准入改革、食品许可审批改革及药品医疗器械审评审批制度改革，提高监管效率，营造更加宽松便捷的准入环境。二是，严明监管执法，建立更加公平有序的竞争环境。山西省政府继续加大反垄断执法，公平竞争审查，反不正当竞争执法、价格监督、检查和执法，以及打击传销和规范直销的力度。三是，重视安全风险监管与防范，不断营造安全放心的消费环境。为此，该省进一步强化"双随机、一公开"监管、重点地区药品和疫苗安全监管、食品安全监管、产品质量安全监管、特种设备安全监管和市场监管，注重保护消费者权益，整治假冒伪劣产品。四是，深入实施产品质量监管及标准化战略，包括质量强省战略、标准化战略、食品质量战略及知识产权战略，进一步提升市场监管成效。[②]

---

① 2018年山西省政府工作报告［EB/OL］. http://www.shanxi.gov.cn/ztjj/2018sxlh/gzbgjd/201801/t20180125_393217.shtml，2018－01－25.
② 山西省市场监管工作会议召开［EB/OL］. http://www.sx.xinhuanet.com/2019－02/27/c_1124171095.htm，2019－02－27.

第四，进一步优化营商环境，不断减少政府效率损失。按照国际可比、对标世行、中国特色原则，2019 年，山西省率先在全省开展商业环境评估试点，进一步深化"放管服效"改革，优化商业环境。同时，该省继续深化"放管服效"改革，深化为民服务的审批服务改革，努力营造"六最"的经营环境，推行企业投资项目承诺制度的试点改革，打造政务"13710"信息化督办系统，实施相关审批服务事项"一网通一次办"改革，提升市场主体及人民群众的满意度和获得感。①

第五，进一步加强环境污染防治，打好污染防治攻坚战。坚持转型、治企、减煤、控车、降尘"五管齐下"，持续开展"散乱污"企业整治，完成焦化行业特别排放限值改造，推动清洁取暖和散煤替代由城市建成区向农村扩展，持续开展柴油货车和散装物料运输车污染治理联合执法，开展建筑工地绿色施工，打赢蓝天保卫战。统筹推进"五水同治"，加快汾河、桑干河流域 69 座城镇生活污水处理厂提效改造，推进城镇污水管网和污水处理厂建设，打赢黑臭水体歼灭战，努力实现汾河国考断面全面达标，打好碧水保卫战。完成农用地土壤污染状况详查，加强农业面源污染防控，推进露天矿山综合整治，加强采煤沉陷区、矸石山治理，加快垃圾焚烧发电项目建设，推进净土保卫战。继续推进"两山七河"生态保护和恢复，实施汾河 100 公里中游示范区工程，一河一策推进其他重点河流生态保护与修复。推进自然资源统一确权登记，开展自然资源资产负债表编制工作。强化国土空间规划和"三线一单"管控。深化生态环境损害赔偿制度改革，稳步实施排污许可证制度，健全生态环境督察工作机制。

第六，严格预防与惩治腐败，不断减少政府效率损失。严格落实全面从严治党主体责任，坚持不懈推进党风廉政建设和反腐败斗争，不断提高政府效率；坚持依法行政，稳步推进法治政府建设，严格执行人大及其常委会的决议和决定，积极接受人大和政协的监督；2013 ~ 2017 年全省政府向人大常委会提请审议地方性法规（草案）42 件，出台省政府

---

① 张巨峰. 山西在全国率先开展全省域营商环境评价［EB/OL］. http://www.shanxi.gov.cn/yw/sxyw/201901/t20190109_496973.shtml, 2019－01－09.

规章 28 件。①

第三节　西部地区规避省级政府效率损失的经验

一　重庆市规避政府效率损失的经验

如表 6 - 5 所示，重庆市政府效率损失及其一级指标的标准化值整体较低，其排名在全国位居中间偏后位置。因而，该市是西部地区规避政府效率损失的先进典型，它减少政府效率损失的实践具有代表性，总结重庆市治理政府效率损失问题的经验具有重要参考价值。

表 6 - 5　2014 ~ 2019 年重庆市政府效率损失与其一级
指标的标准化值及其排名

年份	政府效率损失		A 基本公共服务非均等化		B 居民经济福利损失		C 市场监管乏力		D 环境污染治理低效		E 腐败	
	数值	排名	数值	排名	数值	排名	数值	排名	数值	排名	数值	排名
2014	- 0.07	16	- 0.02	13	- 0.19	24	0.04	11	- 0.15	19	0.00	12
2015	- 0.11	19	0.06	11	- 0.45	29	0.12	12	- 0.27	23	0.21	9
2016	- 0.21	28	- 0.13	16	- 0.29	26	- 0.34	24	- 0.51	26	0.10	13
2017	- 0.08	20	0.14	10	- 0.23	25	- 0.08	15	- 0.09	16	- 0.45	25
2018	- 0.03	15	0.09	11	- 0.23	25	0.03	16	- 0.15	17	0.14	12
2019	- 0.27	27	- 0.23	25	- 0.01	16	- 0.74	29	- 0.54	26	- 0.48	21
均值	- 0.13	24	- 0.01	13	- 0.23	29	- 0.16	18	- 0.29	23	- 0.08	14

（一）重庆市政府效率损失及其一级指标的变化分析

根据表 6 - 5 中数据制成 2014 ~ 2019 年重庆市政府效率损失及其一级指标标准化值的变化趋势图，然后分析该市政府效率损失及其一级指标标准化值的变动情况。表 6 - 5 与图 6 - 25 指出，2014 ~ 2019 年，重庆市政府效率损失标准化值较低，在 - 0.27 和 - 0.03 之间，变动幅度较大，均值

---

① 2018 年山西省政府工作报告 [EB/OL]. http://www.shanxi.gov.cn/szf/zfgzbg/szfgzbg/201802/t20180205_396195.shtml, 2018 - 01 - 25.

为 - 0.13；排名在第 15 和第 28 之间，均值排名是第 24，比较靠后，处于中间偏后水平。同时，重庆市政府效率损失标准化值排名整体呈现下降态势。也就是说，重庆市政府效率损失比较小，并且排名在下降，效率损失状况总体改善。

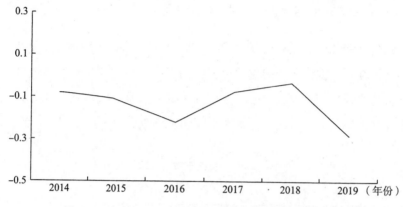

图 6 - 25 2014 ~ 2019 年重庆市政府效率损失标准化值

与此同时，重庆市政府效率损失一级指标的标准化值整体也比较低，排名比较靠后，并呈波动下降态势，但各指标表现不均衡。

第一，基本公共服务非均等化比较突出，标准化值排名比较靠前，但基本呈现下降态势。这在某种程度上增加了重庆市政府效率损失，又致使其政府效率损失出现下降趋势。测度结果表明，该指标的标准化值较高，在 - 0.23 和 0.14 之间，全国排名比较靠前，在第 11 和第 25 之间；6 年的均值为 - 0.01，排名为第 13。2014 ~ 2019 年，重庆市基本公共服务非均等化的标准化值总体上呈降低趋势，但中间有小幅度上升，总体呈 M 形（见图 6 - 26）。由 2014 年的 - 0.02 上升到 2015 年的 0.06，再下降 2016 年的 - 0.13，又上升到 2017 年的 0.14，后降低到 2018 年的 0.09，再继续下滑至 2019 年的 - 0.23。

第二，居民经济福利损失的标准化值具有先下降后上升的波动态势（见图 6 - 27），但比较低、全国排名比较靠后。这有助于降低该市政府效率损失。测度结果表明，重庆市居民经济福利损失的标准化值在 - 0.45 和 - 0.01 之间，均值是 - 0.23；标准化值排名比较靠后，位居全国第 16 和第 29 之间，均值排名第 29。同时，标准化值排名具有比较明显的波动特

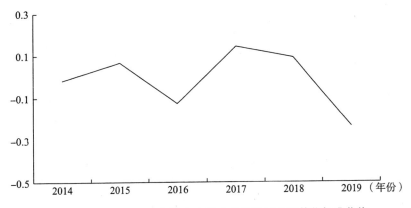

图 6 - 26　2014 ～ 2019 年重庆市基本公共服务非均等化标准化值

点。由 2014 年的全国第 24 名后移到 2015 年的第 29 名，然后前移到 2018 年的第 25 位。

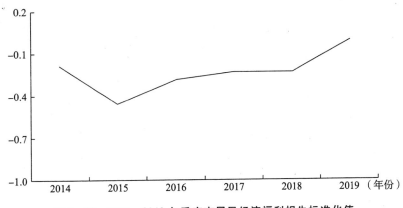

图 6 - 27　2014 ～ 2019 年重庆市居民经济福利损失标准化值

　　第三，市场监管乏力的标准化值适中，并呈现波动下降态势（见图 6 - 28），其排名大致处在全国省级政府中间偏后位置。这有利于规避重庆市政府效率损失。该指标的标准化值在 - 0.74 和 0.12 之间，均值为 - 0.16；排名在第 11 和第 29 之间，均值排名第 18。

　　第四，环境污染治理低效的标准化值较低，且呈现波动下降态势，排名居全国中间靠后的位次，有利于推动该市政府效率损失减少。具体来看，2014 ～ 2019 年，该指标的标准化值变动轨迹是下降—上升—再下降

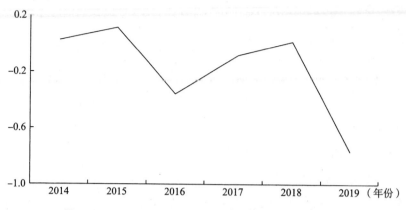

图 6-28　2014~2019 年重庆市市场监管乏力标准化值

（见图 6-29）。从 2014 年的 -0.15、全国第 19 下降到 2015 年的 -0.27、全国第 23，再下降到 2016 年的 -0.51、全国第 26，之后上升到 2017 年的 -0.09、全国第 16，然后下降到 2018 年的 -0.15、全国第 17，接着继续下降到 2019 年的 -0.54、全国第 26。

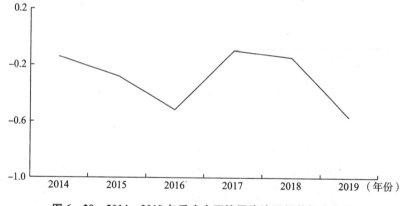

图 6-29　2014~2019 年重庆市环境污染治理低效标准化值

第五，腐败的标准化值较高，总体呈下降趋势，但上下波动幅度较大，排名基本位于全国中间位置。该指标的标准化值均值为 -0.08、排名第 14；该指标的标准化值在 -0.48 和 0.21 之间，变动幅度高达 0.69（见图 6-30）。最高排名是 2015 年的第 9，最低排名是 2017 年的第 25，上下波动高达 16 个位次。

图 6 - 30　2014 ~ 2019 年重庆市腐败标准化值

（二）重庆市规避政府效率损失的实践经验

重庆市政府效率损失的标准化值总体上比较低、排名比较靠后，并呈现波动下降态势。重庆市是西部地区省级政府规避效率损失的典范，梳理该市降低政府效率损失的成功实践及经验，对我国其他地区提高政府效率具有较好的参考意义。具体包括以下方面。

第一，进一步改善基本公共服务，不断减少基本公共服务非均等化带来的效率损失。自 2015 年起重庆市政府就特别重视基本公共服务，该市基本公共服务均等化水平逐渐提升，但是与人民更高期待及国内其他省级政府相比，其基本公共服务均等化水平总体上还不够高，还需要持续提升。[①]因此，2018 年以来，重庆市进一步加强基本公共服务，着力减少基本公共服务非均等化带来的效率损失。首先，进一步改善义务教育服务，2018 年重庆市新增普惠性幼儿园 691 所，义务教育发展基本均衡，区县覆盖率达到 95%。其次，持续优化基本医疗卫生服务，公立医院全面落实 12 条医改便民措施，深化医药卫生体制改革，启动县域医共体医通、人通、财通试点，实施 83 个进口药品降价政策。再次，不断改进基本公共文化体育服务，利用城市边角地新建 30 个社区体育文化公园。最后，持续改进基本公共交通服务，实施重庆市主城区路桥收费改革，建成"四好农村路" 2.4

---

① 胡翠. 重庆市基本公共服务均等化水平测度的实证研究 [J]. 无锡商业职业技术学院学报，2019（1）：31 - 36.

万公里，建成公交优先道 105 公里，新增停车泊位 2.2 万个；构建以高铁、市域铁路、城市轨道交通、高速公路等公共交通为重点的网络型基础设施服务体系。①

第二，重视就业与社会保障服务，着力增进居民福祉，不断减少居民经济福利损失及政府效率损失。《2019 年重庆市政府工作报告》指出，2019 年重庆市要积极做好就业服务和社会保障服务，多渠道提供职业培训和就业服务，制定推进新时代产业工人队伍建设改革实施意见；完善多层次养老保险服务体系，进一步深化医保支付方式改革及医保基金监管；稳步提高城乡低保、困难残疾人生活补贴标准，开展社会救助综合改革试点，持续提高居民可支配收入及经济福利，实现城镇调查失业率在 5.5% 左右、居民人均可支配收入增长 8% 左右、居民消费价格涨幅 3% 左右等目标。

第三，大力推进生态优先、绿色发展，进一步加强污染治理，不断改善环境质量。2018 年，重庆市政府落实"共抓大保护、不搞大开发"方针，主动担起上游责任，筑牢长江上游重要生态屏障；把修复长江生态环境摆在重要位置，划定生态保护红线 2.04 万平方公里，营造林 640 万亩，岩溶石漠化、水土流失和消落区治理取得新成效，全市森林覆盖率提高到 48%；深入开展自然保护区大排查大整治，缙云山、水磨溪、长江上游珍稀特有鱼类等自然保护区专项治理初见成效；加快生态文明制度建设，启动生态环境损害赔偿、流域横向生态保护补偿等改革，建成大气、水大数据监管平台，进一步提升环境治理能力及质量。

第四，进一步加强政府自身建设，坚持以政治建设为统领、以法治建设为保障、以作风建设为抓手，严防与惩治腐败，着力提升行政效能，不断规避政府效率损失。首先，不折不扣贯彻中央大政方针和市委决策部署，以实际行动兑现政治承诺；坚决肃清孙政才恶劣影响和薄熙来、王立军流毒，推动政治生态持续向好。其次，严格依法行政，规范高效履职。依照法定权限和法定程序履行职责，深化综合行政执法改革，严格规范公正文明执法，自觉接受人大监督、政协监督、监察监督、司法监督和社会

---

① 唐良智. 2019 年重庆市政府工作报告［R］. 重庆市第五届人民代表大会第二次会议，2019.

监督，让权力在阳光下运行。再次，强化政府学习提能，练就过硬本领。养成坚持学习、深入调研的习惯；提升政府执行及创新能力，凡是承诺的事情，都要清单化管理、项目化推进、精细化落实；善于用大数据智能化改进政府服务、用改革创新思维破解发展难题。又次，切实转变作风，勇于担当作为。坚决纠正表态多调门高、行动少落实差等行为，坚决整肃不作为、慢作为；建立健全正向激励和容错纠错机制，鼓励创造性贯彻落实；强化对标管理，改进督查工作，倡导比学赶超，让勇于担当成为习惯。最后，坚持廉洁从政，永葆清廉本色。严格落实全面从严治党主体责任，强化审计监督和廉政风险防控。聚焦脱贫攻坚、生态环保、惠民政策落实等重点领域，严查群众身边的腐败问题；要求讲政德、明大德、守公德、严私德，筑牢拒腐防变的思想道德防线，永葆为民务实清廉的政治本色。[①]

二　四川省规避政府效率损失的经验

如表 6 - 6 所示，四川省政府效率损失及部分一级指标标准化值及其排名在全国处于中间靠后位置。该省是西部地区省级政府效率损失较小的典型代表。四川省政府效率损失较小的原因一方面在于部分一级指标的标准化值较小、排名比较靠后，另一方面在于该省实施了一系列规避政府效率损失的政策。因此，归纳该省减少政府效率损失的实践经验也具有比较重要的参考价值。

表 6 - 6　2014 ~ 2019 年四川省政府效率损失与其一级
指标的标准化值及其排名

年份	政府效率损失		A 基本公共服务非均等化		B 居民经济福利损失		C 市场监管乏力		D 环境污染治理低效		E 腐败	
	数值	排名	数值	排名	数值	排名	数值	排名	数值	排名	数值	排名
2014	- 0. 20	25	- 0. 34	25	- 0. 05	16	- 0. 22	16	0. 07	14	- 0. 33	22
2015	- 0. 13	22	- 0. 23	24	- 0. 01	15	- 0. 02	14	0. 01	12	- 0. 32	24
2016	- 0. 14	24	- 0. 27	26	- 0. 03	16	0. 04	13	0. 09	12	- 0. 35	23

---

① 唐良智. 2019 年重庆市政府工作报告 [R]. 重庆市第五届人民代表大会第二次会议，2019.

续表

年份	政府效率损失		A 基本公共服务非均等化		B 居民经济福利损失		C 市场监管乏力		D 环境污染治理低效		E 腐败	
	数值	排名	数值	排名	数值	排名	数值	排名	数值	排名	数值	排名
2017	-0.12	24	-0.39	27	0.20	8	0.09	10	0.12	10	-0.40	24
2018	-0.15	26	-0.31	27	0.01	13	0.09	9	0.11	12	-0.51	26
2019	-0.24	26	-0.31	26	-0.24	27	0.73	4	-0.61	28	-0.54	23
均值	-0.16	26	-0.31	27	-0.02	18	0.12	11	-0.04	14	-0.41	25

（一）四川省规避政府效率损失及其一级指标的变化分析

根据表 6-6 中的数据绘制 2014～2019 年四川省政府效率损失及其一级指标标准化值的变化趋势图，然后深入分析该省政府效率损失及其一级指标的标准化值变化。表 6-6 与图 6-31 表明，在 31 个省级政府中，四川省政府效率损失很小，且变动幅度不大。其标准化值在 -0.24 和 -0.12 之间，6 年均值为 -0.16；排名在第 22 和第 26 之间，均值排名是第 26，靠后。此外，该省政府效率损失多数一级指标标准化值的排名处于中间靠后位置，但是各一级指标标准化值排名差异明显：有些比较靠后、有的居中、有的比较靠前。

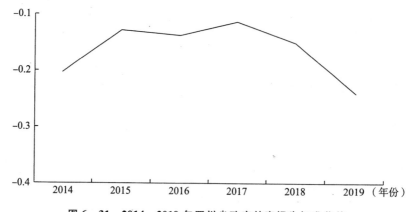

图 6-31　2014～2019 年四川省政府效率损失标准化值

图 6-31 表明，该省政府效率损失标准化值变化幅度较小，变化轨迹酷似一条倒 U 形曲线。在总体上处于下降态势的基础上，该曲线以 2017 为中间点大致呈先升后降趋势：2014～2017 年小幅提升，2017～2019 年大

幅下降。可见，四川省政府效率损失总体较小，且呈现下降趋势。这从侧面印证该省采取的减少政府效率损失的一系列措施得力、有效，也反映了该省政府效率较高。

同时，2014～2019年四川省政府效率损失5个一级指标的标准化值揭示了两大变化特点：一是，有升有降；二是，各指标之间的标准化值及其排名差异较大，其中基本公共服务非均等化、腐败的排名比较靠后，而居民经济福利损失、市场监管乏力、环境污染治理低效的排名居中。这些既是四川省政府效率损失较低的原因，又是进一步减少该省政府效率损失的因素。

第一，基本公共服务非均等化标准化值比较低，排名比较靠后，成为该省政府效率损失较小的主要原因。该指标的标准化值在 -0.39 和 -0.23之间（见图6-32），其中2015年为 -0.23，2017年下降到 -0.39，2019年为 -0.31，均值为 -0.31；该指标全国排名在第24和第27之间，其中2015年排第24名、2016年排第26名、2017年排第27名，均值排名为第27。

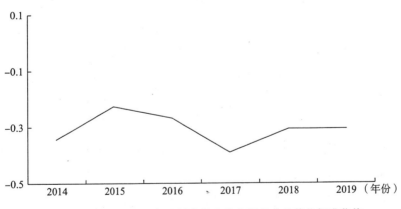

图6-32　2014～2019年四川省基本公共服务非均等化标准化值

第二，居民经济福利损失的标准化值总体上呈现下降趋势，变化轨迹类似倒V形曲线（见图6-33）。四川省居民经济福利损失的标准化值在 -0.24 和 0.20 之间，均值为 -0.02，其中2015年为 -0.01，2017年上升至 0.20，2019年下降到 -0.24。同时，该指标的标准化值排名在第8和第27之间，均值排名是第18，其中2017年为第8名、2018年下降到第13

名、2019 年再下降至第 27 名。该省居民经济福利损失下降的原因在于
2017 年以来四川省不断出台就业保障等措施，提升居民收入，增加居民经
济福利。比如，2018 年四川省出台农民工服务保障 16 条措施和促进返乡
创业 22 条措施，实现新增城镇就业 107 万人，使城乡居民可支配收入维持
较高增速，且农村增速高于城镇，城乡居民收入差距进一步缩小①，居民
福利损失持续减小。

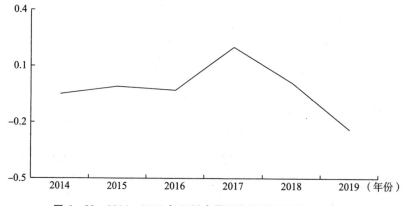

图 6 – 33　2014 ~ 2019 年四川省居民经济福利损失标准化值

第三，市场监管乏力的标准化值较高，排名相对靠前。这既是规避四
川省政府效率损失的主要不利因素，又是进一步降低该省政府效率损失的
潜在力量。该省市场监管乏力的标准化值在 – 0.22 和 0.73 之间，均值为
0.12，其中 2015 年为 – 0.02，2017 年上升到 0.09，2019 年再上升到 0.73
（见图 6 – 34）；同时，该指标的标准化值排名在第 16 和第 4 之间，均值排
名第 11，其中 2014 年排第 16 名，2015 年前移到第 14 名，2017 年再攀升
至第 10 名，2019 年又上升到第 4 名。

第四，环境污染治理低效的标准化值较高，排名居中，但呈现先缓慢
上升后大幅下降的变动轨迹，前后波动幅度很大（见图 6 – 35）。该指标的
标准化值在 – 0.61 和 0.12 之间，均值为 – 0.04，其中 2015 年为 0.01，
2016 年攀升到 0.09，2017 年提高到 0.12，2019 年则大幅下降到 – 0.61。

---

① 尹力. 2019 年四川省政府工作报告 [EB/OL]. http://district. ce. cn/newarea/roll/201901/
23/t20190123_31339402. shtml, 2019 – 01 – 23.

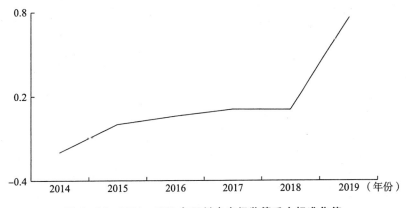

图 6 - 34　2014 ～ 2019 年四川省市场监管乏力标准化值

同时，该指标的标准化值排名在第 10 和第 28 之间，均值排名第 14，其中 2014 年为第 14 名，2016 年小幅上升到第 12 名，2017 年又继续前移到 10 名，2018 年后移到第 12 名，2019 年大幅下降到第 28 名。

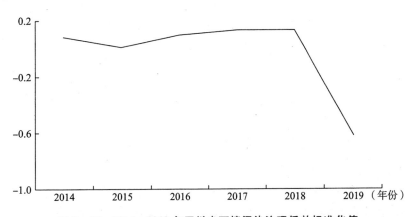

图 6 - 35　2014 ～ 2019 年四川省环境污染治理低效标准化值

2014 ～ 2019 年，四川省环境污染治理低效的标准化值先缓慢上升后大幅下降，主要原因在于：近年来该省加强"美丽四川·宜居乡村"建设，加大环境保护及污染防治力度①。全面落实河长制、湖长制，深入开展"清河、护岸、净水、保水"行动，并与重庆、云南建立跨省河湖保护治

———————————

①　尹力 . 2018 年四川省政府工作报告［EB/OL］. http：//sc. people. com. cn/n2/2018/0206/ c345167 - 31223035. html，2018 - 02 - 06.

理联动机制，持续推进绿化全川，持续多年绿化造林 1000 亩以上。[①]

第五，腐败的标准化值较低，排名比较靠后，呈现下降趋势（见图 6 - 36），有利于减少该省政府效率损失。一方面，该指标的标准化值在 - 0.54 和 - 0.32 之间，均值为 - 0.41，其中 2014 年为 - 0.33，2016 年减少到 - 0.35，2017 年又略降为 - 0.40，2019 年持续下滑至 - 0.54；另一方面，该指标的标准化值排名在第 22 和第 26 之间，均值排名为第 25，其中 2014 年为第 22 名，2016 年略后移到第 23 名，2017 年继续降低到第 24 名，2018 年又小幅下滑到第 26 名。

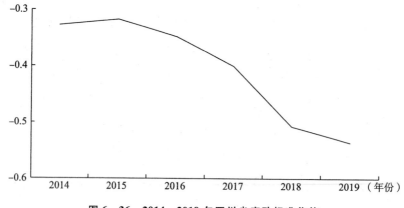

图 6 - 36　2014 ~ 2019 年四川省腐败标准化值

（二）四川省规避政府效率损失的实践经验

四川省政府效率损失及部分一级指标的标准化值比较低，并呈波动下降态势，表明该省政府效率损失较小。作为西部地区的又一先进代表，四川省政府效率损失较低得益于该省持续开展规避政府效率损失的系列政策实践。它治理政府效率损失的成功经验也值得学习借鉴，主要集中在以下三个方面。

第一，积极推进基本公共服务均等化，持续规避政府效率损失。四川省通过持续促进基本公共服务的均等化来规避政府效率损失，取得了较好效果。首先，高度重视政策在推动基本公共服务均等化方面的作用，先后

---

① 尹力. 2019 年四川省政府工作报告［EB/OL］. http://district. ce. cn/newarea/roll/201901/ 23/t20190123_31339402. shtml, 2019 - 01 - 23.

颁布《四川省"十三五"基本公共服务均等化规划》《四川省人民政府关于贯彻落实"十三五"促进民族地区和人口较少民族发展规划的实施意见》《关于加强乡镇政府服务能力建设的实施意见》等文件，要求到 2020 年总体实现基本公共服务均等化的目标，并且注重政策文件的细化与执行，进一步规范政府行为，强调政府兜底和基本公共服务的普惠性，引领社会力量参与到推进基本公共服务均等化的过程中来，有效保障基本公共服务均等化的实现。其次，完善基本公共服务供给财政支撑体系，推动城乡基本公共服务供给均等化。到 2018 年，四川省已经建成覆盖县、乡、村的基层公共服务保障体系，由各级财政划分资金支持基层及基本公共服务供给，并将基础教育等八类与民生相关的主要基本公共服务纳入省市县政府的共同财政支出范围。最后，积极出台、完善公共服务清单，提升基本公共服务供给质量。自 2016 年来，该省积极出台、不断完善省市县三级包含基本公共服务的公共服务清单，不断梳理清单事项，进一步规范办事程序，简化办事环节，提升基本公共服务的供给效率。四川省的这些举措取得了良好成效。据统计，截至 2017 年末全省近五年民生投入占一般公共预算支出的比例稳定在 65% 左右，贫困发生率降低至 2.7%；全省城乡居民人均可支配收入分别提升至 2012 年的 1.5 倍、1.6 倍，城乡收入差距进一步缩小；新增医疗床位 16 万张、卫生技术人员 13 万人，婴儿死亡率、孕产妇死亡率分别下降 45.2%、41.4%[①]，医疗卫生服务均等化推进工作成效较好。

第二，继续坚持高压高效治理腐败，持续建设廉洁政府。四川省在大力推进高压治理腐败方面成效显著，这在规避政府效率损失的过程中发挥了重要作用。以 2018 年为例，四川省纪检监察机关查处腐败问题（含微腐败） 18368 件、处分 14963 人，查处扶贫等领域突出问题 8537 件、处分 7204 人。该省通过高压治腐减少政府效率损失的有效经验包括三个方面。

一是，不断推进反腐信息化。四川省在治理腐败的过程中，始终坚持"科技＋反腐"的理念，充分发挥现代信息技术在反腐中的作用。不断推

---

① 尹力. 2017 年四川省政府工作报告 [EB/OL]. http://www. sc. gov. cn/10462/10464/10797/2017/1/25/10412570. shtml, 2017 - 01 - 25.

动纪检工作信息化。四川省通过推行并不断优化办公自动化系统等方式规范办事流程，做到公文处理全程留痕、可跟踪、可监督。同时，打破信息孤岛推进监督执纪问责。四川在全国率先提出"一体两平台"的工作思路及"1＋N"的建设模式，实现了数据集中汇聚及关联性分析，已建成面向三级纪检监察机关和省纪委，集办公自动化和信访信息管理等业务于一体的综合信息系统。该系统逐渐成为纪检监察机关获取线索及群众参与反腐的主渠道。另外，实施"大数据＋监督"方式。四川省结合地方实际，探索大数据在反腐中发挥作用。比如，郫都区结合当地实际开发的包含"廉情指数""大数据协同"等模块的综合平台，能够实现精准查找违纪违法行为易发、多发领域的功能，以实现精准监督。①

二是，不断完善巡视巡察等相关机制。巡视巡察制度是治理腐败的利器，四川省在实施过程中不断根据实际需要进行完善。比如，推动巡视巡察机制制度化和规范化。为此，该省先后修订了《中共四川省委巡视工作实施办法》《中共四川省第十一届委员会巡视工作规划（2017～2022年）》等文件，为巡视巡察制度的完善提供制度保障。再如，不断扩大巡视巡察制度的覆盖范围。2018年底就把省市县三级检察网络推动到省市县村四级，扩大了巡视巡察的范围，使监管直抵从严治党的"神经末梢"。又如，探索交叉监督机制，规避监督过程中存在的人情问题。"熟人社会"是影响巡视巡察制度落实效果的重要因素。四川省探索建立了市县巡察人才库，在巡察工作中探索地区、行业交叉等手段，规避人情因素在巡视巡察实施中的影响，以此推动腐败的有效预防及治理，减少政府效率损失。

三是，重视治理微腐败。微腐败问题与群众生活密切相关，对群众的危害最深。在治理微腐败方面，四川省积累了丰富经验。比如，创新微腐败治理方式，该省在辖区范围内多个地方推出"阳光问廉"节目，采取群众反映线索、媒体直播曝光等方式，防治群众身边的腐败。再如，创新线索发现机制。四川省在全国较早建立省、市、县、乡四级纪委（监委）联动脱贫攻坚政策落实情况督查工作机制。事先不打招呼、不定线路，盯着

① 何旭.四川：信息化"钥匙"打开反腐"智"变之门［J］.四川党的建设，2018（20）：46－47.

问题线索、带着反映的问题直接到田间地头、农户家中、项目现场，面对面向群众了解情况，核实问题。① 这种主动发现腐败信息的方式，更能及时发现微腐败问题，从而有效治理政府腐败。

此外，四川省在规避政府效率损失方面的市场监管乏力短板较为突出。为了补齐在市场监管方面的短板、提升政府效率，四川省不断强化事中事后监管，营造公平竞争发展环境。通过推进综合行政执法体制改革，开展跨区域、跨部门、跨层级综合执法等方式，提升监管效率。②

第三，坚决打好污染防治攻坚战，进一步提高环境污染治理效率，不断规避政府效率损失。四川省 2019 年落实中央生态环保督察及"回头看"反馈问题及时整改工作，开展省级生态环保专项督察；打好污染防治"八大战役"，建立污染防治重点县清单，实行省直部门等单位与重点县"一对一"结对污染防治制度；深化区域联防联控联治，加快成都平原、川南、川东北城市群大气污染治理；加强沱江、岷江、涪江等重点流域综合治理和长江岸线保护；加强重点区域土壤整治和城市污染场地治理。③

---

① 张闲语．亮剑"微腐败"中的四川经验 ［EB/OL］．http://comment. scol. com. cn/html/2019/01/011006_1717943. shtml, 2019 - 01 - 01.

② 尹力．2018 年四川省政府工作报告 ［EB/OL］．http://sc. people. com. cn/n2/2018/0206/c345167 - 31223035. html, 2018 - 02 - 06.

③ 尹力．2019 年四川省政府工作报告 ［EB/OL］．http://www. scnj. tv/wap/showplay. php？id = 1902931&flag = 1, 2019 - 01 - 23.

第七章　省级政府效率损失规避机制现状及问题

第一节　省级政府效率损失规避机制现状

借鉴前文文献综述、测度分析及东中西部省级政府规避政府效率损失的实践经验，本书在此运用公共选择、政府治理等理论分析省级政府效率损失规避机制现状。

一　竞争与激励机制

政府机构内部的竞争与激励机制是规避省级政府效率损失的重要机制。当前，解决我国政府部门效率低下的问题，就是通过深化改革、全方位开发人力资源，有效激励相关人员，建立科学合理的政府管理及激励机制。政府改革理论倡导者和实践者盖布勒指出，政府公务员大多富有才能、勇于献身、有责任感，但他们受到政府陈旧的管理体制及机制约束，无法充分发挥创造性及自身才能，浪费了精力及才能。制度虽然可能约束工作人员，但是也可以激励政府公务人员释放自身巨大能力，提高他们自身的素质。因此，从政府人员的管理体制入手提高政府绩效、降低政府部门成本是非常可行的。国家发展与公共部门行政效率有着非常紧密的联系，而行政效率高低取决于公共部门人力资源管理是否有效。可以说，在科学的人力资源规划下，有效的竞争与激励机制是使公共部门提高行政效率的最重要途径。①

---

① 刘枫. 公共部门人力资源激励机制研究 [J]. 财经问题研究，2013 (5)：154 – 159.

首先，在激励理念方面，政府部门既要注重精神激励，又要重视物质激励，两者相辅相成、缺一不可。物质需要是最低层次的需要，物质激励的深度有限，其作用是表面的。精神需要才是最高层次的需要，其作用具有持久性。因此，对公职人员的激励应该建立在物质激励的基础上，以精神激励为根本，并将两者有机结合起来。同时，在激励过程中，要将组织目标和个人需要结合起来，使组织目标能够包含较多的个人需要；个人需要的满足和实现又离不开他为实现组织目标所做的努力，只有这样才能收到良好的激励效果。公共部门追求的是公共利益和国家利益，公职人员的身份决定了他们在组织中满足个人需要的同时还必须拥有服务于民的观念。因此，政府部门应该有着良好的行政文化氛围，大力培育公职人员的服务为民精神和公共服务意识，使公职人员真正乐于工作，勤于工作，努力在工作中实现人生价值。① 例如，为进一步激励本省广大公务员"新时代新担当新作为"，浙江省委组织部 2019 年印发《浙江省公务员及时奖励办法（试行）》，激励全省公务员干事创业、担当作为。对公务员、公务员集体的及时奖励分为嘉奖、记三等功、记二等功、记一等功、授予称号五类，对获得及时奖励的公务员颁发奖励证书并按国家规定标准兑现一次性奖金，获得记三等功以上奖励的，同时颁发奖章。对获得及时奖励的公务员集体，颁发奖励证书，获得记三等功以上奖励的，同时颁发奖牌。获得记三等功以上奖励的公务员集体，经同级公务员主管部门审核同意，当年年度考核优秀等次比例可以提高到 20%。浙江省对公务员的激励办法既有物质奖励也有精神奖励，将组织目标和个人需要结合起来。②

其次，在激励技术方面，采取多样化激励方式。通过引入优胜劣汰的选择机制，使人员流动的激励功能被严格地定位于个人潜能的发挥，使公职人员的选择趋向于敬业，让相当一部分人产生危机感和责任感才能为有效激励创造更为积极的条件。所谓激励分为正向激励和负向激励。公共部门的非营

---

① 刘琳瑜，冉艳波. 我国公共部门人力资源管理中激励机制的缺失与完善［J］. 技术与市场，2006（4）：59-61.

② 我省印发《浙江省公务员及时奖励办法（试行）》 激励全省公务员干事创业 担当作为［EB/OL］. https://www.sohu.com/a/331935870_99897049，2019-08-06.

利性和强烈的集体业绩性决定了正向的激励只能在一定范围内进行，因此负向激励就显得尤为重要，而负向激励的主要内容是建立一套严格的约束机制。这一措施是为了让公职人员清楚自己所肩负的责任和使命，以及职业道德规范。这一机制也能适时和有效地惩处那些违反职业道德规范的人，违反规范就要受惩罚，只有这样才有助于真正解决目前公职人员权责不对等的问题，充分实现激励目标。[1] 在《浙江省公务员考核实施细则（试行）》中，公务员的考核分为平时考核和定期考核。定期考核以平时考核为基础。定期考核采取年度考核的方式，在每年年末或者翌年年初进行。年度考核的结果分为优秀、称职、基本称职和不称职四个等次。并对这四个等次相应进行晋升、嘉奖、谈话、不享受年度考核奖金、辞退等组合处理。[2]

再次，在激励文化方面，充分调动政府部门的积极性和创造性。美国心理学家罗宾逊认为，心理契约是形成员工工作态度和工作行为的决定因素。[3] 建立良好的心理契约，政府与公务员双方的权利、义务和责任才会趋于稳定化，这也有利于双方建立良性的关系，树立共同的发展愿景，由此形成对公务员的激励，从而提升政府管理效率，增强和提高公务员对公民需求和公共服务的公平性和透明度。我国公务员管理中存在以权谋私、贪污腐败等问题，这些问题在很大程度上是因为公务员与政府之间没有建立起相互信任的关系，缺乏共同发展愿景，导致公务员的私人目标远远脱离公共目标，进而无法激励公务员为了公共目标而努力。

最后，在激励制度方面，政府部门一般需要完善部门薪酬、考核及晋升等评价标准，提高工作人员的积极性、主动性[4]。并应建立科学又公正的绩效评估体系。传统的绩效评估大多以个人绩效为核心，并且把评估结

---

① 夏亮，丁建华. 公共部门人力资源管理中的激励问题 [J]. 中国人力资源开发，2004 (6)：33 - 36.

② 关于印发《浙江省公务员考核实施细则（试行）》的通知 [EB/OL]. http://www.zj. gov. cn/art/2012/7/2/art_13791_15604. html，2012 - 07 - 02.

③ Robinson S L, Morrison E W. Psychological Contracts and OCB: The Effect of Unfulfilled Obligations on Civic Virtue Behavior [J]. *Journal of Organizational Behavior*, 1995, 16 (3): 289 - 298.

④ 申喜连. 试论行政组织激励机制向企业组织激励机制的借鉴 [J]. 中国行政管理，2011 (11)：69 - 72.

果当作对个人评判的依据。在新经济形势下，组织内部的团队合作力量整合成为应付复杂多变环境的必要手段。因此，绩效评估需要以组织绩效为核心，个人绩效的评估又应以组织绩效的优与劣为前提。同时，绩效评估已不仅仅是个人评判的工具，还要把它作为提高业务能力的方法。绩效评估的不科学性严重影响了晋升机制的激励作用。我国公共部门的晋升通常是按照资历、学位和业绩等指标来进行的。由于绩效评估机制不能科学地反映公职人员的业绩状况，晋升机制就不能对公职人员产生长期激励。更为严重的是，晋升活动常常演变成一种权力寻租行为。由此可见，政府部门工作人员绩效评估的科学性是很重要的。

治理理论代表罗茨认为，作为"善治"的治理，体现为：有效率、开放的公共服务体系，多元化的制度安排，鼓励竞争和市场的发展。① 因此，建立并完善政府部门竞争与激励机制，有利于促进政府的高效运作，提升政府在广大人民群众心中的形象。政府效率理论指出，政府与生俱来就有效率症结，引起政府效率症结的因素大多来自政府自身。因此，建立富有活力的政府人事竞争与激励机制，充分发挥公务员的主动性、积极性和创造性，不但是提升政府效率的关键②，而且是规避省级政府效率损失的有效方法。

二　公共决策与评价机制

公共决策与评价机制也是省级政府效率损失规避机制的重要内容及形式。公共决策与评价机制是省级政府参与社会治理、规避效率损失的重要机制。由于公共决策选择空间有限、决策者"理性人"属性、决策检验的滞后性等原因，在省级政府通过公共决策与评价机制制定和执行公共决策以纠正政府失灵的影响时，容易产生公共决策制定不合理或实施不到位带来的政府效率损失，引发更为严重的政府失败。③ 2017 年，国务院法制办

① Rhodes R A W. The New Governance: Governing without Government [J]. *Political Studies*, 1996, 44 (4): 652 – 667.

② 唐天伟. 政府效率测度 [M]. 北京：经济管理出版社，2009：51 – 55.

③ 陈振明. 非市场缺陷的政治经济学分析——公共选择和政策分析学者的政府失败论 [J]. 中国社会科学，1998 (6)：89 – 105；马春芳. 西方的"政府失灵"理论及对我国政府管理的启示 [J]. 理论探索，2004 (4)：79 – 80.

公布《重大行政决策程序暂行条例（征求意见稿）》，就是将乱决策上升到"决策腐败"的层面进行治理。① 由此可见，建立健全公共决策与评价机制是十分重要的，正确且合适的决策有助于提升政府效率、规避效率损失。

公共决策与评估机制狭义上可以分为公共决策和公共决策评价两个组成部分。公共决策指的是通过政府部门的组织和协调，在多个方面社会主体参与下，通过协调不同参与主体利益，来使公共决策符合公共利益。公共决策以规范政府决策权力、提高政府决策质量与实现社会公共利益为目标。② 而公共决策评价是以公共决策实施效果为导向，在评价过程中采用科学方法和规范流程，对公共决策制定和实施的效果进行评价。这种评价有利于提升公共决策的科学化和民主化水平，进而增强公共决策有效性。③公共决策与公共决策评价密不可分。公共决策是公共决策评价的前提，公共决策评价是判断公共决策正确与否的唯一标准。④ 公共决策评价也是公共决策持续性和循环性中不可缺失的一部分，对公共决策制定、执行等环节的评估，能够考察公共决策的效果，反思公共决策的合理性与有效性，以便在以后公共决策中进行修正、完善，进一步改进公共决策制定和执行的绩效，从而避免决策制定不合理和执行不当带来的政府效率损失。⑤ 习近平总书记强调，"为群众办实事既要有诚心，也要讲方法"。脱离实际地"混沌开窍"、一厢情愿地"帮蝶破茧"、罔顾规律地"拔苗助长"，只会适得其反、事与愿违。始终以"效果意识"审视政策，杜绝"好事蛮办"，摒弃"好事虚办"，防止"好事滥办"，才能真正落实好意、办成好事。⑥

同时，从决策科学化、公民参与、智库建设、公共决策传统与现代的

① 白杨林.治理乱决策也是反腐败［EB/OL］.http://www.xinhuanet.com/comments/2017-06/15/c_1121145554.html,2017-06-15
② 罗依平.深化我国政府决策机制改革的若干思考［J］.政治学研究,2011（4）：35-43.
③ 中国行政管理学会课题组，贾凌民.政府公共政策绩效评估研究［J］.中国行政管理,2013（3）：20-23.
④ 李永忠.论公共政策信息的特性、类型及作用［J］.中国行政管理,2011（7）：63-65.
⑤ 喻锋.治理取向的公共政策绩效评价：基础、转型及其前瞻［J］.湖北大学学报（哲社版）,2013（1）：71-75.
⑥ 科学决策要有"效果意识"——让公共政策"行稳致远"［EB/OL］.http://opinion.people.com.cn/n1/2016/0804/c1003-28609046.html,2016-08-04.

模式区分等视角，也可以考察公共决策与评价机制的转型变迁。从决策科学化视角研究发现，转型期由政府主导的公共决策和评估机制应该得到更大转变，具体表现为：在决策主体方面，需要进一步完善以政府为核心、公民和社会团体参与的多元结构主体，避免由非公正性决策带来的决策差序效应，继而带来更为严重的政府效率损失；在决策思维方面，需要摒弃功利性决策思维，建立全面决策思维，使公共决策做到三个结合，即历史、现实和未来结合，经济、社会和环境结合，和谐、效率和公平结合；在公共决策程序方面，实现感性决策程序向理性决策程序的转变，特别注重公共决策的评估。[1] 从公民参与公共决策角度研究发现，改革开放以来我国公民参与权不断发展，公民决策主体与地方政府决策主体在公共决策与评价机制中互动博弈，推动决策公共性的实现，同时公民参与公共决策的制度和法规也在不断完善，这不仅体现为信息公开制度、社会听证制度等制度的不断建立与完善，还体现为人大和政协会议中，代表素质的不断提高、个案监督案的增多。[2] 例如，浙江省政协十二届二次会议以来，广大政协委员和省政协参加单位、专委会、界别组共提交提案 878 件，在审查立案、并案处理后为 772 件，截至 2020 年 1 月已全部办复。[3]

从公共决策与智库互动角度研究认为，改革开放以来公共决策与评价机制不断走向成熟，向民主、法治的方向演变，智库建设也得到长足发展。公共决策机制的演变在需求、制度支持等方面促进了智库的发展，而智库的发展又在改善公共决策的选择机制和决策咨询的制度化和程序化等方面促进了公共决策与评价机制的完善。[4] 从比较传统与现代模式视角研究认为，随着我国市场经济和社会主义民主政治的发展，我国的公共决策与评价机制正在由传统的管理主义模式向参与式治理模式逐步转变，参与

① 石亚军. 实现政府科学决策机制的根本转变 [J]. 中国行政管理, 2006 (10): 10 – 13.
② 彭彦. 政府决策机制与公民参与的变迁——基于社会管理创新的视角 [J]. 沈阳师范大学学报 (社会科学版), 2013 (4): 32 – 35.
③ 沈吟. 浙江省政协十二届二次会议 772 件提案全部办复 [EB/OL]. http://zj. people. com. cn/n2/2020/0109/c186806 – 33701053. html, 2020 – 01 – 09.
④ 傅广宛, 刘晓永, 毛志凌. 我国政府决策机制的变迁与思想库的发展 [J]. 当代世界与社会主义, 2011 (1): 131 – 134.

式治埋模式强调公共利益和政府角色转变，主张社会公众更多地参与到公共决策与评价机制的完善中。① 公共决策与评价机制存在传统和现代两种模式，传统模式的具体表现为一元化的决策主体、以权为本的价值取向、经验型的决策机制、封闭的决策过程，这种模式难以适应新时代社会经济发展的需要，应当向具有综合考虑决策环境、公共效率的价值取向、开放动态的制度环境、多元决策主体等特征的动态协同的现代模式转变。这种转变路径需要考虑多元化决策主体、追求公平效率、构建开放互动的制度环境等。②

三 预警、评估与责任追究机制

政府效率损失预警、评估与责任追究机制也是省级政府效率损失规避机制的主要内容及形式。

首先，为了减少政府效率损失，需要建立相应的监督预警机制。因为规避政府效率损失离不开完备的信息识别和健全的反应机制。而健全有效的监督预警机制，有助于政府及时采取纠偏措施，减少政策失灵及效率损失。当然，从外部看，对地方政府的监督预警机制需要社会监督；从内部看，需要对地方政府部门从上而下的纵向监督以及同级部门之间的横向监督，比如逐渐减少的政府预算、精简的政府机构等现象在很大程度上是加强政府预算监督的结果。③ 中国各地方政府部门"一把手"都掌握着核心行政权力。这种过度集中的权力在一定程度上缺乏有效监督，导致腐败现象一度层出不穷，进而使一系列"权钱交易"违法案件频繁发生。④ 在当前反腐败斗争形势依然严峻复杂的情况下，必须进一步加强对"一把手"的监督。

---

① 王锡锌，章永乐. 我国行政决策模式之转型——从管理主义模式到参与式治理模式 [J]. 法商研究，2010（5）：3 - 12.
② 张红凤，韩琛，闫绍华. 转型期公共决策模式路径优化：从传统模式向动态协同模式的转变 [J]. 中国行政管理，2014（10）：101 - 106.
③ 陈秀山. 政府失灵及其矫正 [J]. 经济学家，1998（1）：3 - 5.
④ 周黎安. 转型中的地方政府：官员激励与治理 [M]. 上海：上海人民出版社，2008：311 - 322.

中国共产党第十九届中央委员会第四次全体会议公报指出："必须坚持一切行政机关为人民服务、对人民负责、受人民监督，创新行政方式，提高行政效能，建设人民满意的服务型政府。要完善国家行政体制，优化政府职责体系，优化政府组织结构，健全充分发挥中央和地方两个积极性体制机制。"这就要求正确把握中央和地方关系，实现权力合理下放。当下中国的现实情况就是相关部门对公共政策制定的行为和内容缺乏有效监督，同时地方政府部门在传统的社会治理中一直处于比较封闭的管理状态，如果内外部监督力度不够，就会使地方政府行政效率低下，此时的地方政府便更容易出现行政懈怠或者职权滥用的情况。①

其次，建立相应的评估与责任追究机制，也是规避政府效率损失的重要内容。我国法律法规对地方政府权力的定位存在不明确之处，如果因此产生政府效率损失，就难以明确责任主体与规避主体，因此需要建立政府效率损失评估与责任追究机制。一方面，法律具有机械化和滞后性等特点，这将导致地方政府权力的分工不清晰和不精确，而实际上行政权力在运作过程中仍然存在程序规则中法治水平低下的问题，权利和责任不明确，逃避责任、争权夺利，继而造成大量行政不作为或行为混乱问题。例如，我国法律体系存在的《行政处罚法》《行政许可法》《行政强制法》等法律都对政府行政行为的程序进行了细化规定，而《行政复议法》《行政诉讼法》《国家赔偿法》等主要保护行政相对人的合法权益。这些法律规定对政府权力的定位都存在不细致、不明确之处，需要进一步完善。另一方面，我国各级地方政府内部行政权力机构在很大程度上存在执行混乱的现象，容易导致效率损失。比如《宪法》《国务院组织法》《地方各级人民代表大会和地方各级人民政府组织法》等法律对我国行政权力内部运行的规定比较少，而行政法规和规章也很少涉及行政权力内部运行等方面问题。

---

① 王琳. 公共政策制定交易成本问题探析 [J]. 理论导刊，2011（5）：40－42；王洪光，李哲. 新时期我国社会治理中的政府公共责任困境及对策研究 [J]. 佳木斯大学社会科学学报，2019（2）：61－64.

由此可见，正是因为我国行政权力内部运作的规章制度的相关法律条文条理不清、内容不尽完善，所以我国的行政权力定位、责任界定不够科学，经不起深入推敲。这些都将导致各级地方政府在社会治理时运用规范性不足的公共权力，产生政府治理不佳、效率低下等不良后果。因此，如果没有相应的评估与责任追究机制，就难以明确界定政府内部和外部的权力界限，引起政府自身、与其他治理主体的合作混乱，不但使社会治理变得毫无意义，而且使减少政府效率损失成为一句空话。

最后，建立政府效率损失评估与责任追究机制旨在保证政府有效履职，积极回应社会关切，增强公共服务组织的责任感，提升政府运行效率。有的学者指出，不仅应确定政府部门的具体行政任务内容，还应对政府结构中的行政人员进行有效管理和激励。公共服务组织的机构责任重塑需要组织主要领导者支持并参与其中。① 而不愿意承担责任就可能导致出现风险，这是本位主义的部门或个人的通病，即大家都秉承着"多一事不如少一事、少一事就少一份问责"的心理经验。这就会产生政府不作为及效率损失。因此，要想让政府部门中的行政人员具备不敢懈怠工作的畏惧感，就需要组织主要领导者的参与、重视，从而给予行政工作一定的震慑感。"一级做给一级看，一级带着一级干"，深入推进作风建设。以上率下、示范带动，是我们党在长期的历史实践中形成的最基本的工作方法和最有效的工作方式。② 此外，建立政府效率损失评估与责任追究机制不但有助于政务人员"放心"作为、减少"内耗"、提高执行效率，而且有助于鼓励政府部门核心领导层深入一线，了解工作进展情况和可能遇到的难题，从而增强政府执行力、强化政策落地效果。

四　社会合作机制

省级政府效率损失规避机制的另一主要内容及形式就是社会合作机

---

① 张龙. 地方政府在公共服务中的行政责任探讨——基于行政伦理的视角 [J]. 法制与社会，2019（10）：129 - 130.
② 陈华阳. "一把手"应带头推进作风建设 [EB/OL]. http://henan.china.com.cn/news/2019 - 12/30/content_41016699.html，2019 - 12 - 30.

制。公共治理理论的基本价值理念在于多元主体共治。公共治理主体包括政府但又不限于政府，市场、非政府组织乃至公民都是治理主体。^①公共治理做到与社会力量相结合，不仅可以推动社会组织的发展，而且可以充分发挥社会组织参与调节的作用，从而真正建立能够有效化解社会矛盾的多元治理新型机制。随着政府逐步从市场中"淡出"人们的视线，一些企业给社会带来正面效应的影响能力在减弱，社会权力结构发生了一些改变，从之前的政府一元结构，变为现今的"政府＋市场＋社会"三元结构。这些结构的转变都是为了第三部门更好地发挥其积极作用，从而进一步发挥它们的社会整合能力，预防、缓解可能影响社会稳定的问题。研究表明，首先，需要理顺政府和社会组织的关系，进一步优化社会组织的运作机制，构建和谐社会。与此同时，政府应对社会组织重新定位，社会组织不是"与政府争权"，而是在"帮助政府更好地治理社会"。其次，需要进一步改善社会组织的内部治理结构，强化对其自身的约束机制。制定和完善相关法律和法规，为社会组织发展提供坚实的法律保障是建立社会合作机制的重要条件。^②

此外，政府干预极易引起政府规模膨胀，甚至过度膨胀，因此可以把许多由政府部门提供的服务承包给私人企业。^③这自然少不了发挥政府的主导作用，但同时也需要鼓励及支持社会各个方面参与进来，提升它们的参与感，让它们收获归属感。由此可见，政府与社会进行合作俨然已经成为一种广泛且深入的相互间的合作。然而，要实现二者合作的常态化、规范化以及科学化，就需要建立并健全相关的合作体制和机制，为双方合作提供保障条件。政府投入通过政府预算表现出来，通过约束政府预算来防止政府机构膨胀扩张是有效的。^④例如，虽然政府开始加大资助社会的力

---

① 何翔舟，金潇. 公共治理理论的发展及其中国定位 [J]. 学术月刊，2014（8）：125－134.
② 刘中起，马西恒. 新形势下地方政府社会管理新方式的路径研究 [J]. 湖北社会科学，2010（1）：28－34.
③ 马春芳. 西方的"政府失灵"理论及对我国政府管理的启示 [J]. 理论探索，2004（4）：79－80.
④ 陈秀山. 政府失灵及其矫正 [J]. 经济学家，1998（1）：3－5.

度，比如采取购买服务等方式，但是政府的投入规模及程度也是有限的，解决该问题的根本途径其实是积极拓宽拓展筹集资金的各种各样的渠道，聚合社会上的各种资源，大力争取各种各样形式的社会资助。社会组织在克服政府失灵上有着显而易见的正面作用，它不仅是新的且有效的制度因素，尤其是在提供公共服务和倡导公共政策方面，而且是致力于满足社会多样化且专业化需求的公益性社会组织。这种作用能够填补政府不好管的空白地带，减少政府管不了、不好管的空缺部分。社会组织不仅可以利用自身广泛且坚实的民众基础，还可以利用自身雄厚的专业力量，建立健全具有科学性、专业性的政策咨询机构，同各级地方政府一道积极影响政府决策的过程乃至结果，使得公共政策反映出多元相关者的共同利益，并成为与国家制度对等的监督力量，最终有效制约政府公共权力的扩张。目前，我国监管体制具有集中性，并且在政府过度干预市场方面存在显著不足，因为市场经济如果受到政府的过度干预，则会让它本身的发展受到限制和约束。

解决这一问题，需要参考借鉴某些经济发达国家的政府治理经验及措施。比如，美国政府在管理国有资产市场时，管理效能是存在低下现象的，这就使美国政府转向社会组织寻求帮助，以便更加有效地对这一市场进行管理，提高管理水准，达到提高管理效能的目的。目前有一项重要的制度创新，即公私合作模式，该模式俨然已经深深地影响到世界经济发展的进程。中国政府与社会资本合作模式具有相对特殊的时代意义。党的十八届三中全会提出"允许社会资本通过特许经营等方式参与城市基础设施投资和运营"以来，该模式就担负着多重使命，如缓解政府财政压力、提高公共服务质量和效率、调整政府与市场关系、促进经济转型升级、推进政府职能转变、提升国家治理能力等，然而政府与社会资本合作模式涉及不同的主体，如政府、市场主体、社会公众等多方不同的利益主体，因为参与各方利益本位的不同，利益主体间的关系相对具有一定的"动态性和复杂性"。[①] 所以，处理公私合作关系中可能引发的利益冲突，就需要建立

---

① 何寿奎. 社会资金参与公租房建设利益协调机制探讨 [J]. 现代经济探讨, 2012 (4)：5–8.

相对科学且有效的利益协调的机制，如此才能更好地提高政府公共服务质量和政府效率。①

五　流程再造机制

流程再造机制也是省级政府效率损失规避机制的重要内容及形式。政府存在寻租行为是公共选择理论的观点之一。比如，某些特殊的利益集团为了自身的发展壮大，需要寻求政府保护，此时它们就会贿赂政府人员，从而导致政府寻租行为频繁发生。此时的政府部门则会想方设法强行对市场的自然运行进行干预，导致市场效率低下，产生资源浪费，进而产生政府腐败及效率损失。② 政府在行政管理过程中经常会出现很多不尽如人意的问题，如行政程序太复杂烦琐、公开信息透明度不高、信息传递不及时、权力过于集中、腐败极易滋生，以及集权式的流程设计抑制了基层管理人员的创新性。基于上述这些常见的问题，建议从制度、机制入手解决，用制度重构的思路加以解决，也就是建立权力与资源重新配置的流程再造机制，该种机制是以权力下移为核心的。

研究证明，政府流程再造可以引入现代企业流程再造的理念以及相应的方法，但绝对不是简单的模仿和一味的移植，因为政府和企业的再造主体、客体以及环境都存在很大不同。政府流程再造的核心是"公众需求"，政府流程再造具有公共性、多样性、复杂性和长期性等特有的属性。政府流程再造，实质上是指对政府部门原有组织结构、产品和服务流程进行全面、彻底的改革和重组，以形成政府内部决策、实施和监督的有机联系与互动。同时也是为了适应不断变化的政府部门的外部环境，提升组织绩效，从而使得公共物品或公共服务获得更多公众的认可。③ 政府的流程再造，不仅仅是为了提高效率、降低成本，更是为了尽自己最大能力去满足大众的公共需求，维护大众的公共利益，让效率与效益有机结合，提供相

---

① 陈婉玲，曹书．政府与社会资本合作（PPP）模式利益协调机制研究［J］．上海财经大学学报，2017（2）：100 - 112.

② 丁煌．公共选择理论的政策失败论及其对我国政府管理的启示［J］．南京社会科学，2000（3）：44 - 49.

③ 姜晓萍．政府流程再造的基础理论与现实意义［J］．中国行政管理，2006（5）：37 - 41.

对公平、公正、公开的政府公共服务。

与此同时，政府流程再造不是简单地进行机构改革的重组或者机构的简化，也不是为了实现单一的电子政务和全面的品质管理。相反，这一过程是一个不断完善自我、及时检讨并长时间跟进的过程。政府再造的流程一定是被实践检验的，所谓实践出真知，就是要在实践过程中保持长期修正和改善，目的是保证新的流程能够达到预期的效果，增强组织的核心管理能力。需要检测流程的运作状态、比较分析预定改造目标、对不完善之处进行再修正，最终实现流程再造。众所周知，短期内取得的效果和获得的满足并不具有普遍性，所以并不能代表已经完成政府流程再造的使命。政府职能的扩张会导致政府组织规模逐渐膨胀，层级逐渐增多，行政过程过于冗长。然而组织过细的部门分工作为传统官僚制的特征之一，在运行的过程中有可能会割裂以前完整的流程，让政府部门之间缺乏协调与联动机制，从而导致资源浪费、成本提高、效率降低。因此，建立流程再造机制可以帮助政府部门提高行政管理效率，减少不必要的浪费损耗，进而降低政府行政成本。以浙江省率先提出的"最多跑一次"行政改革为例，如果按照以前的流程，就有较多在时间上比较难控制的流程环节。由于部门之间相互牵制，如果其中一个部门出现了拖延现象，就会导致公众不易掌控整个流程，增加办事成本和难度，削弱政府部门公信力，甚至使得公众怀疑政府部门的行政工作能力和效率。因此，建立政府流程再造机制有利于减少政府效率损失。

第二节　省级政府效率损失规避机制面临的问题

建立省级政府效率损失规避机制旨在规避政府效率损失、增强政府执行力及提高政府运行效率。然而，现有政府效率损失规避机制有待完善，面临以下问题。

一　公共决策机制运行不畅，公共决策存在失误

公共决策机制运行不畅，公共决策存在失误，是我国省级政府效率损

失规避机制面临的首要问题。有关公共决策失误的原因，已有文献进行了充分论述。有的认为政府决策中的"公共性"缺失和"经济人"特性等原因造成公共决策失误，提出要转变传统观念，形成理性的公共治理观；转变政府职能，推行增加公共治理绩效等政策措施。[1] 有的指出，政府公共决策会产生失误的原因有以下三个方面：一是，布坎南认为在公共决策中存在各种各样的特殊利益之间的"缔约"过程；二是，即使大家利益在现实上是比较一致的，但是现有的各种决策体制或决策方式会因各自存在的缺陷，难以达到优化政策或理想政策效果；三是，决策信息存在不完全性的特征，如投票人存在"短见效应"。[2]

同时，公共决策机制运行不畅面临的最大问题是公众参与决策不足。这主要体现在四个方面：公众参与的主体存在不明确性，公众参与的启动权存在缺失，公众参与的方式太单一、形式主义太严重，公众参与的意见得不到及时反馈与反映。[3] 有学者认为，当前在我国快速发展的公众参与的实践活动中，公众有效参与不足的问题正逐渐显现，制约了公众参与影响力和破坏了政府公信力。由于公众参与制度设计不完善、操作机制不科学以及公务人员对公众参与存有顾虑等因素，公众参与的有效性减弱。因此，要想推动公众积极参与，政府必须从制度层面建立完善公众参与的信息公开制度、权利制度、程序制度和反馈制度，从机制层面主动预判公共决策中可能存在的参与问题和风险、科学分析不同利益相关者的参与动机和利益诉求以及理性设计在决策不同阶段中公众参与的目的和方式，从个体层面强化培育政府工作人员的民主行政理念和公众参与技能。通过多措并举，实现公众参与的有序发展，更好地加强公众参与的有效性。[4] 2020年10月，贵州省生态环境厅、贵州省财政厅印发《贵州省环境违法行为举报奖励办法（暂行）》。该办法称，为鼓励公众参与环保工作，群众可通过12369电话、来信来访、互联网、12369微信平台等多种合法有效的举

① 周俊. 公共治理中的"政府失败"及其规避 [J]. 发展研究，2006（1）：76-77.
② 陈振明. 市场失灵与政府失败——公共选择理论对政府与市场关系的思考及其启示 [J]. 厦门大学学报（哲学社会科学版），1996（2）：1-7.
③ 姬亚平. 行政决策程序中的公众参与研究 [J]. 浙江学刊，2012（3）：164-171.
④ 代凯. 公众有效参与：一个亟须关注的议题 [J]. 理论与现代化，2017（1）：69-75.

报途径举报，由政府根据举报的内容、性质、协查程度和生态环境违法行为的危害情况，对举报人进行最高 10000 元的物质奖励和精神奖励，奖励兑现方式包括现金奖励、电话费充值、微信转账等。① 这就很好地增强了公众参与的有效性。从机制的构建方面来看，机制的运行在保证公众参与方面的效果不佳，需要将公众参与政府决策方式制度化，因为机制的运行要体现在制度的确定这一实践中。另外，在某些发达国家中，政府决策已是决策过程中必不可少的重要环节，已通过立法将之列为国家的一项基本制度并固化下来。我国政府决策工作至今还存在许多亟待解决的问题，因此需要不断完善法律体系，逐渐以法律的形式将决策确定下来，将公众参与政府决策制度化，从而避免盲目决策带来的危害。

二 预警、评估与责任追究机制有待完善

政府效率损失预警、评估与责任追究机制有待完善是我国省级政府效率损失规避机制面临的又一问题。这主要体现在以下方面。第一，原有的监督机制没有发挥应有作用，政府部门监督和管理手段不健全，没有建立有效的约束及预警机制。一般来说，内部监督和外部监督共同组成行政机关的监督。其中，内部监督就是行政机关的自身监督、复议监督、审计监督和检查监督；外部监督则包含权力机关的监督、政党的监督、司法监督和社会监督。但从实际应用来看，对行政管理行为的监督一般以内部监督为主，外部监督很少主动参与。

第二，问责机制不够完善。我国的行政问责制度在问责主体、问责客体、问责程序方面上存在一定的问题，急需进一步理通理顺问责体制及体系，培养问责的制度文化，增大问责的力度，全面推进行政问责规范化发展的进程，以实现我国建设责任型管理政府的宏大目标。② 在现实情况中，已有的行政问责机制存在程序标准不明确现象，进而对问责对象、问责方式、问责结果等造成刚性缺失问题。比如，我国已被问责的个别公务人员

---

① 李拓. 最高奖 1 万！贵州鼓励公众参与举报涉环保违法 [EB/OL]. https://baijiahao. baidu. com/s? id = 1680537386137580182&wfr = spider&for = pc, 2020 - 10 - 14.

② 赵东旭. 行政问责制如何更为完善 [J]. 人民论坛, 2018 (10)：66 - 67.

在一段时间后又进入大众视野，这种问责现象不免被群众质疑是不是一种形式主义，从而无法达到预期效果。有的学者基于有关国际组织公布的全球 75 个国家透明度和腐败的数据，评估一个国家的透明度、腐败和问责制之间的关系以及对政府的信任程度。研究结果表明，透明度、组织预算管理和审计制度的质量对腐败的认知有积极影响。因此，政府部门必须考虑加强会计信息的制定和披露，即信息公开披露以及决策透明，以此作为有效改善公共管理和减少腐败观念的工具。

第三，救济机制不够完备。目前，我国从行政复议、行政诉讼、国家赔偿三个方面对行政不作为做出及时救济。然而在现实情况下，相关法律却不能做到理论与实践相符，从而迫使被救济人的合法权益不能得到很好的保护，救济效果甚微，造成行政不作为现象大量发生①，产生效率损失，削弱政府执行力。

---

① 刘政利，朱哲. 论行政不作为及其治理 [J]. 理论探讨，2013（6）：173 - 176.

第八章　完善规避机制减少省级政府效率损失的对策

从前文有关文献、测度结果及规避省级政府效率损失的实践经验中不难发现，由于政府效率损失规避机制不完善、信息不完全、政府垄断等原因，我国省级政府存在诸如"放管服"改革成效不佳、政府交易成本增加、寻租、政府职能转变不到位等效率损失。这些效率损失会削弱政府执行力，影响地方政府治理现代化。提升政府公共治理能力、质量需要政府与公众之间的相互配合、相互作用。① 比如，进一步明晰政府与市场边界，从制度层面论证减少政府效率损失的对策；健全政府内部运行机制，从管理层面论述减少政府效率损失的对策；加强政府效率损失预警、评估与责任追究，从监管层面论述减少政府效率损失的对策；此外，正确处理央地关系、政社关系及政民关系，从现代治理层面阐述减少政府效率损失的对策。因此，健全政府效率损失规避机制、持续深入推进"放管服"改革等措施，是减少省级政府效率损失的有效对策。这主要体现在以下三个方面。

第一节　优化省级政府效率损失已有规避机制

优化省级政府效率损失已有规避机制是减少政府效率损失的有效对策。由于已有政府效率损失规避机制，比如竞争与激励机制、公共决策与评价机制等存在实施成本较高等内部问题，以及机制构建缺乏公众参与等

---

① 张敏. 协商治理：一个成长中的新公共治理范式 [J]. 江海学刊，2012（5）：137 – 143.

外部问题。因此，进一步完善这些规避机制，最大限度地发挥它们的功能作用，不仅有助于健全省级政府效率损失规避机制体系，而且能够减少政府效率损失。

一　健全省级政府竞争与激励机制

规避政府效率损失与政府竞争、激励等内部运行机制具有高度关联性。前文分析指出，政府交易成本增加是政府效率损失的主要表现之一。这就导致我国省级政府部门没有降低公共支出的动力，反而还常常将政府成本及费用扩大化。这主要是由于政府内部竞争与激励机制不够完善。因此，健全省级政府内部运行机制是减少交易成本、规避政府效率损失的重要路径，这就要求做到以下两点。

一是重新建立竞争机制，约束垄断权力。根据公共选择理论，只要打破生产垄断，建立政府机构内部的竞争机制，就可以消除政府效率低下的最大障碍①，从而减少政府效率损失。一方面，在省级政府内部推行竞争制度有利于削减政府支出。例如，省级政府可以让多个办事机构去参与某一项任务，形成政府内部的竞争模式，不但节约费用，而且能缩小政府机构的平均规模。② 尤其是，当公共服务购买市场中供给方竞争比较激烈时，政府应该采取相对积极的策略来促进服务购买，并充分利用竞争机制给承包商造成压力，迫使服务承包商以较低的成本提供高质量的公共服务。③ 浙江省在建立竞争机制、不断提升公共服务质量上有着丰富的实践经验。2015 年出台的《浙江省人民政府关于加快建立现代财政制度的意见》指出：到 2020 年要实现公共领域财政政策的普惠性和竞争性领域财政政策的杠杆性，创新财政理财方式，拓宽资金供给渠道，提高资金供给效率；放大财政资金的杠杆撬动作用，灵活运用城市发展基金、政府产业基金、政

---

① 郭建鑫. 公共选择理论视角下政府失灵的分析 [J]. 管理观察，2018（25）：105 – 106 + 109.

② 陈振明. 非市场缺陷的政治经济学分析——公共选择和政策分析学者的政府失败论 [J]. 中国社会科学，1998（6）：89 – 105.

③ 詹国彬. 需求方缺陷、供给方缺陷与精明买家——政府购买公共服务的困境与破解之道 [J]. 经济社会体制比较，2013（5）：142 – 150.

府与社会资本合作模式、政府购买服务等方式带动社会投资，提高公共物品和公共服务的供给效率。①

另一方面，省级政府内部竞争有利于提高工作效率。例如，政府在批准部门预算时，重点考察各部门的工作绩效，根据实际资金使用情况进行综合评估，最终决定预算分配，激励各部门通过竞争提高效率。② 同时，作为地方治理的主要力量，地方政府工作人员的能力素质等决定了地方的政治运行和治理绩效③，在引入行为体层次的解释因素基础上，应该关注"主要党政领导干部"的微观动机④，以建设晋升考核机制为主线，摆脱经济人缺陷，加强各部门政府工作人员内部竞争，建设服务型政府，以提升效率。在晋升方面，充分考虑到晋升机制在公务员激励中的重要作用，并通过各种手段完善晋升机制。这在世界上许多国家都能够找到例证。比如，新加坡设置较多的等级层次，并且规定公务员在同一职位上任职时间不得超过十年，增强了职位的流动性，保持了公务员队伍的活力，有利于新进员工的晋升。⑤

此外，竞争机制的确立涉及地方政府间的政绩考核评估。当前各级政府普遍实施目标责任制，上级政府确定目标，对下级政府下达任务，任务完成效率效果都体现政绩。若改革创新成为地方政府要实现的目标，便可能成为地方政府的巨大压力。在此基础上，围绕"增长"的竞争格局，化压力为动力，省级政府应重新确定以创新为动力的竞争机制。例如围绕"社会创新"晋升竞争的发展模式，考虑在提拔公务人员上恰当转变思路，明确竞争考核指标，使得公务人员为获得相对竞争力，提供更具吸引力的公共服务。⑥ 这

---

① 浙江省人民政府关于加快建立现代财政制度的意见 ［EB/OL］. http://www.zj.gov.cn/art/2015/12/17/art_12460_253485.html，2015-12-17.

② 郭建鑫. 公共选择理论视角下政府失灵的分析 ［J］. 管理观察，2018（25）：105-106+109.

③ 杨雪冬，托马斯·海贝勒，舒耕德. 地方政治的能动者：一个比较地方治理的分析路径 ［J］. 东南学术，2013（4）：23-32.

④ 何艳玲，李妮. 为创新而竞争：一种新的地方政府竞争机制 ［J］. 武汉大学学报（哲学社会科学版），2017（1）：87-96.

⑤ 张晓迪. 我国基层公务员激励机制优化研究 ［D］. 华中师范大学，2017.

⑥ 何艳玲，李妮. 为创新而竞争：一种新的地方政府竞争机制 ［J］. 武汉大学学报（哲学社会科学版），2017（1）：87-96.

种竞争机制有助于从整体上提升地方政府工作效率，减少地方政府效率损失。

二是完善激励机制，减少政府支出与公共资源浪费。宏观上，在强中央的政府主导市场经济中，中央政府应通过适度的政治集中和向地方分权，合理运用地方政府领导干部"政治晋升博弈"，建构有效的政治激励和经济激励，修正地方政府间的竞争关系，标榜"增长竞争型政府"的模式，使得地方政府有动机、有能力、有路径参与当地经济竞赛，验证中央"做对激励"。那么地方政府就能在体制上维持一个集中的政治威权的同时，向各部门下放经济权力，从经济层面分解为众多独立决策的小型的部门经济，创造出部门为经济增长而激励竞争的"控制权市场"，对部门行为起到同样的激励作用。又如，政治晋升竞争的逻辑深刻地改变了其经济竞争的方式和内容。在经济强激励模式下，地方政府的行为不可避免地出现偏差，导致效率损失，这就要求政府进行政治激励下的"做对协调"。[①]微观上，政府可以从加大行政管理体制改革力度、优化组织结构、改革用人制度、建立激励机制等方面着手，减少效率损失。[②] 山西省人民政府曾发布购买基层公共服务岗位的公告，旨在吸纳高校毕业生就业。通过这种方式，在缓解高校毕业生就业压力的同时满足基层公共服务对人才的需求，组织结构得到优化。[③] 在政府机构内引入利润动机，使得政府工作人员建立合理的利润观念[④]，改变原有激励结构，完善现有激励机制，以控制公共部门寻租和滥用委托人的行为，防止公务人员偷懒。这对提升政府效率，尤其是对缓解现在的政府支出过度、公共资源浪费等效率损失问题具有重要价值。

[①]　傅强，朱浩. 中央政府主导下的地方政府竞争机制——解释中国经济增长的制度视角 [J]. 公共管理学报，2013（1）：19－30＋138.

[②]　季淑影. 三种组织结构视角下政府行政效率低下产生逻辑 [J]. 市场论坛，2019（2）：15－17＋43.

[③]　山西省人民政府办公厅关于政府购买基层公共服务岗位吸纳高校毕业生就业的意见 [EB/OL]. https://wenku. baidu. com/view/2d813b6efbb069dc5022aaea998fcc22bdd143d2. html，2014－05－16.

[④]　郭建鑫. 公共选择理论视角下政府失灵的分析 [J]. 管理观察，2018（25）：105－106＋109.

由于不同的利益主体具有不同的利益，政府必须建立正确的激励制度才会降低它们的利益冲突，而考察民众满意度有助于解决信息不对称问题，从而协调公务人员和民众之间的利益冲突，使得公务人员更好地维护民众利益。同时，在评估民众满意度时应充分调动民众监督政府及公务人员的积极性，建立竞争性的政府服务市场，激励公务人员努力提供公共服务，从而纠正公务人员激励扭曲问题。当前我国政府内部的公务人员升迁受到多重因素影响，难度系数激增，而且公务员职位被称为"铁饭碗"，相对其他行业的职业更加稳定。这在一定程度上抑制了工作的积极性，未能最小化公共支出，从而对政府效率造成一定的损失。因此，应完善现有的内部激励机制，采用人事激励、绩效激励等，激发基层公务人员的创新热情，使之合力谋求个人与组织的双重获益。例如，允许政府机构对节约成本的财政盈余拥有一定的处置权，以津贴补助或福利等合理分摊①，在使公务人员自身获利的同时也能减少费用、提高效益，减少政府效率损失。但引入内部激励机制也极有可能导致公务人员为缩减成本提供较差的公共服务以获得利差，对社会公众造成不良影响。因此，建立运行有效的激励机制需同步配合竞争机制，并加大监督力度。

二 优化省级政府公共决策与评价机制

优化公共决策与评价机制也是减少政府效率损失的有效对策。搭建政府与社会公众的沟通桥梁，促进公共决策获得社会公众的认可和满意，不断优化公共决策与评价机制具有十分重要的意义。为此，应做好以下方面。

第一，完善政府与公众的沟通机制。充分利用政府微信公众平台、微博、政府官方网站等，拓宽公众信访渠道，开设意见反馈、举报、投诉便民专栏，召开重大事项听证会，重大决策广泛听取公众意见，提升公众参与度，通过制度和法律的约束形成有效的沟通机制。党的十九届四中全会通过了《中共中央关于坚持和完善中国特色社会主义制度　推进国家治理

---

① 郭建鑫. 公共选择理论视角下政府失灵的分析 [J]. 管理观察，2018 (25)：105 – 106 + 109.

体系和治理能力现代化若干重大问题的决定》。该决定指出，在社会流动日益加速、社会互动日益频繁、社会结构日趋复杂、社会分化日趋加剧的时代，加强社会成员之间的沟通应成为推进社会治理现代化的重要内容，发展和完善社会沟通机制是满足人民对美好生活的向往、健全社会治理体制机制的现实需求。随着信息技术的进步，人们越来越把发生在网络空间、社交媒体的非正式的社会沟通作为重要的沟通形式，诸如微信、微博等。这是新形势下社会沟通的新趋势新情况，也是我们面临的新问题新挑战。

第二，建立科学、有效的决策机制。决策的科学性取决于决策者的素质，是影响决策目标及效果的重要因素。为确保决策的科学性，应有选择地培养合适的决策者，提升其专业素养，并完善约束决策者不当行为的法律条例，减少主观决策失误的可能性。

第三，建立以流程再造为导向的绩效评估机制。针对目前行政管理程序冗杂、公开透明程度不高、权力高度集中等突出问题，政府不但需要"流程再造"，而且需要建立相应的绩效评估机制。政府的流程再造以公共需求为落脚点，把社会公众认可度作为绩效评估的重要衡量标准，旨在适应外部环境的变化，权力下移，形成组织内部决策、执行、监督的有机互动，提升组织运行效率。2019 年 7 月 5 日，习近平总书记在深化党和国家机构改革总结会议上，对巩固深化机构改革成果、推进机构职能优化协同高效、转变和优化机构职责等做出重要部署，提出了明确要求。山东省认真贯彻习近平总书记重要指示要求，开展机构职能优化流程再造、扎实做好机构改革。坚持优化协同高效原则，以推动部门"三定"规定落实为抓手，推出了建立完善"三张清单、两个机制"的一揽子措施，扎实做好机构改革"后半篇文章"，加快转变政府职能，优化政府职责体系，推动政府部门职能更加优化、权责更加协调、运行更加高效、履职更加到位。目前，山东省市县三级已全面完成改革任务，取得了初步成效。①

① 山东举行推进机构职能优化流程再造　扎实做好机构改革"后半篇文章"新闻发布会 [EB/OL]. http://www.scio.gov.cn/xwfbh/gssxwfbh/xwfbh/shandong/Document/1688341/1688341.htm, 2019 - 09 - 23.

第四，创新我国地方政府决策机制。这也是避免和抑制公共决策失误、减少政府效率损失的有效措施。因为创新我国地方政府决策机制、提高政府公共管理水平，有助于实现我国地方政府决策科学化、民主化、规范化发展。

第五，提高公众满意度。这是完善政府决策评价机制的重要内容。公共参与是地方政府决策中不可或缺的一部分，不但是检验公众满意度的主要方面，而且是政府决策评价的重要标准，因此，政府需要以积极的态度对待有序的公共参与。① 比如，地方政府积极发挥各类社会组织在基本公共服务需求表达、服务供给与监督评价等方面的作用，把适合由社会承担的基本公共服务事项，以购买服务等方式交由社会组织承担。又如，地方政府通过引导社会、市场等力量参与，实现供给主体和提供方式的多元化，为社会提供更丰富的公共服务和产品，最大限度地满足广大民众多层次、多样化的需求，形成政府主导、多元参与、社会监督、群众满意的基本格局。② 作为一项系统复杂的工作，政府决策涉及不同的利益主体，应预先选择适当的公众参与方式，识别参与主体，选择参与代表，界定参与范围，确定参与深度、时机等。③ 这不是要把政府责任社会化，而是将有序的公共参与和政府的管理过程结合起来，实现"参与式治理"，达到一个平衡共生的水平，使之发挥巨大的作用，有效提高公共管理水平及公众满意度。

第六，创新公共决策与评价机制。这主要包括五个方面。一是，创新觉察机制，发挥信息库作用。政府决策需要海量信息支撑，觉察机制能满足政府决策信息需要。然而，目前我国地方政府在觉察机制方面存在觉察主体数量少、专业性较差、缺乏觉察机制的信息库和专业人员等突出问题。因此，政府创新觉察机制，有助于有效利用它整理搜集信息、咨询专

---

① 周慧晨. 公共参与理论视域下我国地方政府决策机制创新研究 [D]. 西安建筑科技大学，2018.
② 郭修金，戴健. 政府购买体育社会组织公共体育服务的实践、问题与措施——以上海市、广东省为例 [J]. 上海体育学院学报，2014 (3)：7–12.
③ 周慧晨. 公共参与理论视域下我国地方政府决策机制创新研究 [D]. 西安建筑科技大学，2018.

家意见、创建本地信息库，及时了解决策领域的重要问题，避免信息不对称可能带来的决策失误。二是，创新咨询机制，强化民主意识。政府决策咨询机制在地方政府决策中发挥重要作用，决策咨询方式诸如召开课题座谈会和开展实地调研活动等，为政府实现科学决策奠定了理论基础和提供了现实依据。完善已有的咨询机制，可以通过设立独立于政府部门的咨询机构，赋予部分权力，使之担任政府部门智囊团，在决策时提供有价值的意见，能够在某种程度上起到监督的作用；通过专家咨询责任追究制度，落实专家咨询有效性；尊重人民群众的意见，避免专权及听证会等主流决策咨询方式流于形式，努力加强政府公信力。三是，创新监督机制，强化多元参与。决策监督机制不仅能起到预防作用，也可以确保决策在实施过程中的科学性、准确性。创新监督机制，需注重公共决策细节。比如，把广泛监督权力交给第三方的新闻媒体，新闻媒体具有极大的社会影响力，政府应敢于且乐于在决策中引入媒体监督，重视事前、事中及事后各环节监督，保证决策过程中的公开、透明。又如，充分落实组织内部、司法机关、公众及各方专家学者的督察，全方位实现监督多元化，调动公众的参与监督的积极性，培养其"主人翁"监督意识，提升在决策执行过程中公众的配合程度。四是，创新责任追究机制，拓宽问责渠道。为保证决策实效，政府应及时完善相关责任追究法规政策，做到问责的规范化、制度化，使得责任追究有法可依，加强决策人员的法定责任束缚；明确目标责任人，规定连带责任，以强化各主体间的配合与监督意识；拓宽问责渠道，引入第三方监督问责，规范问责程序，使得责任追究落到实处。五是，创新反馈评价机制，做到标准化评价。反馈评价是政府决策的最后一环，负责对决策的每个环节进行反馈，有助于从反馈信息中找到问题或解决方法。政府应重视对每个细节与结果信息反馈的及时性，通过及时的信息反馈可以有效避免执行中的失误，并将反馈与纠偏结合，确保问题的及时纠错；要注意拓宽反馈渠道，确保渠道畅通，尽量从专家、社会大众中搜集反馈信息，保证信息反馈的真实性。①

---

① 周慧晨. 公共参与理论视域下我国地方政府决策机制创新研究 [D]. 西安建筑科技大学，2018.

此外，建立权责一体的决策监督机制，完善多方监察评议、纠错校正和责任追究机制，是行政决策科学、民主、依法的重要保证。决策评价是决策过程的最终环节，也是对决策过程及执行情况的总结。政府应建立标准化的指标体系，将定量评估与定性评估相结合，消除定量评估的刻板和僵化，弱化定性评估的主观性和随意性。适当引入第三方评价组织，给予相应的权限，保证决策评价的客观性与公平性。2013 年，上海市工商联结合全国工商联工作部署和上海市重点工作，首次参与到推动民营经济发展相关政策的第三方评估工作中。自 2013 年至今，上海市工商联每年都参与了全国工商联牵头的围绕民营经济发展相关政策的评估工作。除此之外，上海市工商联每年还围绕上海市有关制度创新情况和民营经济发展环境等持续开展评估。上海市工商联开展的一系列第三方评估，得到全国工商联、上海市有关领导的充分肯定。在评估报告中所反映出来的一些突出问题引起政府有关部门的高度重视。在第三方评估工作开展过程中，上海市工商联还将有关政策信息有效传递给企业，寓服务于评估调研之中。① 换一种思路看，评价的实质也是一种监督，决策前的评价主要指向决策的可行性和必要性；决策中的评价针对决策的合法性和程序性，对出现的新问题进行增补性评价或匡正性评价；而决策后评价主要评价决策效果，检验决策成果，进行归纳总结，为以后决策提供思路和经验，进行有力监督，为决策的重大失误追究责任。② 2019 年，国家市场监管总局研究制定了《公平竞争审查第三方评估实施指南》，旨在建立健全公平竞争审查第三方评估机制，鼓励支持政策制定机关在公平竞争审查工作中引入第三方评估，提高审查质量，确保审查效果，推动公平竞争审查制度深入实施。③

三 完善省级政府效率损失预警、评估与责任追究机制

政府监管薄弱导致的寻租问题时有发生，已经成为政府效率损失的根源

---

① 工商联第三方评估的上海实践［EB/OL］. http://cppcc. china. com. cn/2017 – 06/02/content_40947212. htm, 2017 – 06 – 02.
② 梁娜. 地方政府重大行政决策评价机制研究［D］. 西南政法大学, 2014,
③ 市场监管总局关于发布公平竞争审查第三方评估实施指南的公告［EB/OL］. http://www. samr. gov. cn/samrgkml/nsjg/bgt/201902/t20190216_288666. html, 2019 – 02 – 16.

之一。例如，有的政府部门为了寻求利益创造租金，人为设置一些不必要的监管内容进行收费；个别公务人员利用自己手上的权力而与企业勾结使自己获利；等等。同时，我国政府信息的公开透明度不够、部门职权模糊等导致政府问责制落实不到位，难以明晰行政人员的责任划分，进而对政府效率产生负面影响。因此，有效规避政府效率损失，需加强效率监管，进一步完善政府效率损失预警、评估与责任追究机制。这主要体现在以下三个方面。

第一，进一步加强政府监管，健全政府效率损失预警机制。首先，加强公共决策和政府管理的法制化建设，避免政府干预中的寻租行为即腐败现象，降低政府干预成本。因为腐败问题的存在一方面会直接导致经济混乱，影响和干扰经济运行的正常秩序；另一方面会损害社会公共利益，引起民众强烈不满，从而降低政府威信，影响公共政策实施效果。为此，加强政府管理的法制化建设，在政府资源配置过程中实行市场化、公开化、社会化、法制化，用依法配置代替行政配置，规范政府行为，建立政府效率损失识别及警示机制。① 预警机制能够有效减少政府效率损失。例如，浙江省通过建立科学规范的政府债务管理及风险预警机制，将预算绩效融入预算管理全过程，监督考核制度运行有序，初步形成财税改革与其他领域改革协同配合、良性互动、相互促进，建成具有杭州特色的现代财政制度。② 其次，依法设立独立的监管机构。在我国，许多垄断行业主要依附于政府的许可，往往具有较大的规模和较强的实力。这使得政府对垄断行业的监管必定影响相关部门利益。因此，设立一个完全独立且具有代表性的机构来专门监管垄断行业是十分必要的。再次，大力推行"双随机，一公开"监管方式，对随机抽查做到全程留痕、全程纪实，实现责任可追溯，确保抽查工作公平公正③，并同时向社会公布检查的情况。在一定程度上，"双随机"抽查方式对我国目前的寻租行为起到一定的削弱作用，

---

① 李先锋. 公共选择理论视角下政府干预经济效能的再思考 [J]. 内蒙古大学学报（哲学社会科学版），2008（6）：62-66.
② 浙江省人民政府关于加快建立现代财政制度的意见 [EB/OL]. http://www.zj.gov.cn/art/2015/12/17/art_12460_253485.html, 2015-12-17.
③ 薛澜，张帆. 推广"双随机、一公开"机制完善监管改革 [N]. 经济日报，2016-10-30（003）.

能有效削弱监管者与被监管对象间的联系，使监管者不能"选择执法"，企业必须遵守规定，依法履行被检查的任务，严厉打击双方勾结行为，最大限度地压缩监管部门与检查对象间的寻租空间。另外，加大对政府监管的资金投入力度。由于我国监管部门的监管设施有待完善，安全监管水平有待提升，因此要加大资金的投入力度，实现技术创新，不断改良检测设施，升级监督管理技术装备，从而加强政府效率损失预警，提高政府监管效率，实现减少政府效率损失的目标。

第二，加强事后反馈，构建政府效率损失社会评估体系及机制。在社会组织的监督下，良好的反馈可以及时反映政府治理效果，有效评估政府绩效，衡量政府效率损失。政府作为公共治理机制早期的构建者，其评估主体往往与决策主体趋同，评估由决策机关掌握主导权，即以自我评估或上级评估下级为主，导致评估结果在较大程度上渗透着决策机关的政治考量。[①] 这种偏向依靠政府权威而不是治理效果对政府与社会治理行为做出的评价，无法直观反映政府效率损失。因此，建立政府效率损失的社会评估体系及机制，构建社会参与、互动沟通、资源共享、目标协同的公共治理保障制度体系[②]，正确引导公众参与，尤其是建立社会评价机制，依托公共治理信息数据库，评估公共治理绩效和公共服务满意度[③]，规避政府越轨行为[④]，改善公共治理的制度环境，能够预防、减少政府效率损失。政府绩效及效率损失评估可以委托专业的第三方机构完成。[⑤] 若评价结果低于规定值，就意味着该领域治理不到位，存在效率损失，应当追责主管部门的治理责任。[⑥]

① 恽劼. 地方政府重大行政决策第三方评估的体系化建构 [J]. 长沙民政职业技术学院学报，2018，(4)：41 – 44.

② 李尧磊，韩承鹏. 政社关系视角下公共治理失灵与对策研究 [J]. 中共宁波市委党校学报，2018 (4)：122 – 128.

③ 胡志明，程灏，赵冰，方立媛. 公共治理视域下政府行为与公众响应的演化博弈 [J]. 沈阳工业大学学报（社会科学版），2018 (5)：464 – 468.

④ 李尧磊，韩承鹏. 政社关系视角下公共治理失灵与对策研究 [J]. 中共宁波市委党校学报，2018 (4)：122 – 128.

⑤ 朱新林. 城乡一体化背景下西藏农牧区公共服务供给研究 [J]. 西藏民族大学学报（哲学社会科学版），2017 (3)：19 – 25 + 154.

⑥ 胡志明，程灏，赵冰，方立媛. 公共治理视域下政府行为与公众响应的演化博弈 [J]. 沈阳工业大学学报（社会科学版），2018 (5)：464 – 468.

然后在此基础上，再对治理不力的领域进行整改，并对整改结束后的绩效追加考核。①

第三，强调问责制和透明度，完善政府效率损失责任追究机制。作为推动法治政府建设的监督机制，问责制的实行能够增强各级政府部门及其工作人员在行政责任、法律责任、道德责任等方面的意识，防止由行政权力滥用带来的伤害。行政问责制度化、法治化，最终落脚点必定是问责的过程公开透明、问责的结果让人民满意。② 也就是说，行政透明化，是落实问责制的基本前提。应把让大众知情、参与和监督作为政务公开的出发点和落脚点，全面推进行政决策、过程、结果公开，合理利用现代化技术，积极打造"阳光政府"。此外，对于政府而言，所应承担的责任多少应与所拥有的权力大小成正比。然而，我国地方政府在职权上划分不够清晰，部门之间权力划分存在不少交叉、重叠之处，导致出了问题、产生效率损失时往往无法问责。因此，应依据相关条例，科学地划分政府各部门的权责，明确各自的责任和义务，消除职权重叠、模糊的问题，依法究责，将责任细化到人，推进"该问责的接受问责，不该问责的受到保护"的人性化管理。为解决行政问责存在的权责不清、问责主体缺位、问责标准缺失、问责配套制度不完善等问题，政府应明确职责管理体系，建立完善统一的法律制度及责任追究机制，制定行政问责程序，积极推动法治问责文化建设。③

第二节　建立规避省级政府效率损失的新机制

在完善以上政府效率损失已有规避机制的基础上，减少政府效率损失还需要创新出相应的新规避机制，比如多元化的公共治理机制等。

公共治理理论的发展历程表明，谋求政府与市场、社会之间的平衡，

---

① 何增科. 政府治理现代化与政府治理改革 [J]. 行政科学论坛，2014（2）：1 – 13.
② 徐肖东，雷庚. 行政问责：制度化定位与法治化重构 [J]. 哈尔滨市委党校学报，2016（1）：61 – 68.
③ 黄龙江. 法治政府建设中的问责制度研究 [J]. 法制与经济，2017（1）：141 – 142.

使得各自功能得到充分发挥，是推动有效公共治理、减少政府效率损失的关键。过去我国面对的突出问题是，存在过于倚重政府而轻视市场与社会的倾向。事实表明，这会导致市场与社会的功能受到限制，即使是受到重视的政府，其作用也难以得到有效发挥[①]，存在效率损失，这也说明由"强政府"主导的市场经济体制是有待改善的。当然，改革并非不需要依靠政府，而是要"使市场在资源配置中起决定性作用，更好发挥政府作用"[②]，正确把握政府与市场的关系。在公共治理领域，则要"打造共建共治共享的社会治理格局"，规避政府效率损失。这就要求既要政府组织充分发挥在社会中担任重要角色的功能，又要避免政府成为行使国家和社会事务管理的唯一核心。因此，需要引入非政府组织、非营利组织、公民自组织等第三方和私营机构共同参与、承担社会事务管理，共同加入提供公共物品、公共服务的多元竞争，使得这些组织的权力得到社会和民众的认可。[③] 这样，建立这种多元化治理新型机制，有利于弥补社会角色在公共领域的缺失，强调多元主体、协商议事[④]，充分发挥社会力量的调节作用，有利于化解社会矛盾，在某种程度上能够解决公共管理领域的诸如公共政策失效导致的政府效率损失问题。党的十九大报告提出乡村振兴战略。在实施乡村振兴战略的过程中，进一步加强和改进乡村治理显得尤为紧迫。乡村振兴不仅是政府的责任，还涉及党组织、社会、农民等多元行动主体，需要运用多元治理单元、多元治理方式和多元治理技术来实现对乡村社会的有效治理。尤其是在社会分化加剧、社会利益格局日益多元化的时代下，更需要建立健全乡村社会的多元化治理体系，实现乡村治理体系与治理能力现代化。[⑤]

---

① 魏崇辉. 公共治理理论中国适用性：批判的理路与话语的构建 [J]. 行政论坛，2018 (5)：81 - 85.

② 习近平. 决胜全面建成小康社会 夺取新时代中国特色社会主义伟大胜利——在中国共产党第十九次全国代表大会上的报告 [J]. 中国经济周刊，2017 (42)：68 - 96.

③ 魏涛. 公共治理理论研究综述 [J]. 资料通讯，2006 (Z1)：56 - 61.

④ 李尧磊，韩承鹏. 政社关系视角下公共治理失灵与对策研究 [J]. 中共宁波市委党校学报，2018 (4)：122 - 128.

⑤ 田先红. 乡村振兴战略背景下多元化乡村治理问题研究 [J]. 华中师范大学学报（人文社会科学版），2020，59 (5)：2.

　　作为政府效率损失的重要表现，"行政不作为"等社会现象在我国政府治理领域存在着。从这些现象入手，通过建立博弈支付矩阵模型，引入"搭便车"分析工具，可以揭示政府效率损失的发生机制和制度诱因。一般情况下，政府效率损失存在三种发生机制：委托代理关系扭曲诱发"搭便车"初始心理预期的涨落；纵向事权配置不佳诱发参与人数的增减；博弈策略选择不当诱发均衡状态的变化。① 政府效率损失的制度诱因是委托代理关系扭曲、纵向事权配置不佳和博弈策略选择不当。规避政府效率损失的策略，应调整委托代理关系、优化事权配置和设定责任分割机制。

　　同时，行政体制的不同层级面临不同的行政压力，在政绩 - 压力模式下，"成绩是领导的，压力是下级的"。随着政绩和压力的双重递减，官僚制的中层会出现"政绩与压力导向双无"的行为逻辑，使得大批中层工作者缺乏动力机制，全凭自己责任心工作。同时，基层作为协助者承担过多责任，往往为高层"背锅"。因此，大批处于中间层的行政人员为民服务意识淡薄，造成"中梗阻""最后一公里"等效率低下问题。对此，一是要实现组织变革，建立扁平化组织，实行扁平化管理；二是要建构中层的业绩发现机制和压力传导机制，保证在组织中既有业绩展示机制，又能感受到一线压力。在增强基层干部为民服务意识的基础上，也能适量减少一些不必要的责任压力，把压力向上传递，减少效率损失。②

　　随着政府"放管服"改革的不断深入，权力逐渐被下放到市场和社会，社会权力结构已经不是过去政府的"唯一治理"模式，而是慢慢呈现向市场和社会偏移的趋势，这给多元化公共治理机制的建立提供了可行性。建立这种多元化治理机制需要做到两点。一是，更新治理观念，推进社会管理体制创新。传统治理理念在一定程度上限制了地方政府的治理行为，比如在传统的治理理念中，政府在治理中违背了当前"小政府、大社会"的潮流。③ 地方政府应积极借鉴多元治理理念，思考如何实现从社会

① 丁云龙，王胜君. 政府治理效率损失的一般性解释及其解决策略——基于博弈论和"搭便车"视角的分析 [J]. 天津行政学院学报，2013 (6)：91 - 96.
② 李敬伟，马岚. 政府效率研究：基于行政体制内部层级的视角 [J]. 管理观察，2019 (6)：50 - 51.
③ 黄燕. 浅析价值多元化下如何提升地方政府治理 [J]. 中国民商，2018 (6)：115.

管理到社会治埋的有机转换。二是，丰富政府"元治理"地位下的多元化治理主体。主张分权导向，建立以政府为中心、社会和民众多元主体并存的多元治理机制，摒弃国家和政府组织的唯一权威地位，保障政府"元治理"地位，合理利用社会力量①，通过直接干预与间接影响，结合我国国情，构建公共治理环境与框架，形成统一的治理目标，让更多的治理主体共同承担社会的公共管理责任，建立多元化公共治理机制②，进一步规避政府效率损失。

第三节　减少省级政府效率损失的其他对策

减少、规避省级政府效率损失不但需要建立、完善政府效率损失规避机制，而且离不开其他相关对策，主要包括以下方面。

一　深化"放管服"改革，加快政府职能转变

深化"放管服"改革是加快政府职能转变、促进政府治理体系和治理能力现代化的重要举措，是政府刀刃向内的一场自我革新，能够提高政府效率。因为"放管服"改革成效不佳、职能转变不到位必定造成政府效率损失。因此，减少省级政府效率损失，必须持续、深入推进"放管服"改革和政府职能转变，重点抓好两个方面的工作。

一是深化行政审批制度改革。行政审批制度改革是实现政府职能转变、改变政府管理模式的重要举措，有助于提升省级政府治理效率。为此，应秉承"当减则减，当留则留"的理念，从"限制数量"转向"提升质量"，不再拘泥于削减政府机构的数量多少，而应从质量上看群众和企业办事的程序是否更简化便捷、成本是否更加低廉。2019 年以来，甘肃省宕昌县持续深化重点领域、关键环节改革，公布"最多跑一次"事项

---

① 何翔舟，金潇. 公共治理理论的发展及其中国定位 [J]. 学术月刊，2014（8）：125 – 134.

② 张骁虎. "元治理"理论的生成、拓展与评价 [J]. 西南交通大学学报（社会科学版），2017（3）：81 – 87.

575 项，取消调整行政审批事项 29 项、证明材料 48 项，政务服务事项网上可办率 100%。① 省级政府要坚持公共性和非市场营利性这两项原则，建立科学、有效的行政审批服务制度，以群众需求为导向，最大限度地减少对生产经营活动的管制，努力缩小投资项目审批、核准的范围，严格限制对各类机构及其活动的认定，从根本上优化市场主体的投资、生产、经营环境，从关键处激发市场活力和市场创造力②，提升政府审批服务效率。

二是持续简政放权，加快政府职能转变。持续简政放权，激发市场活力。要保持经济运行在合理区间，一方面要保持宏观政策连续性、稳定性，实施积极的财政政策和稳健的货币政策，稳定市场预期、增强企业信心；另一方面要扩大消费和有效投资，挖掘内需潜力。③ 政府与市场关系改革的实质就是政府向市场放权，积极发挥市场在资源配置中的决定性作用。④ 在政府与市场的关系上，如果政府对市场介入过度，就会产生效率不佳、权力寻租等腐败问题，从而造成交易成本增加、政府效率损失。因此，简政放权成为省级政府治理改革的重要内容。这不但是我国经济体制改革的关键，而且是有效实现政府职能转变的必经之路。持续推进"放管服"改革能在一定程度上明晰政府各个部门的职能与分工，避免政府不当干预和政府行为的随意性，改变政府职能缺位、错位、越位等错误做法⑤，使市场更好地在资源配置中发挥决定性作用，最大限度地释放市场主体发展的活力与动力，使政府更好地履行其职能，将公共资源更多地倾斜到社会管理和公共服务领域，提高政府效率。持续推进"放管服"改革有助于实现政府治理现代化，推动政府从统治行政转向服务行政，将政府主要职

---

① 《甘肃省全面推行行政执法公示制度执法全过程记录制度重大执法决定法制审核制度实施方案》访谈［EB/OL］. http://www.gansu.gov.cn/art/2019/4/4/art_5530_1022.html，2019 - 04 - 04.

② 马怀德. 行政审批制度改革的成效、问题与建议［J］. 国家行政学院学报，2016 (3)：14 - 18 + 2.

③ 杨甲国. 持续推进"放管服"改革［N］. 新疆日报 (汉)，2019 - 03 - 25 (006).

④ 陈振明，耿旭. 中国公共服务质量改进的理论与实践进展［J］. 厦门大学学报 (哲学社会科学版)，2016 (1)：58 - 68.

⑤ 李先锋. 公共选择理论视角下政府干预经济效能的再思考［J］. 内蒙古大学学报 (哲学社会科学版)，2008 (6)：62 - 66.

能转变为提供公共物品和服务，以便适应中国特色社会主义市场经济的普遍需求，即要政府更高效率、更高质量地承担更多服务职能。政府应当摒除传统的思维模式，转变政府职能，以满足公众需求为中心，提升服务质量，打造服务型政府①，不断提升公共服务效率，避免效率损失。

二　正确处理央地关系、政社关系及政民关系

政府、社会、人民是国家治理现代化中的重要主体，正确处理央地关系、政社关系及政民关系，是全面深化改革、推进政府治理现代化、实现政府有效管理的重要内容。同时，这对合理减少职能转变不到位带来的政府效率损失、提升"放管服"改革成效有着重要意义。因此，从治理现代化角度出发，减少省级政府效率损失，需构建和谐的央地、政社、政民关系，集中表现在三个方面。

一是正确处理央地关系。优化央地协同，正确处理中央与地方的关系，分清中央与地方权责②，加快地方政府职能转型，加强治理现代化能力，减少政府效率损失。正确处理中央和地方的关系是国家大局利益与地方局部利益的协调统一，对完善我国社会主义市场经济体制至关重要。面对加快建立法治政府、服务型政府的新要务，需要重塑央地关系③，重新界定地方政府职能，合理配置政府资源，发挥省级政府的"比较优势"，以便实现政府治理效率最大化。这不但要中央及地方政府管理法治化，明确省级政府的职责划分，避免地方各级政府在提供公共服务中存在的权责重叠、资源浪费、互相推诿等问题，而且要积极建立中央与地方的良性统筹机制，在国家利益不受影响的前提下，平衡地方政府利益，防止腐败滋生。④

---

① 魏涛. 公共治理理论研究综述 [J]. 资料通讯，2006 (Z1)：56-61.
② 徐晨光，王海峰. 中央与地方关系视阈下地方政府治理模式重塑的政治逻辑 [J]. 政治学研究，2013 (4)：30-39.
③ 董克用. 重塑央地关系优化公共治理 [J]. 行政管理改革，2010 (1)：53-54.
④ 樊继达. 央地关系重塑：从政府职能配置的角度生发 [J]. 行政管理改革，2012 (7)：52-55.

　　二是正确处理政社关系。政府与社会的关系是长期的动态博弈的关系[①]，政府的权力扩张与社会力量的日益壮大极易形成互相牵制的局面。厘清政社关系现状，妥善平衡二者利益，合理发挥社会组织功能，达成政社合作，这对深化行政体制管理改革、实现有效的政府管理、减少省级政府效率损失具有重要意义。公共治理理论要求打破政府与社会的二元对立关系，将对社会的有效管理转变为二者的合作治理，分摊责任，互利互赢。因为成功、有效的政府治理离不开一个"善治"的政府。社会的活力来自政府能够释放出社会组织的自主管理能量。[②]因此，正确处理政社关系，完成当下政社关系向理想方式的转变，应做到：规避中央政策失效，鼓励社会组织发展，建立政府与社会高效合作治理机制[③]，构建政社合作网络，将政府打造成社会组织的坚强后盾，形成多元协商的关系模式，为建设服务型政府添砖加瓦；明确政府与社会职能划分，重新规范和界定政府嵌入社会组织的范围和形式[④]，各司其职，形成双向约束机制，避免行政专断和权力滥用；适当下放部分省级政府职能，促进行政管理改革下政府职能的彻底转变，增强政社分开动力，针对行政人员"身兼数职、政社职能交叉"现象，合理配置人力资源，打造高效的行政队伍。浙江桐乡推行的"法治、德治、自治"三治合一，是政府与社会关系的"哥白尼式"革命，意义重大。"三治"结合是社会基层治理的一次理论创新、实践创新和集成创新，实现了政府服务、公民自治、道德共建的有机互动，也实现了法律与村规民约的互动。"三治"融合，产生了"1+1+1>3"的效果，形成了"大事一起干、好坏大家判、事事有人管"的基层社会治理生动格局。通过道德模范、文明家庭等评选活动，桐乡涌现出一大批群众身边的道德模范和先进人物。桐乡的"三治"尝试，正是国家探索社会治理

---

① 陶韵竹，彭垚．论我国政社关系调节的关键：政社职能分开［J］．改革与开放，2014（12）：42－43.

② 魏涛．公共治理理论研究综述［J］．资料通讯，2006（Z1）：56－61.

③ 王浦劬．国家治理、政府治理和社会治理的含义及其相互关系［J］．国家行政学院学报，2014（3）：11－17.

④ 汪锦军．嵌入与自治：社会治理中的政社关系再平衡［J］．中国行政管理，2016（2）：70－76.

的新成果，具有可复制性，可以向其他地区推广。①

三是正确处理政民关系。政民关系是评估政府效率的重要标准，实现政民和谐是服务型政府的奋斗目标。政府的管理模式在很大程度上影响了政府与公民的关系，我国政府长期处于优势地位，个别公职人员服务意识淡薄，甚至以权谋私、寻租腐败②，增加交易成本、造成政府效率损失，在社会上造成恶劣影响。2019 年，四川省通过实践，打造"民生茶语吧"拉近政民关系。成都市双流区行政审批局、公安分局、东升街办等部门及兴能天然气公司代表、网络理政员和群众代表围坐在一起，在缕缕茶香中，听诉求、话民生、集民智、解民忧。四川省结合网络理政平台数据，针对群众反映较多、关注度较高的问题，定期或不定期开展面对面"茶语"会，变"被动倾听"为"主动询问"，打造"网上访民意线下解民忧"模式。③ 因此，构建新型政民关系，应以"公共需求"为核心，做好以下工作：建立阳光政务，全面推行政务信息公开④，实时接受群众的监督，打造透明型政府；改进公务员人力资源开发，健全绩效激励机制，提高公务员积极性与工作效率，培养为民服务的责任感，消除贪污腐败不良作风；优化办事流程，促进审批增速提效，实现"一站式服务"，解决普通老百姓的"办事难"问题，便民利民；建立健全政民沟通机制，拓宽政府与人民的沟通渠道，最大限度地普及微博、微信等现代网络工具，实现政府与人民的经常性"对话"，加强政民互动，提升政府回应能力⑤，真正做到"想民所想、忧民所忧"。

① 郭扬.浙江桐乡："三治合一"开创社会治理新格局 [EB/OL].http://zj.people.com.cn/n2/2018/0607/c186327 – 31675998.html，2018 – 06 – 07.
② 周定财，崔利利.论我国新型政民关系的构建——基于和谐社会的视角 [J].陕西行政学院学报，2008 (4)：36 – 39.
③ 刘文藻.打造"民生茶语吧" 双流区拉近政民关系 [EB/OL].https://epaper.scdaily.cn/shtml/scrb/20190515/216344.shtml，2019 – 05 – 15.
④ 徐玖平.政务公开：现代政府管理的基本要求 [N].人民政协报，2016 – 04 – 21 (3).
⑤ 李宝兆，董亮，王莎.以提升政府回应能力为核心构建新型政民关系 [J].成都行政学院学报，2017 (1)：9 – 12.

附　录

附录1　省级政府效率损失测度子因素的原始数据

一　2014 年省级政府效率损失测度子因素的原始数据

附表 1-1　2014 年基本公共服务非均等化测度子因素的原始数据

省级政府	A 基本公共服务非均等化									
	A1	A2	A3	A4	A5	A6	A7	A8	A9	A10
上海	3.64	13.53	5.71	2.44	0.00	0.61	0.00	115.93	0.83	0.06
江苏	3.78	13.75	7.31	3.43	0.46	0.21	2.00	80.50	1.69	0.09
浙江	5.38	15.88	3.70	4.82	0.36	0.77	1.90	129.45	2.33	0.09
安徽	7.43	15.62	6.99	4.68	0.81	0.81	8.20	60.83	2.92	0.16
福建	5.06	14.40	7.91	5.12	0.68	0.71	2.60	130.83	2.26	0.12
江西	2.75	17.74	8.05	3.49	0.71	0.94	9.20	49.28	0.64	0.12
山东	5.31	14.48	5.92	4.73	0.66	0.58	3.70	54.45	1.32	0.08
河南	4.88	17.16	9.23	3.92	0.79	0.74	7.90	70.61	0.69	0.06
湖北	5.30	14.32	5.69	4.84	0.67	0.77	8.00	53.78	1.00	0.14
湖南	3.12	16.65	5.47	5.43	0.73	0.77	11.20	57.84	1.30	0.10
广东	2.80	16.68	8.72	5.14	0.32	0.68	1.70	86.49	2.39	0.11
广西	3.42	18.54	8.54	8.05	0.81	0.69	14.90	68.06	0.81	0.19
海南	4.76	14.52	8.25	5.36	0.55	0.47	10.30	94.67	2.21	0.19
四川	6.67	15.87	6.47	5.03	0.64	0.44	8.60	48.87	1.18	0.13
贵州	10.44	18.34	6.88	4.93	0.82	0.90	21.30	78.62	0.35	0.08
重庆	4.81	16.01	7.47	4.56	0.54	0.72	6.00	85.92	1.90	0.12
云南	8.45	16.36	6.54	7.22	0.87	0.75	17.80	68.79	0.80	0.19

省级政府	A 基本公共服务非均等化									
	A1	A2	A3	A4	A5	A6	A7	A8	A9	A10
西藏	41.18	14.92	35.84	18.82	0.93	1.00	28.80	35.38	2.30	0.39
陕西	4.29	13.24	6.22	5.10	0.67	0.85	15.10	49.72	1.58	0.06
甘肃	7.39	16.59	6.08	8.23	0.13	0.89	23.80	65.23	1.13	0.24
青海	13.53	14.64	4.05	4.68	0.61	0.80	16.40	47.47	0.84	0.17
宁夏	7.88	16.59	15.72	9.59	0.59	0.76	12.50	53.41	2.74	0.18
新疆	4.04	12.46	6.79	13.89	0.57	0.60	19.80	93.01	2.18	0.26
北京	1.52	10.83	0.40	3.75	0.00	0.68	0.00	101.54	1.45	0.05
天津	2.06	12.38	7.87	7.25	0.39	0.91	0.00	81.91	2.93	0.07
河北	3.12	12.43	8.21	4.81	0.71	0.81	6.50	48.33	0.71	0.07
山西	2.09	12.40	10.07	7.86	0.64	0.85	12.40	61.78	1.46	0.13
内蒙古	4.27	12.13	6.90	6.55	0.65	0.90	8.50	80.58	1.46	0.81
辽宁	1.79	13.03	4.37	7.49	0.31	0.81	5.40	95.07	1.32	0.10
吉林	2.27	13.70	6.64	8.88	0.70	0.73	5.90	95.37	0.89	0.14
黑龙江	2.18	11.13	5.61	7.30	0.48	0.83	5.90	67.14	0.86	0.10

注：A1 指文盲率，A2 指中小学生师比，A3 指人均住院费增长率，A4 指围产儿死亡率，A5 指基本养老保险未覆盖率，A6 指失业保险未覆盖率，A7 指农村贫困发生率，A8 指刑事案件发生率，A9 指交通事故发生率，A10 指亿元 GDP 生产安全事故死亡人数，A11 指交通拥堵延时指数；余表同。

附表 1－2　2014 年居民经济福利损失测度子因素的原始数据

省级政府	B 居民经济福利损失				
	B1	B2	B3	B4	B5
上海	0	2.34	2.30	16.74	4.00
江苏	380	2.34	2.30	3.54	3.00
浙江	390	2.12	2.30	3.15	3.00
安徽	400	2.58	2.40	6.25	3.40
福建	370	2.47	2.50	3.01	3.60
江西	250	2.43	2.50	11.96	3.20
山东	300	2.52	2.20	5.28	3.20
河南	280	2.42	2.90	9.22	3.10
湖北	400	2.34	2.80	3.83	3.50

省级政府	B 居民经济福利损失				
	B1	B2	B3	B4	B5
湖南	290	2.70	2.50	6.50	4.20
广东	540	2.67	2.50	10.41	2.40
广西	370	2.91	2.20	7.91	3.30
海南	150	2.55	2.80	10.52	2.20
四川	200	2.65	2.80	2.56	4.10
贵州	180	3.49	2.50	1.07	3.30
重庆	100	2.72	2.70	9.04	3.40
云南	310	3.34	3.10	8.16	4.00
西藏	50	3.11	3.60	30.21	2.50
陕西	280	3.15	3.00	3.91	3.30
甘肃	180	3.56	3.20	9.12	2.30
青海	20	3.05	3.90	3.17	3.30
宁夏	150	2.83	3.40	8.18	4.10
新疆	345	2.69	3.90	9.88	3.40
北京	0	2.61	3.30	7.86	1.20
天津	0	1.89	3.10	4.75	3.60
河北	280	2.42	3.00	12.02	3.70
山西	300	2.80	3.10	14.09	3.10
内蒙古	300	2.89	3.20	5.65	3.70
辽宁	400	2.63	2.40	4.26	3.40
吉林	200	2.18	2.90	9.11	3.70
黑龙江	310	2.23	2.20	17.04	4.40

注：B1 指最低工资保障等级差距，B2 指城乡人均可支配收入比，B3 指居民消费价格指数增长率，B4 指城市房价上涨率，B5 指城镇登记失业率；余表同。

附表 1-3　2014 年市场监管乏力测度子因素的原始数据

省级政府	C 市场监管乏力		
	C1	C2	C3
上海	5.60	2.70	0.53
江苏	4.33	3.08	0.70

续表

省级政府	C 市场监管乏力		
	C1	C2	C3
浙江	3.17	1.15	0.26
安徽	3.46	1.20	0.98
福建	3.90	0.51	0.42
江西	3.70	2.26	0.98
山东	3.57	7.47	0.21
河南	7.53	3.14	0.80
湖北	4.23	1.95	1.22
湖南	4.34	1.59	0.47
广东	6.90	1.00	0.40
广西	3.23	1.30	1.22
海南	4.71	5.21	1.04
四川	3.52	3.31	0.63
贵州	7.96	5.12	1.25
重庆	2.62	3.73	1.75
云南	2.12	2.56	5.29
西藏	2.15	2.72	2.83
陕西	2.52	3.95	0.38
甘肃	8.68	4.52	1.81
青海	2.24	3.08	0.80
宁夏	8.50	3.52	1.59
新疆	4.31	3.24	5.08
北京	2.59	2.00	1.73
天津	6.93	3.20	0.93
河北	6.12	3.24	0.41
山西	3.23	3.54	0.17
内蒙古	3.51	2.63	0.46
辽宁	3.61	1.69	1.14
吉林	3.50	3.10	1.04
黑龙江	3.51	2.69	0.47

注：C1 指食品不合格率，C2 指药品不合格率，C3 指单位 GDP 食品药品质量投诉案件数；余表同。

附 录

附表 1 – 4 2014 年环境污染治理低效测度子因素的原始数据

省级	D 环境污染治理低效			
政府	D1	D2	D3	D4
上海	0.53	0.87	119	10.22
江苏	0.47	1.49	167	9.95
浙江	0.48	1.04	153	11.10
安徽	0.68	2.66	185	13.85
福建	0.48	1.30	22	11.85
江西	0.59	1.67	135	14.37
山东	0.59	1.55	286	8.95
河南	0.65	0.90	231	12.72
湖北	0.49	1.02	204	11.86
湖南	0.68	0.95	169	12.48
广东	0.23	0.57	106	13.88
广西	0.63	1.52	90	15.59
海南	0.62	0.85	23	11.38
四川	0.79	0.89	226	11.66
贵州	1.38	1.37	87	11.51
重庆	0.69	1.37	158	11.15
云南	0.89	1.68	36	13.36
西藏	0.93	3.50	24	6.14
陕西	0.73	1.38	208	8.16
甘肃	1.26	2.81	172	10.26
青海	1.65	1.75	149	9.95
宁夏	1.89	2.82	116	14.87
新疆	1.34	3.81	181	11.93
北京	0.38	2.22	198	7.30
天津	0.51	1.33	220	5.83
河北	1.16	1.73	316	10.93
山西	1.25	2.68	203	10.90
内蒙古	1.31	3.01	152	6.35
辽宁	0.81	1.28	150	8.53

续表

省级	D 环境污染治理低效			
政府	D1	D2	D3	D4
吉林	0.70	0.81	135	9.07
黑龙江	0.86	2.08	126	10.59

注：D1 指单位 GDP 能源消耗量，D2 指环境污染治理投资占 GDP 的比例，D3 指全年空气质量非优良天数，D4 指单位 GDP 废水排放量；余表同。

附表 1-5 2014 年腐败测度子因素的原始数据

省级	E 腐败		
政府	E1	E2	E3
上海	0.60	2.84	1.40
江苏	4.65	3.18	2.60
浙江	4.62	2.68	2.09
安徽	3.16	4.28	2.66
福建	6.48	4.04	3.00
江西	2.09	3.53	2.32
山东	2.09	2.91	1.96
河南	2.38	3.97	2.76
湖北	4.80	4.13	3.00
湖南	1.00	2.07	1.73
广东	1.91	3.02	1.83
广西	4.04	3.10	2.22
海南	4.19	2.85	2.12
四川	1.66	2.84	2.14
贵州	2.85	2.50	1.99
重庆	2.55	3.09	2.60
云南	3.85	3.85	3.18
西藏	1.69	0.30	0.58
陕西	2.77	2.55	2.68
甘肃	16.20	3.39	1.95
青海	6.42	2.36	1.82
宁夏	26.56	4.41	2.90

省级政府	E 腐败		
	E1	E2	E3
新疆	1.53	1.99	1.84
北京	8.07	0.96	0.82
天津	6.42	2.56	1.75
河北	1.02	2.26	1.58
山西	3.88	4.04	1.25
内蒙古	3.17	3.41	2.13
辽宁	1.90	4.93	3.23
吉林	3.85	6.95	4.21
黑龙江	2.23	5.20	2.43

注：E1 指万人信访举报次数，E2 指每千名公职人员贪污腐败涉案人数，E3 指每千名公职人员贪污腐败渎职立案数；余表同。

二 2015 年省级政府效率损失测度子因素的原始数据

附表 2 - 1 2015 年基本公共服务非均等化测度子因素的原始数据

省级政府	A 基本公共服务非均等化									
	A1	A2	A3	A4	A5	A6	A7	A8	A9	A10
上海	3.15	13.14	4.34	2.43	0.00	0.62	0.00	131.51	0.48	0.05
江苏	5.07	14.04	3.42	3.28	0.43	0.12	1.30	84.18	1.66	0.08
浙江	5.85	15.56	5.60	4.51	0.31	0.75	1.10	100.10	2.11	0.08
安徽	7.23	15.54	3.47	4.41	0.81	0.79	6.90	64.63	2.64	0.15
福建	5.54	14.64	5.04	5.25	0.68	0.69	1.80	81.30	1.82	0.10
江西	3.38	17.72	6.10	3.29	0.70	0.96	7.70	52.67	0.63	0.10
山东	5.54	14.62	5.92	4.51	0.64	0.54	3.20	59.25	1.39	0.07
河南	4.54	17.09	7.13	3.98	0.78	0.75	7.00	72.52	0.67	0.06
湖北	5.80	13.73	4.67	4.64	0.66	0.75	6.60	57.05	0.91	0.13
湖南	3.31	16.59	5.05	5.59	0.72	0.75	9.30	64.57	0.87	0.08
广东	3.07	16.14	6.20	5.05	0.22	0.70	1.20	87.14	2.47	0.05
广西	3.60	18.86	4.72	7.74	0.80	0.67	12.60	70.61	0.83	0.17

续表

省级政府	A 基本公共服务非均等化									
	A1	A2	A3	A4	A5	A6	A7	A8	A9	A10
海南	4.42	14.44	1.47	5.79	0.55	0.53	8.50	101.92	2.28	0.19
四川	5.12	15.70	5.41	4.32	0.62	0.45	5.30	69.50	1.63	0.09
贵州	7.18	17.74	4.38	4.53	0.81	0.89	18.00	81.52	0.33	0.08
重庆	11.11	15.89	2.73	5.44	0.51	0.79	5.30	83.51	1.75	0.10
云南	8.23	16.32	4.31	7.25	0.87	0.73	15.50	77.92	1.21	0.27
西藏	39.93	13.90	-4.91	16.75	0.93	1.00	23.70	40.15	1.22	0.29
陕西	5.69	13.57	6.82	4.53	0.65	0.87	13.00	52.96	1.04	0.06
甘肃	8.65	16.30	1.13	7.34	0.12	0.90	20.10	78.10	1.17	0.23
青海	13.12	16.19	-4.62	6.99	0.70	0.91	13.40	68.96	1.76	0.15
宁夏	8.05	16.43	7.46	8.64	0.58	0.74	10.80	60.81	2.65	0.17
新疆	3.25	12.29	4.93	14.27	0.57	0.58	18.60	128.39	2.18	0.23
北京	1.48	10.67	2.40	4.05	0.00	0.60	0.00	106.47	1.49	0.05
天津	2.35	12.45	1.09	7.19	0.38	0.88	0.00	67.11	3.51	0.05
河北	3.14	12.33	5.74	4.53	0.70	0.81	5.60	62.25	0.98	0.05
山西	2.89	12.13	3.89	7.22	0.63	0.88	11.10	59.39	1.40	0.12
内蒙古	4.66	12.95	5.20	6.30	0.65	0.90	7.30	94.89	1.36	0.07
辽宁	1.78	12.78	3.70	6.89	0.31	0.79	5.10	102.48	1.29	0.09
吉林	2.88	12.68	4.88	7.47	0.63	0.80	5.40	76.59	1.02	0.11
黑龙江	2.73	13.96	5.41	6.64	0.48	0.88	5.10	72.93	0.90	0.10

附表 2-2 2015 年居民经济福利损失测度子因素的原始数据

省级政府	B 居民经济福利损失				
	B1	B2	B3	B4	B5
上海	0	2.30	2.70	1.38	4.10
江苏	360	2.30	2.20	2.00	3.00
浙江	430	2.08	2.10	-3.90	3.00
安徽	400	2.50	1.60	5.05	3.20
福建	370	2.43	2.00	2.61	3.50
江西	330	2.40	2.30	1.35	3.30
山东	300	2.46	1.90	4.84	3.30

省级政府	B 居民经济福利损失				
	B1	B2	B3	B4	B5
河南	300	2.38	1.90	1.93	3.00
湖北	400	2.29	2.00	4.91	3.10
湖南	320	2.64	1.90	-2.00	4.10
广东	540	2.63	2.30	0.71	2.40
广西	370	2.84	2.10	5.29	3.20
海南	150	2.47	2.40	7.29	2.30
四川	300	2.59	1.60	0.12	4.20
贵州	250	3.38	2.40	-1.10	3.30
重庆	100	2.65	1.80	-2.77	3.50
云南	350	3.26	2.40	6.59	4.00
西藏	50	2.99	2.90	37.08	2.50
陕西	310	3.07	1.60	-3.37	3.30
甘肃	150	3.47	2.10	14.93	2.20
青海	20	3.06	2.80	8.52	3.20
宁夏	150	2.77	1.90	-4.34	4.00
新疆	345	2.66	2.10	2.73	3.20
北京	0	2.57	1.60	3.61	1.30
天津	0	1.85	1.90	5.22	3.50
河北	280	2.37	1.70	7.50	3.60
山西	400	2.73	1.70	5.96	3.40
内蒙古	300	2.84	1.60	-0.78	3.60
辽宁	400	2.60	1.70	2.84	3.40
吉林	200	2.15	2.00	13.77	3.40
黑龙江	310	2.16	1.50	1.85	4.50

附表 2-3 2015 年市场监管乏力测度子因素的原始数据

省级政府	C 市场监管乏力		
	C1	C2	C3
上海	2.20	2.50	0.77
江苏	2.85	3.44	0.13

省级政府	C 市场监管乏力		
	C1	C2	C3
浙江	1.76	1.24	0.87
安徽	2.70	2.30	0.90
福建	4.08	0.86	0.63
江西	5.44	5.54	0.90
山东	2.78	7.28	0.81
河南	8.73	6.16	1.30
湖北	3.56	3.53	1.11
湖南	3.31	2.90	0.70
广东	4.01	1.46	0.57
广西	3.35	2.90	0.48
海南	3.51	8.34	0.60
四川	3.28	4.15	0.80
贵州	5.51	6.89	1.09
重庆	4.72	2.84	1.57
云南	0.69	2.93	30.25
西藏	2.12	2.78	12.26
陕西	2.54	1.75	0.57
甘肃	3.51	7.89	1.68
青海	1.34	5.49	2.76
宁夏	5.32	2.17	1.35
新疆	5.52	2.05	6.76
北京	2.54	0.18	1.80
天津	4.37	2.26	2.99
河北	5.44	2.61	0.63
山西	2.50	0.61	0.27
内蒙古	2.30	1.03	0.18
辽宁	3.20	2.83	0.59
吉林	1.00	5.72	1.60
黑龙江	3.07	3.00	0.67

附表 2 - 4   2015 年环境污染治理低效测度子因素的原始数据

省级政府	D 环境污染治理低效			
	D1	D2	D3	D4
上海	0.48	1.06	87	9.39
江苏	0.45	1.35	177	9.24
浙江	0.46	1.18	149	10.41
安徽	0.64	2.06	214	13.06
福建	0.47	0.80	55	10.83
江西	0.57	1.47	71	13.26
山东	0.58	1.39	258	8.66
河南	0.62	0.84	230	12.01
湖北	0.49	1.16	188	11.02
湖南	0.65	0.79	141	11.46
广东	0.22	0.45	83	13.35
广西	0.61	1.28	73	13.99
海南	0.61	0.60	19	11.24
四川	0.75	1.01	149	11.61
贵州	1.30	1.84	64	11.99
重庆	0.66	1.18	119	10.22
云南	0.79	1.19	15	12.29
西藏	0.88	1.56	44	5.92
陕西	0.71	1.61	193	8.24
甘肃	1.19	2.10	118	9.65
青海	1.64	1.30	104	10.00
宁夏	1.87	2.86	110	13.47
新疆	1.47	4.24	163	11.08
北京	0.36	2.93	197	7.07
天津	0.50	1.77	190	5.68
河北	1.02	1.55	268	10.53
山西	1.29	2.30	168	11.36
内蒙古	1.00	3.16	125	6.30
辽宁	0.71	0.95	175	9.09
吉林	0.63	0.71	126	8.85
黑龙江	0.82	1.21	124	9.95

附表 2-5 2015 年腐败测度子因素的原始数据

省级政府	E 腐败		
	E1	E2	E3
上海	0.56	2.37	1.90
江苏	7.04	2.28	2.00
浙江	4.14	3.05	2.11
安徽	3.00	4.64	3.80
福建	5.22	3.24	2.16
江西	2.55	3.49	2.46
山东	3.08	3.21	2.31
河南	2.73	3.86	2.72
湖北	4.54	4.89	3.55
湖南	1.26	2.21	1.70
广东	2.92	3.30	0.54
广西	2.82	3.92	3.10
海南	4.19	2.68	2.09
四川	1.50	2.85	2.18
贵州	2.69	2.71	2.17
重庆	9.43	2.90	2.52
云南	3.00	3.30	2.73
西藏	1.30	0.61	0.53
陕西	2.00	2.99	2.03
甘肃	16.14	3.43	2.07
青海	10.86	2.56	1.77
宁夏	33.36	3.90	8.60
新疆	0.58	1.55	1.37
北京	7.94	1.08	0.50
天津	5.32	2.58	1.91
河北	1.60	2.62	1.75
山西	3.67	3.40	2.43
内蒙古	4.09	3.74	2.23
辽宁	1.08	3.37	3.12
吉林	4.53	4.03	3.25
黑龙江	2.40	5.08	2.09

三 2016 年省级政府效率损失测度子因素的原始数据

附表 3-1 2016 年基本公共服务非均等化测度子因素的原始数据

省级政府	A 基本公共服务非均等化										
	A1	A2	A3	A4	A5	A6	A7	A8	A9	A10	A11
上海	3.12	12.76	5.88	2.15	0.00	0.62	0.00	103.39	1.15	0.05	1.87
江苏	5.40	14.34	5.30	3.11	0.42	0.05	0.30	91.31	1.63	0.07	1.67
浙江	5.87	15.27	2.52	3.98	0.33	0.73	0.30	126.59	2.14	0.07	1.98
安徽	6.51	15.60	3.00	4.20	0.80	0.75	5.80	69.42	2.24	0.13	1.74
福建	6.65	14.93	5.67	4.82	0.68	0.67	1.30	81.70	1.49	0.09	1.73
江西	4.68	14.74	6.92	3.07	0.65	0.95	5.80	61.42	0.67	0.10	1.74
山东	6.65	14.68	5.21	3.92	0.63	0.51	2.40	63.98	1.36	0.06	2.04
河南	5.25	17.05	3.49	3.92	0.77	0.80	5.80	74.10	0.65	0.03	1.80
湖北	5.96	14.05	4.56	4.37	0.64	0.74	5.30	61.12	0.79	0.09	1.80
湖南	3.37	15.52	4.83	4.84	0.65	0.75	7.60	69.29	1.03	0.06	1.77
广东	2.90	15.97	6.20	4.64	0.18	0.62	0.70	82.82	1.54	0.05	1.89
广西	4.66	18.46	4.68	7.19	0.91	0.66	10.50	79.49	0.83	0.15	1.79
海南	5.31	14.47	6.11	5.01	0.55	0.60	6.90	111.06	2.31	0.19	1.82
四川	8.14	15.55	6.96	4.02	0.60	0.39	3.90	57.93	1.04	0.08	1.77
贵州	13.01	17.20	4.09	5.04	0.80	0.88	14.70	85.39	0.29	0.08	1.85
重庆	5.59	15.65	2.83	3.98	0.50	0.76	3.90	82.98	1.60	0.08	1.85
云南	9.53	16.13	5.10	7.05	0.86	0.69	12.70	77.46	1.13	0.25	1.81
西藏	37.33	13.26	9.13	16.90	0.93	0.99	18.60	40.25	1.03	0.19	1.50
陕西	4.87	13.80	4.84	4.27	0.64	0.81	10.70	61.43	1.03	0.10	1.76
甘肃	11.31	15.95	0.09	7.43	0.12	0.89	15.70	84.20	1.18	0.22	1.75
青海	16.63	15.29	10.00	6.96	0.69	0.92	10.90	74.16	1.76	0.15	1.79
宁夏	9.17	16.00	8.09	8.31	0.57	0.73	8.90	65.34	2.53	0.16	1.80
新疆	4.46	12.82	6.74	14.20	0.58	0.53	15.80	169.42	2.12	0.23	1.49
北京	1.72	10.55	4.70	3.25	0.00	0.57	0.00	102.90	1.21	0.05	2.06
天津	2.09	12.44	10.30	6.72	0.37	0.72	0.00	82.00	3.46	0.05	1.69
河北	3.86	13.51	7.31	4.11	0.69	0.80	4.30	70.58	1.03	0.04	1.70

省级政府	A 基本公共服务非均等化										
	A1	A2	A3	A4	A5	A6	A7	A8	A9	A10	A11
山西	2.98	12.44	2.60	6.95	0.62	0.88	9.20	69.54	1.39	0.12	1.62
内蒙古	5.47	11.57	6.20	5.54	0.60	0.89	5.60	101.88	1.28	0.07	1.80
辽宁	1.91	12.63	7.30	6.08	0.26	0.79	3.80	99.50	1.18	0.08	1.70
吉林	2.61	12.20	2.49	6.65	0.68	0.81	4.60	91.63	1.01	0.10	1.64
黑龙江	2.74	11.19	5.79	6.65	0.44	0.91	4.60	70.83	0.86	0.10	1.99

附表 3-2　2016 年居民经济福利损失测度子因素的原始数据

省级政府	B 居民经济福利损失				
	B1	B2	B3	B4	B5
上海	0	2.28	2.40	20.98	4.00
江苏	360	2.29	1.70	5.81	3.00
浙江	480	2.07	1.40	1.60	2.90
安徽	370	2.49	1.30	1.00	3.10
福建	370	2.41	1.70	-3.14	3.70
江西	350	2.38	1.50	2.74	3.40
山东	300	2.44	1.20	5.19	3.40
河南	300	2.36	1.30	10.44	3.00
湖北	450	2.28	1.50	10.37	2.60
湖南	360	2.62	1.40	3.76	4.10
广东	685	2.60	1.50	7.37	2.50
广西	400	2.79	1.50	3.26	2.90
海南	150	2.43	1.00	6.89	2.30
四川	240	2.56	1.50	-1.14	4.10
贵州	200	3.33	1.80	-1.76	3.30
重庆	100	2.59	1.30	2.75	3.60
云南	390	3.20	1.90	7.84	4.00
西藏	0	3.09	2.00	-2.28	2.50
陕西	290	3.04	1.00	5.37	3.40
甘肃	150	3.43	1.60	8.95	2.10

省级政府	B 居民经济福利损失				
	B1	B2	B3	B4	B5
青海	20	3.09	2.60	−1.23	3.20
宁夏	160	2.76	1.10	7.02	4.00
新疆	342	2.79	0.60	2.93	2.90
北京	0	2.57	1.80	20.55	1.40
天津	0	1.85	1.70	12.49	3.50
河北	270	2.37	0.90	12.87	3.60
山西	300	2.73	0.60	6.28	3.50
内蒙古	300	2.84	1.10	2.77	3.70
辽宁	400	2.58	1.40	7.42	3.40
吉林	200	2.20	1.70	8.38	3.50
黑龙江	450	2.18	1.10	6.66	4.50

附表 3 - 3　2016 年市场监管乏力测度子因素的原始数据

省级政府	C 市场监管乏力		
	C1	C2	C3
上海	2.80	3.40	1.26
江苏	2.92	3.57	0.29
浙江	1.65	1.20	1.09
安徽	6.70	2.65	0.62
福建	2.89	2.85	0.66
江西	3.08	3.80	0.48
山东	3.01	5.80	0.70
河南	4.06	3.32	0.55
湖北	2.72	3.91	0.60
湖南	4.85	4.00	0.46
广东	3.41	1.46	0.75
广西	3.08	3.82	1.60
海南	1.64	9.61	3.19
四川	3.57	4.12	0.53

续表

省级政府	C 市场监管乏力		
	C1	C2	C3
贵州	4.88	4.36	0.09
重庆	2.33	3.73	0.53
云南	3.15	2.87	19.82
西藏	3.30	2.89	2.38
陕西	2.80	3.84	0.42
甘肃	5.00	4.50	1.10
青海	1.22	4.24	0.88
宁夏	5.79	2.69	1.75
新疆	2.78	3.93	1.21
北京	2.40	0.30	1.82
天津	3.03	3.31	3.66
河北	5.86	2.83	1.07
山西	3.68	1.22	0.17
内蒙古	6.83	3.70	0.36
辽宁	3.60	4.31	1.24
吉林	2.64	2.62	0.78
黑龙江	3.72	2.52	0.34

附表 3 - 4　2016 年环境污染治理低效测度子因素的原始数据

省级政府	D 环境污染治理低效			
	D1	D2	D3	D4
上海	0.46	0.88	113	9.22
江苏	0.43	1.36	134	8.86
浙江	0.44	1.03	123	10.12
安徽	0.60	2.00	127	12.75
福建	0.47	0.88	21	9.89
江西	0.54	1.41	54	12.35
山东	0.56	1.10	241	8.89
河南	0.61	0.80	229	10.63

省级政府	D 环境污染治理低效			
	D1	D2	D3	D4
湖北	0.46	0.84	176	9.02
湖南	0.53	1.86	108	10.87
广东	0.20	0.40	53	12.52
广西	0.58	1.55	41	13.10
海南	0.59	0.60	16	10.57
四川	0.70	0.72	154	11.37
贵州	1.20	1.31	25	10.74
重庆	0.57	0.88	73	9.53
云南	0.77	1.03	15	12.73
西藏	0.81	0.81	52	5.73
陕西	0.69	1.33	115	9.33
甘肃	1.10	1.80	113	9.88
青海	1.65	1.44	70	9.79
宁夏	1.82	2.98	106	10.94
新疆	1.60	3.10	147	10.72
北京	0.34	1.79	179	6.59
天津	0.49	0.76	149	5.62
河北	0.96	1.33	185	10.42
山西	1.56	2.02	135	11.38
内蒙古	1.02	3.01	89	6.15
辽宁	0.71	1.02	158	9.00
吉林	0.60	0.79	128	8.89
黑龙江	0.79	1.04	138	9.85

附表 3－5 2016 年腐败测度子因素的原始数据

省级政府	E 腐败		
	E1	E2	E3
上海	0.59	2.34	1.98
江苏	8.63	3.58	2.84

续表

省级政府	E 腐败		
	E1	E2	E3
浙江	4.47	2.57	1.69
安徽	2.76	4.29	2.79
福建	8.11	3.71	2.72
江西	1.93	3.30	2.18
山东	1.01	3.26	2.09
河南	1.35	3.92	2.02
湖北	2.83	3.73	2.80
湖南	1.31	2.60	1.96
广东	2.61	3.00	2.08
广西	3.31	3.82	3.20
海南	4.07	4.05	2.17
四川	1.55	2.73	2.21
贵州	2.60	2.59	2.12
重庆	9.35	2.76	2.29
云南	2.99	4.02	3.21
西藏	1.17	0.57	0.57
陕西	1.76	3.43	2.07
甘肃	16.09	2.84	1.78
青海	2.17	2.69	1.80
宁夏	35.79	4.08	2.94
新疆	1.47	1.75	1.50
北京	7.87	0.86	0.79
天津	7.54	2.90	2.11
河北	1.05	3.46	2.31
山西	3.01	3.43	2.49
内蒙古	2.18	3.74	2.01
辽宁	2.06	3.72	2.91
吉林	4.57	6.15	4.13
黑龙江	1.89	4.48	2.15

四 2017年省级政府效率损失测度子因素的原始数据

附表 4 – 1　2017年基本公共服务非均等化测度子因素的原始数据

省级政府	A 基本公共服务非均等化										
	A1	A2	A3	A4	A5	A6	A7	A8	A9	A10	A11
上海	3.11	12.47	6.39	2.19	0.00	0.57	0.00	118.20	0.33	0.04	1.86
江苏	5.81	14.48	3.15	3.53	0.40	0.03	0.00	94.77	1.66	0.06	1.77
浙江	5.99	14.93	3.54	3.90	0.33	0.73	0.00	125.29	2.65	0.07	1.89
安徽	6.81	15.65	1.85	4.22	0.80	0.71	4.40	71.67	2.09	0.08	1.85
福建	6.14	15.16	2.94	4.87	0.65	0.68	0.80	92.88	2.09	0.04	1.74
江西	4.83	17.72	6.63	2.87	0.64	0.95	4.30	54.06	1.07	0.09	1.76
山东	6.56	14.56	2.00	4.69	0.61	0.52	1.90	61.33	1.32	0.06	2.17
河南	5.65	16.36	3.07	3.99	0.53	0.76	4.60	86.56	0.61	0.02	1.85
湖北	5.64	14.39	3.91	4.63	0.63	0.79	4.30	79.11	1.87	0.10	1.82
湖南	3.39	16.55	4.63	4.59	0.70	0.74	6.00	61.37	1.08	0.05	1.84
广东	2.87	15.87	5.70	4.61	0.14	0.59	0.20	88.14	2.05	0.05	1.86
广西	3.79	18.50	4.86	6.60	0.74	0.67	7.90	90.05	0.79	0.09	1.80
海南	4.63	14.67	3.58	4.40	0.60	0.57	5.50	90.65	1.93	0.18	1.82
四川	8.22	15.42	4.08	3.91	0.56	0.47	2.00	63.29	0.91	0.07	1.79
贵州	11.86	15.06	3.88	5.06	0.63	0.84	11.60	76.23	1.28	0.08	1.91
重庆	4.02	15.41	4.69	4.27	0.55	0.73	2.00	84.20	2.55	0.07	2.02
云南	8.83	15.82	3.81	7.31	0.81	0.72	10.10	78.78	1.13	0.25	1.89
西藏	41.12	13.29	32.77	16.52	0.92	1.00	13.20	53.73	0.93	0.16	1.49
陕西	5.22	14.07	3.02	4.28	0.62	0.88	8.40	60.06	1.55	0.05	1.84
甘肃	8.70	15.75	9.15	7.46	0.10	0.89	12.60	97.02	1.11	0.14	1.81
青海	13.44	15.27	2.15	7.06	0.59	0.92	8.10	77.12	1.72	0.13	1.80
宁夏	6.82	15.65	2.22	8.79	0.49	0.75	7.10	96.34	2.38	0.15	1.82
新疆	3.79	13.19	7.22	14.77	0.51	0.53	12.80	139.47	2.11	0.07	1.53
北京	1.56	10.37	1.10	3.69	0.00	0.54	0.00	89.71	1.46	0.02	2.06
天津	2.26	12.43	5.85	7.53	0.29	0.71	0.00	77.20	3.78	0.05	1.74
河北	4.10	12.38	3.68	4.06	0.67	0.80	3.30	55.56	0.66	0.04	1.78

续表

省级政府	A 基本公共服务非均等化										
	A1	A2	A3	A4	A5	A6	A7	A8	A9	A10	A11
山西	2.52	11.93	0.25	7.48	0.60	0.88	7.70	68.71	1.38	0.12	1.68
内蒙古	4.66	12.55	3.27	5.96	0.56	0.89	3.90	94.72	1.26	0.07	1.84
辽宁	1.69	12.39	4.04	6.86	0.22	0.77	2.60	103.46	1.11	0.06	1.82
吉林	2.47	12.03	3.85	6.67	0.68	0.89	3.80	102.93	2.04	0.07	1.79
黑龙江	3.60	11.48	4.00	6.39	0.45	0.90	3.70	68.43	0.95	0.05	2.12

附表 4 – 2   2017 年居民经济福利损失测度子因素的原始数据

省级政府	B 居民经济福利损失				
	B1	B2	B3	B4	B5
上海	0	2.26	3.20	20.51	4.10
江苏	370	2.28	2.30	21.69	3.00
浙江	480	2.07	1.90	6.40	2.90
安徽	370	2.49	1.80	11.25	3.20
福建	370	2.40	1.70	7.12	3.90
江西	350	2.36	2.00	4.39	3.40
山东	320	2.44	2.10	8.28	3.50
河南	300	2.33	1.90	10.59	3.00
湖北	450	2.31	2.20	14.02	2.40
湖南	360	2.62	1.90	8.96	4.20
广东	685	2.60	2.30	8.18	2.50
广西	400	2.73	1.60	9.92	2.90
海南	150	2.40	2.80	5.95	2.40
四川	240	2.53	1.90	7.24	4.20
贵州	200	3.31	1.40	2.07	3.20
重庆	100	2.56	1.80	2.99	3.70
云南	390	3.17	1.50	7.25	3.60
西藏	0	3.06	2.50	35.26	2.60
陕西	290	3.03	1.30	3.58	3.30
甘肃	150	3.45	1.30	4.42	2.20

省级政府	B 居民经济福利损失				
	B1	B2	B3	B4	B5
青海	20	3.09	1.80	8.75	3.10
宁夏	160	2.76	1.50	-2.12	3.90
新疆	342	2.80	1.40	0.67	2.50
北京	0	2.57	1.40	27.75	1.40
天津	0	1.85	2.10	29.59	3.50
河北	270	2.33	1.50	13.74	3.70
山西	300	2.71	1.10	0.97	3.50
内蒙古	300	2.84	1.20	2.61	3.70
辽宁	510	2.55	1.60	7.11	3.80
吉林	200	2.19	1.60	-5.12	3.50
黑龙江	450	2.18	1.50	4.38	4.20

附表 4-3　2017 年市场监管乏力测度子因素的原始数据

省级政府	C 市场监管乏力		
	C1	C2	C3
上海	2.70	2.00	0.80
江苏	2.17	2.52	0.72
浙江	2.56	2.73	0.70
安徽	1.88	6.70	0.68
福建	3.40	2.39	0.49
江西	2.63	3.28	0.59
山东	3.64	5.48	0.93
河南	2.12	2.85	0.51
湖北	3.57	4.65	0.63
湖南	4.51	8.85	0.92
广东	2.18	1.79	0.85
广西	1.67	3.60	1.74
海南	1.93	8.16	1.02
四川	2.22	6.69	0.69

续表

省级 政府	C 市场监管乏力		
	C1	C2	C3
贵州	3.36	4.40	0.19
重庆	3.01	4.89	0.53
云南	3.54	3.59	0.85
西藏	3.33	2.91	1.50
陕西	2.12	4.87	0.61
甘肃	5.00	9.00	1.34
青海	2.06	4.78	2.39
宁夏	8.26	4.12	0.43
新疆	8.25	2.87	1.54
北京	2.10	0.20	1.73
天津	1.10	0.80	5.00
河北	4.37	6.54	0.92
山西	2.49	1.45	0.20
内蒙古	3.50	4.10	0.49
辽宁	2.20	3.02	1.24
吉林	3.62	2.15	0.86
黑龙江	2.40	2.53	0.47

附表 4-4　2017 年环境污染治理低效测度子因素的原始数据

省级 政府	D 环境污染治理低效			
	D1	D2	D3	D4
上海	0.43	0.73	89	7.83
江苏	0.40	0.99	123	8.10
浙江	0.42	1.38	105	9.12
安徽	0.53	2.04	112	9.86
福建	0.43	0.66	4	8.31
江西	0.48	1.69	47	11.95
山东	0.55	1.15	197	7.58
河南	0.57	0.89	206	9.93

省级政府	D 环境污染治理低效			
	D1	D2	D3	D4
湖北	0.43	1.42	128	8.51
湖南	0.49	0.64	99	9.47
广东	0.18	0.45	55	11.80
广西	0.55	1.11	17	10.55
海南	0.50	0.75	4	10.88
四川	0.66	0.88	151	9.71
贵州	0.88	1.01	15	8.55
重庆	0.53	0.81	76	11.39
云南	0.70	0.99	3	12.25
西藏	0.70	1.22	52	5.34
陕西	0.62	1.64	173	8.59
甘肃	1.00	1.63	122	9.21
青海	1.61	2.19	94	10.60
宁夏	1.79	3.19	113	10.71
新疆	1.63	3.24	119	9.76
北京	0.28	2.63	167	6.48
天津	0.46	0.30	139	5.20
河北	0.94	1.25	193	9.01
山西	1.49	4.03	133	10.74
内蒙古	1.02	2.52	82	5.62
辽宁	0.92	0.79	116	9.26
吉林	0.55	0.57	74	7.82
黑龙江	0.77	1.13	83	8.99

附表 4-5　2017 年腐败测度子因素的原始数据

省级政府	E 腐败		
	E1	E2	E3
上海	0.59	1.95	1.52
江苏	7.71	2.77	2.13

省级政府	E 腐败		
	E1	E2	E3
浙江	4.43	1.73	1.70
安徽	2.73	3.60	2.84
福建	6.48	2.94	2.67
江西	1.91	2.66	2.26
山东	0.80	2.70	1.93
河南	2.42	2.94	2.55
湖北	3.19	3.50	2.87
湖南	1.19	1.85	1.67
广东	1.67	2.60	2.03
广西	1.20	3.50	2.90
海南	2.03	2.82	1.74
四川	1.80	2.38	1.83
贵州	3.76	2.35	1.88
重庆	2.24	2.02	1.95
云南	0.98	3.45	2.76
西藏	0.93	0.71	0.66
陕西	1.32	3.42	2.62
甘肃	19.70	2.30	1.43
青海	8.20	2.31	1.56
宁夏	32.70	3.11	2.19
新疆	1.72	1.53	1.40
北京	8.17	1.12	1.00
天津	6.88	2.07	1.57
河北	1.07	2.95	2.01
山西	3.82	2.01	3.03
内蒙古	3.46	3.77	2.10
辽宁	0.84	3.39	2.29
吉林	5.34	5.56	4.35
黑龙江	0.92	3.27	2.73

五 2018 年省级政府效率损失测度子因素的原始数据

附表 5 - 1　2018 年基本公共服务非均等化测度子因素的原始数据

省级政府	A 基本公共服务非均等化										
	A1	A2	A3	A4	A5	A6	A7	A8	A9	A10	A11
上海	2.29	12.78	5.27	2.02	0.00	0.55	0.00	110.84	0.29	0.01	1.88
江苏	5.95	13.93	2.26	3.43	0.56	0.14	0.00	90.72	1.65	0.05	1.80
浙江	5.40	15.24	3.27	3.74	0.38	0.73	0.00	100.44	2.26	0.05	1.70
安徽	6.80	14.59	0.84	3.79	0.75	0.48	3.00	68.08	1.84	0.06	1.88
福建	5.60	14.51	1.56	4.33	0.64	0.66	0.00	145.53	2.22	0.03	1.76
江西	4.36	15.84	1.63	2.81	0.62	0.94	3.00	70.45	1.16	0.08	1.74
山东	6.07	14.55	5.27	4.30	0.60	0.49	0.80	64.96	1.64	0.02	2.07
河南	5.00	17.34	9.24	3.68	0.72	0.78	3.40	80.77	0.67	0.03	1.72
湖北	5.69	13.98	3.72	4.13	0.58	0.82	2.80	90.19	1.08	0.01	1.71
湖南	3.13	16.65	4.09	4.37	0.68	0.67	4.10	61.69	0.80	0.03	1.80
广东	2.51	16.02	3.65	4.40	0.08	0.18	0.00	86.80	2.14	0.01	1.89
广西	3.30	18.52	6.41	6.36	0.72	0.70	5.70	75.42	0.79	0.06	1.86
海南	4.23	14.61	2.41	3.97	0.57	0.52	3.90	101.81	1.18	0.05	1.83
四川	7.05	15.67	2.87	3.53	0.52	0.42	3.10	58.68	0.84	0.05	1.81
贵州	10.11	15.21	0.41	4.96	0.60	0.75	8.50	82.61	1.11	0.05	1.82
重庆	3.02	15.63	2.21	4.17	0.53	0.76	0.90	86.47	2.09	0.05	1.95
云南	8.39	16.05	2.68	6.07	0.80	0.70	7.50	76.50	1.12	0.09	1.87
西藏	34.96	13.66	- 1.44	15.94	0.93	1.00	7.90	71.54	0.98	0.14	1.53
陕西	5.50	13.46	2.93	3.71	0.54	0.86	6.30	61.78	1.52	0.05	1.88
甘肃	9.17	16.02	3.26	7.53	- 0.29	0.88	9.70	105.91	1.05	0.12	1.74
青海	9.63	15.55	0.42	7.32	0.66	0.91	6.00	76.87	1.89	0.12	1.78
宁夏	7.19	15.98	- 3.88	8.13	0.41	0.74	4.50	84.06	2.30	0.06	1.84
新疆	3.19	12.51	4.01	12.94	0.63	0.57	9.90	145.15	2.05	0.07	1.48
北京	1.23	10.56	5.27	3.21	0.00	0.53	0.00	107.64	1.48	0.02	2.03
天津	1.92	12.31	5.37	5.83	0.11	0.86	0.00	77.45	3.57	0.04	1.68
河北	3.48	13.40	8.01	3.24	0.65	0.80	2.20	43.74	0.64	0.03	1.77

续表

省级政府	A 基本公共服务非均等化										
	A1	A2	A3	A4	A5	A6	A7	A8	A9	A10	A11
山西	1.78	12.20	3.61	6.25	0.59	0.86	5.50	57.71	1.25	0.08	1.68
内蒙古	4.82	12.97	-1.61	5.41	0.54	0.78	2.70	96.72	1.34	0.08	1.95
辽宁	1.54	12.63	3.03	5.97	0.47	0.74	1.70	100.75	1.10	0.05	1.80
吉林	3.50	12.46	6.19	5.93	0.67	0.87	2.70	84.45	2.02	0.06	1.86
黑龙江	2.89	11.26	0.84	5.52	0.48	0.89	2.70	69.41	0.96	0.04	2.03

附表 5-2　2018 年居民经济福利损失测度子因素的原始数据

省级政府	B 居民经济福利损失				
	B1	B2	B3	B4	B5
上海	0	2.25	1.70	-4.03	3.90
江苏	370	2.28	1.70	3.85	2.98
浙江	510	2.05	2.10	14.32	2.73
安徽	370	2.48	1.20	9.87	2.88
福建	420	2.39	1.20	1.19	3.87
江西	210	2.36	2.00	6.80	3.34
山东	320	2.43	1.50	9.42	3.40
河南	300	2.32	1.40	7.53	2.76
湖北	500	2.31	1.50	13.16	2.59
湖南	450	2.66	1.40	8.92	4.02
广东	685	2.60	1.50	4.39	2.47
广西	400	2.69	1.60	11.52	2.20
海南	150	2.39	2.80	14.43	2.33
四川	240	2.51	1.40	8.06	4.01
贵州	210	3.28	0.90	8.45	3.23
重庆	100	2.55	1.00	16.95	3.40
云南	390	3.17	0.90	17.71	3.20
西藏	0	2.97	1.60	14.93	2.70
陕西	300	3.00	1.60	23.04	3.28
甘肃	150	3.44	1.40	10.57	2.71

省级政府	B 居民经济福利损失				
	B1	B2	B3	B4	B5
青海	0	3.08	1.50	14.87	3.10
宁夏	180	2.74	1.60	8.10	3.87
新疆	342	2.79	2.20	7.94	3.41
北京	0	2.57	1.90	19.75	1.43
天津	0	0.50	2.10	17.63	3.50
河北	270	2.37	1.70	11.91	3.68
山西	300	2.70	1.10	13.97	3.40
内蒙古	300	2.83	1.70	4.87	3.63
辽宁	510	2.55	1.40	9.90	3.82
吉林	300	2.19	1.60	16.22	3.52
黑龙江	410	2.17	1.30	18.76	4.21

附表 5 - 3　2018 年市场监管乏力测度子因素的原始数据

省级政府	C 市场监管乏力		
	C1	C2	C3
上海	2.50	1.60	4.66
江苏	2.54	3.24	0.43
浙江	1.67	1.17	0.94
安徽	2.84	4.00	0.76
福建	0.90	4.87	0.79
江西	2.67	4.00	0.92
山东	4.84	4.23	0.72
河南	1.86	3.16	2.80
湖北	3.15	3.14	0.67
湖南	2.43	3.50	0.56
广东	2.50	2.70	0.91
广西	4.56	1.76	1.08
海南	3.50	3.24	0.88
四川	3.82	3.18	0.53

续表

省级政府	C 市场监管乏力		
	C1	C2	C3
贵州	3.84	2.45	1.06
重庆	2.68	4.04	0.74
云南	0.65	2.94	5.74
西藏	2.84	1.00	3.11
陕西	1.45	5.90	0.39
甘肃	2.00	6.00	1.68
青海	1.20	5.32	0.58
宁夏	6.27	5.55	5.74
新疆	4.21	4.80	2.05
北京	0.80	0.10	3.49
天津	2.43	1.10	3.54
河北	3.52	2.47	0.67
山西	2.05	1.67	0.17
内蒙古	1.79	2.30	0.44
辽宁	0.50	2.31	1.13
吉林	3.24	4.25	0.82
黑龙江	1.87	2.27	0.53

附表 5－4　2018 年环境污染治理低效测度子因素的原始数据

省级政府	D 环境污染治理低效			
	D1	D2	D3	D4
上海	0.41	0.81	90	7.41
江苏	0.36	1.14	101	7.16
浙江	0.39	1.07	94	8.30
安徽	0.50	2.10	141	9.91
福建	0.38	0.79	16	7.96
江西	0.45	1.49	65	10.52
山东	0.53	1.20	184	7.42
河南	0.51	0.83	199	9.46

省级政府	D 环境污染治理低效			
	D1	D2	D3	D4
湖北	0.38	0.98	110	8.35
湖南	0.46	0.85	103	7.99
广东	0.16	0.43	71	10.25
广西	0.53	20.86	28	10.78
海南	0.49	0.65	13	9.39
四川	0.64	0.80	130	9.28
贵州	0.82	1.20	18	8.02
重庆	0.50	0.94	88	9.28
云南	0.64	1.11	5	10.53
西藏	0.66	1.29	4	4.49
陕西	0.61	1.41	185	7.34
甘肃	0.97	1.86	133	8.67
青海	1.55	1.49	71	9.70
宁夏	1.68	2.89	133	10.71
新疆	1.49	3.35	124	9.25
北京	0.26	2.09	139	5.71
天津	0.43	0.67	156	4.92
河北	0.92	1.36	214	8.65
山西	1.30	2.39	189	9.59
内蒙古	1.21	2.72	110	6.85
辽宁	0.83	0.90	109	10.64
吉林	0.52	0.65	89	7.94
黑龙江	0.75	1.20	94	8.27

附表 5-5 2018 年腐败测度子因素的原始数据

省级政府	E 腐败		
	E1	E2	E3
上海	0.59	2.00	1.38
江苏	7.77	2.75	2.16

续表

省级政府	E 腐败		
	E1	E2	E3
浙江	4.38	2.63	1.90
安徽	2.71	3.90	3.58
福建	22.60	2.75	2.04
江西	1.85	2.66	2.20
山东	3.36	2.78	2.12
河南	2.41	3.72	2.68
湖北	4.48	3.84	3.06
湖南	1.05	2.43	1.74
广东	3.16	2.96	2.37
广西	3.25	3.19	2.69
海南	4.05	2.01	1.77
四川	1.70	2.37	1.76
贵州	7.71	2.24	1.75
重庆	9.17	2.60	2.22
云南	2.95	4.41	3.44
西藏	1.21	0.62	0.53
陕西	1.74	3.55	2.44
甘肃	15.93	2.28	2.46
青海	8.14	2.32	1.72
宁夏	32.36	2.65	2.04
新疆	1.42	1.39	1.28
北京	7.87	0.46	0.49
天津	6.85	1.97	1.55
河北	1.06	3.03	2.24
山西	1.99	3.64	1.82
内蒙古	3.13	3.58	1.97
辽宁	1.86	2.92	2.15
吉林	6.11	5.73	4.10
黑龙江	3.07	4.07	2.47

六　2019 年省级政府效率损失测度子因素的原始数据

附表 6 - 1　2019 年基本公共服务非均等化测度子因素的原始数据

省级政府	A 基本公共服务非均等化										
	A1	A2	A3	A4	A5	A6	A7	A8	A9	A10	A11
上海	2.38	12.60	5.01	2.38	0.00	0.44	0.00	115.52	0.27	0.01	1.85
江苏	5.77	15.51	6.00	3.56	0.32	0.12	0.00	97.92	0.56	0.04	1.77
浙江	4.93	15.45	3.11	3.55	0.25	0.62	0.00	73.91	0.62	0.03	1.63
安徽	6.75	16.32	6.50	3.29	0.74	0.73	4.33	77.00	0.42	0.05	1.80
福建	6.72	16.44	3.94	3.76	0.62	0.71	0.00	106.90	0.46	0.03	1.71
江西	4.13	17.29	11.27	2.43	0.60	0.95	4.50	54.53	0.43	0.06	1.65
山东	7.04	15.04	-0.10	3.69	0.51	0.60	1.60	68.68	0.36	0.02	1.85
河南	4.83	16.79	4.27	3.72	0.76	0.85	2.57	140.03	0.28	0.02	1.63
湖北	4.81	15.76	4.91	3.59	0.63	0.83	4.10	84.75	0.66	0.05	1.68
湖南	3.12	16.95	4.79	4.60	0.62	0.85	5.87	79.72	0.16	0.02	1.77
广东	2.67	16.66	5.70	4.22	0.24	0.56	0.00	105.76	0.43	0.03	1.91
广西	3.18	17.45	9.87	5.82	0.71	0.67	3.30	75.56	0.91	0.03	1.79
海南	3.97	15.39	1.88	3.56	0.57	0.58	5.46	86.88	0.70	0.03	1.82
四川	7.49	15.28	6.33	3.16	0.48	0.38	4.46	54.53	0.28	0.04	1.78
贵州	9.93	15.44	1.64	5.25	0.59	0.72	6.66	70.13	0.55	0.07	1.72
重庆	3.83	15.37	4.09	3.82	0.39	0.74	0.60	78.01	0.29	0.04	1.89
云南	8.14	15.68	4.32	5.42	0.73	0.76	10.11	86.36	0.57	0.06	1.79
西藏	35.23	13.72	5.49	14.67	1.00	1.00	13.17	73.41	0.36	0.11	1.50
陕西	4.96	14.25	2.11	3.52	0.52	0.75	8.50	61.59	0.39	0.03	1.76
甘肃	10.35	12.39	2.33	6.74	0.71	0.90	5.80	74.02	0.48	0.09	1.74
青海	10.24	16.17	-0.09	6.50	0.56	0.94	8.48	80.32	0.84	0.08	1.66
宁夏	9.24	15.87	-1.70	6.35	0.74	0.78	3.00	62.70	0.59	0.05	1.81
新疆	3.68	13.70	5.60	11.01	0.62	0.69	6.51	298.98	0.59	0.04	1.41
北京	1.69	11.63	1.28	2.86	0.00	0.52	0.00	101.79	0.60	0.02	2.03
天津	1.39	13.20	5.09	5.74	0.28	0.73	0.00	88.12	0.48	0.09	1.66
河北	3.95	16.24	2.20	3.11	0.80	0.82	3.29	70.35	0.33	0.06	1.59

续表

省级政府	A 基本公共服务非均等化										
	A1	A2	A3	A4	A5	A6	A7	A8	A9	A10	A11
山西	2.47	12.38	2.03	5.70	0.56	0.88	7.34	64.24	0.57	0.04	1.67
内蒙古	4.58	12.45	4.78	5.15	0.83	0.91	4.15	106.55	0.40	0.03	1.85
辽宁	1.55	12.46	3.74	5.71	0.76	0.75	2.71	152.37	0.43	0.04	1.77
吉林	2.80	10.80	3.54	5.51	0.80	0.91	3.59	89.41	0.44	0.05	1.83
黑龙江	2.34	11.29	4.99	5.12	0.44	0.91	3.55	74.21	0.34	0.04	1.90

附表 6-2 2019 年居民经济福利损失测度子因素的原始数据

省级政府	B 居民经济福利损失				
	B1	B2	B3	B4	B5
上海	0	2.24	1.59	16.55	3.53
江苏	400	2.26	2.31	16.23	2.97
浙江	510	2.04	2.27	13.49	2.60
安徽	370	2.46	1.98	13.04	2.83
福建	420	2.36	1.53	14.31	3.71
江西	210	2.34	2.11	12.76	3.44
山东	360	2.43	2.45	20.04	3.35
河南	400	2.30	2.25	9.78	3.02
湖北	500	2.30	1.95	11.34	2.55
湖南	450	2.60	1.96	12.94	3.58
广东	690	2.58	2.16	13.13	2.41
广西	380	2.61	2.32	5.97	2.34
海南	150	2.38	2.46	23.93	2.30
四川	230	2.49	1.74	13.64	3.47
贵州	210	3.25	1.75	19.15	3.16
重庆	100	2.53	2.05	24.00	2.96
云南	320	3.11	1.58	30.37	3.40
西藏	0	2.95	1.71	23.39	2.83
陕西	300	2.97	2.10	15.31	3.21
甘肃	150	3.40	2.04	1.15	2.78

省级政府	B 居民经济福利损失				
	B1	B2	B3	B4	B5
青海	0	3.03	2.54	12.05	2.97
宁夏	180	2.72	2.33	11.64	3.89
新疆	360	2.74	2.03	19.60	2.36
北京	0	2.57	2.49	9.68	1.40
天津	0	1.86	1.95	5.19	3.51
河北	270	2.35	2.45	7.50	3.30
山西	300	2.64	1.79	21.85	3.26
内蒙古	300	2.78	1.82	25.97	3.58
辽宁	500	2.55	2.49	13.94	3.94
吉林	300	2.19	2.11	18.31	3.46
黑龙江	410	2.11	1.97	9.96	3.99

附表 6－3　2019 年市场监管乏力测度子因素的原始数据

省级政府	C 市场监管乏力		
	C1	C2	C3
上海	2.20	1.92	1.40
江苏	2.15	2.84	0.02
浙江	3.50	0.99	0.07
安徽	2.10	0.98	0.71
福建	1.30	3.02	1.46
江西	2.90	2.40	0.40
山东	4.00	6.19	1.59
河南	2.41	1.02	1.59
湖北	2.87	2.88	0.87
湖南	2.48	3.90	0.07
广东	2.40	4.00	0.07
广西	3.17	4.91	1.52
海南	2.40	4.50	1.04
四川	3.56	4.71	0.53

续表

省级政府	C 市场监管乏力		
	C1	C2	C3
贵州	2.39	3.20	0.26
重庆	1.01	2.04	0.53
云南	1.84	1.95	0.31
西藏	1.04	0.78	4.85
陕西	1.20	1.83	1.11
甘肃	4.80	5.00	2.14
青海	1.41	4.55	0.40
宁夏	1.30	4.58	0.08
新疆	2.44	1.20	0.19
北京	0.24	0.24	2.12
天津	2.70	3.41	0.01
河北	1.65	4.70	1.20
山西	1.94	0.71	0.18
内蒙古	2.31	2.89	0.03
辽宁	1.73	2.20	1.26
吉林	1.70	3.86	0.03
黑龙江	1.58	5.05	0.27

附表 6-4 2019 年环境污染治理低效测度子因素的原始数据

省级政府	D 环境污染治理低效			
	D1	D2	D3	D4
上海	0.34	0.66	69	6.66
江苏	0.32	1.02	108	6.31
浙江	0.39	0.98	96	8.25
安徽	0.41	1.96	96	8.39
福建	0.37	0.79	28	7.28
江西	0.39	1.61	38	8.57
山东	0.48	1.22	173	6.23
河南	0.45	0.82	197	8.56

省级政府	D 环境污染治理低效			
	D1	D2	D3	D4
湖北	0.34	1.00	119	7.26
湖南	0.42	0.79	87	7.99
广东	0.34	0.43	71	8.60
广西	0.55	1.10	41	10.79
海南	0.43	0.77	8	8.41
四川	0.39	0.78	114	5.32
贵州	0.62	1.18	8	8.20
重庆	0.37	0.99	49	7.26
云南	0.59	1.02	4	8.74
西藏	0.66	1.85	7	3.43
陕西	0.53	1.31	177	4.54
甘肃	0.90	1.55	107	7.53
青海	1.42	1.57	69	7.87
宁夏	1.90	2.61	107	9.23
新疆	1.37	3.33	124	7.39
北京	0.23	2.05	138	4.17
天津	0.42	0.63	158	11.04
河北	0.79	1.41	214	8.06
山西	0.97	2.23	195	7.55
内蒙古	1.28	2.69	93	6.01
辽宁	0.79	1.04	80	9.43
吉林	0.52	0.65	43	7.73
黑龙江	0.75	1.06	53	9.76

附表 6-5　2019 年腐败测度子因素的原始数据

省级政府	E 腐败		
	E1	E2	E3
上海	0.34	1.12	0.82
江苏	1.65	1.92	1.42

省级政府	E 腐败		
	E1	E2	E3
浙江	1.26	0.71	0.60
安徽	2.63	3.52	2.53
福建	3.81	2.60	2.30
江西	1.23	1.28	1.06
山东	5.03	1.93	1.56
河南	1.79	2.22	1.63
湖北	4.59	3.06	2.26
湖南	3.44	1.31	0.99
广东	1.74	2.14	1.54
广西	2.91	1.69	1.35
海南	2.90	2.15	1.56
四川	1.66	1.30	1.01
贵州	1.80	1.41	1.03
重庆	3.60	1.15	0.80
云南	1.87	2.40	1.59
西藏	1.04	0.63	0.60
陕西	1.11	1.02	0.93
甘肃	18.07	0.85	0.74
青海	1.68	1.16	1.01
宁夏	9.27	2.80	3.35
新疆	1.23	1.74	1.55
北京	6.53	0.38	0.35
天津	6.77	2.27	1.73
河北	0.29	2.37	1.39
山西	1.89	1.24	0.86
内蒙古	3.13	1.63	1.22
辽宁	2.51	1.51	1.20
吉林	4.53	6.13	4.30
黑龙江	6.70	2.37	1.84

附录2　省级政府效率损失测度因素
和子因素的标准化值

七　2014年省级政府效率损失测度因素和子因素的标准化值

附表7－1　2014年基本公共服务非均等化及其子因素的标准化值

省级政府	A 基本公共服务非均等化										
	A1	A2	A3	A4	A5	A6	A7	A8	A9	A10	A
上海	－0.34	－0.58	－0.38	－1.23	－2.48	－0.84	－1.32	1.73	－0.93	－0.70	－0.71
江苏	－0.32	－0.47	－0.10	－0.92	－0.50	－3.36	－1.05	0.25	0.26	－0.48	－0.67
浙江	－0.09	0.57	－0.74	－0.49	－0.93	0.15	－1.06	2.30	1.15	－0.48	0.04
安徽	0.21	0.44	－0.15	－0.53	1.02	0.45	－0.19	－0.57	1.98	0.04	0.27
福建	－0.13	－0.16	0.01	－0.39	0.47	－0.17	－0.96	2.36	1.06	－0.28	0.18
江西	－0.47	1.47	0.03	－0.90	0.58	1.28	－0.05	－1.06	－1.20	－0.25	－0.06
山东	－0.10	－0.12	－0.34	－0.51	0.36	－1.03	－0.81	－0.84	－0.24	－0.55	－0.42
河南	－0.16	1.19	0.24	－0.77	0.93	－0.01	－0.23	－0.16	－1.13	－0.68	－0.08
湖北	－0.10	－0.20	－0.38	－0.48	0.42	0.18	－0.22	－0.87	－0.69	－0.10	－0.24
湖南	－0.41	0.94	－0.42	－0.29	0.67	0.15	0.23	－0.70	－0.28	－0.39	－0.05
广东	－0.46	0.96	0.15	－0.39	－1.12	－0.37	－1.09	0.50	1.24	－0.31	－0.09
广西	－0.37	1.87	0.12	0.53	1.01	－0.34	0.74	－0.27	－0.96	0.26	0.26
海南	－0.18	－0.10	0.07	－0.32	－0.10	－1.69	0.10	0.84	0.99	0.26	－0.01
四川	0.10	0.56	－0.25	－0.42	0.30	－1.90	－0.13	－1.08	－0.44	－0.17	－0.34
贵州	0.64	1.77	－0.17	－0.45	1.06	1.01	1.62	0.17	－1.59	－0.53	0.35
重庆	－0.17	0.63	－0.07	－0.57	－0.14	－0.14	－0.49	0.48	0.56	－0.26	－0.02
云南	0.35	0.80	－0.23	0.27	1.27	0.05	1.14	－0.24	－0.97	0.26	0.27
西藏	5.07	0.10	4.95	3.91	1.55	1.62	2.66	－1.64	1.11	1.70	2.10
陕西	－0.24	－0.72	－0.29	－0.40	0.40	0.68	0.77	－1.04	0.11	－0.68	－0.14
甘肃	0.20	0.91	－0.31	0.58	－1.91	0.95	1.97	－0.39	－0.51	0.62	0.21
青海	1.09	－0.04	－0.67	－0.53	0.17	0.38	0.95	－1.13	－0.91	0.09	－0.06
宁夏	0.27	0.91	1.39	1.01	0.07	0.11	0.41	－0.89	1.73	0.19	0.52
新疆	－0.28	－1.10	－0.19	2.36	－0.04	－0.89	1.42	0.77	0.95	0.76	0.38

省级政府	A 基本公共服务非均等化										
	A1	A2	A3	A4	A5	A6	A7	A8	A9	A10	A
北京	-0.64	-1.90	-1.32	-0.82	-2.48	-0.38	-1.32	1.13	-0.07	-0.73	-0.85
天津	-0.57	-1.15	0.00	0.28	-0.81	1.04	-1.32	0.31	1.99	-0.60	-0.08
河北	-0.41	-1.12	0.06	-0.49	0.61	0.42	-0.42	-1.10	-1.10	-0.63	-0.42
山西	-0.56	-1.14	0.39	0.47	0.27	0.69	0.39	-0.53	-0.05	-0.16	-0.02
内蒙古	-0.25	-1.27	-0.17	0.06	0.32	1.01	-0.15	0.25	-0.06	4.72	0.45
辽宁	-0.60	-0.83	-0.62	0.35	-1.13	0.42	-0.58	0.86	-0.25	-0.43	-0.28
吉林	-0.54	-0.50	-0.22	0.79	0.54	-0.05	-0.51	0.87	-0.84	-0.12	-0.06
黑龙江	-0.55	-1.75	-0.40	0.29	-0.39	0.54	-0.51	-0.31	-0.89	-0.39	-0.44

附表 7-2　2014 年居民经济福利损失及其子因素的标准化值

省级政府	B 居民经济福利损失					
	B1	B2	B3	B4	B5	B
上海	-1.82	-0.85	-1.10	1.49	1.05	-0.25
江苏	0.95	-0.85	-1.10	-0.85	-0.47	-0.47
浙江	1.03	-1.42	-1.10	-0.92	-0.47	-0.58
安徽	1.10	-0.23	-0.89	-0.37	0.14	-0.05
福建	0.88	-0.50	-0.68	-0.95	0.44	-0.16
江西	0.01	-0.60	-0.68	0.64	-0.17	-0.16
山东	0.37	-0.39	-1.31	-0.54	-0.17	-0.41
河南	0.22	-0.62	0.16	0.16	-0.32	-0.08
湖北	1.10	-0.85	-0.05	-0.80	0.29	-0.06
湖南	0.30	0.09	-0.68	-0.33	1.36	0.15
广东	2.12	0.01	-0.68	0.37	-1.39	0.09
广西	0.88	0.64	-1.31	-0.08	-0.01	0.02
海南	-0.72	-0.31	-0.05	0.39	-1.69	-0.48
四川	-0.36	-0.03	-0.05	-1.03	1.20	-0.05
贵州	-0.50	2.14	-0.68	-1.29	-0.01	-0.07
重庆	-1.09	0.13	-0.26	0.13	0.14	-0.19
云南	0.44	1.76	0.59	-0.03	1.05	0.76
四藏	-1.45	1.16	1.64	3.88	-1.23	0.80

省级	B 居民经济福利损失					
政府	B1	B2	B3	B4	B5	B
陕西	0.22	1.27	0.37	- 0.79	- 0.01	0.21
甘肃	- 0.50	2.32	0.80	0.14	- 1.54	0.24
青海	- 1.67	1.00	2.27	- 0.92	- 0.01	0.13
宁夏	- 0.72	0.42	1.22	- 0.03	1.20	0.42
新疆	0.70	0.06	2.27	0.27	0.14	0.69
北京	- 1.82	- 0.15	1.01	- 0.08	- 3.21	- 0.85
天津	- 1.82	- 2.02	0.59	- 0.64	0.44	- 0.69
河北	0.22	- 0.64	0.37	0.65	0.59	0.24
山西	0.37	0.35	0.59	1.02	- 0.32	0.40
内蒙古	0.37	0.60	0.80	- 0.48	0.59	0.38
辽宁	1.10	- 0.10	- 0.89	- 0.72	0.14	- 0.09
吉林	- 0.36	- 1.26	0.16	0.14	0.59	- 0.14
黑龙江	0.44	- 1.14	- 1.31	1.55	1.66	0.24

附表 7 - 3　2014 年市场监管乏力及其子因素的标准化值

省级	C 市场监管乏力			
政府	C1	C2	C3	C
上海	0.64	- 0.15	- 0.55	- 0.02
江苏	- 0.03	0.11	- 0.42	- 0.11
浙江	- 0.65	- 1.26	- 0.78	- 0.90
安徽	- 0.50	- 1.23	- 0.18	- 0.64
福建	- 0.26	- 1.72	- 0.65	- 0.88
江西	- 0.37	- 0.47	- 0.18	- 0.34
山东	- 0.44	3.26	- 0.82	0.67
河南	1.66	0.16	- 0.33	0.50
湖北	- 0.09	- 0.69	0.02	- 0.25
湖南	- 0.03	- 0.95	- 0.60	- 0.53
广东	1.33	- 1.37	- 0.66	- 0.24
广西	- 0.62	- 1.16	0.02	- 0.59
海南	0.17	1.64	- 0.13	0.56

续表

省级政府	C 市场监管乏力			
	C1	C2	C3	C
四川	− 0.47	0.29	− 0.47	− 0.22
贵州	1.89	1.58	0.04	1.17
重庆	− 0.94	0.58	0.47	0.04
云南	− 1.21	− 0.26	3.43	0.66
西藏	− 1.19	− 0.14	1.37	0.01
陕西	− 1.00	0.74	− 0.68	− 0.31
甘肃	2.27	1.15	0.52	1.31
青海	− 1.14	0.12	− 0.33	− 0.45
宁夏	2.18	0.43	0.33	0.98
新疆	− 0.05	0.23	3.26	1.15
北京	− 0.96	− 0.66	0.45	− 0.39
天津	1.34	0.20	− 0.22	0.44
河北	0.91	0.23	− 0.65	0.16
山西	− 0.62	0.45	− 0.86	− 0.34
内蒙古	− 0.47	− 0.21	− 0.61	− 0.43
辽宁	− 0.42	− 0.88	− 0.05	− 0.45
吉林	− 0.48	0.13	− 0.13	− 0.16
黑龙江	− 0.47	− 0.16	− 0.61	− 0.41

附表 7 − 4 2014 年环境污染治理低效及其子因素的标准化值

省级政府	D 环境污染治理低效				
	D1	D2	D3	D4	D
上海	− 0.77	− 1.01	− 0.49	− 0.26	− 0.63
江苏	− 0.93	− 0.26	0.20	− 0.37	− 0.34
浙江	− 0.90	− 0.80	0.00	0.10	− 0.40
安徽	− 0.39	1.15	0.46	1.21	0.61
福建	− 0.90	− 0.49	− 1.87	0.40	− 0.71
江西	− 0.61	− 0.04	− 0.26	1.42	0.13
山东	− 0.60	− 0.19	1.90	− 0.77	0.08
河南	− 0.47	− 0.97	1.11	0.76	0.11

省级 政府	D 环境污染治理低效				
	D1	D2	D3	D4	D
湖北	- 0.87	- 0.83	0.73	0.41	- 0.14
湖南	- 0.38	- 0.91	0.23	0.66	- 0.10
广东	- 1.55	- 1.37	- 0.67	1.22	- 0.59
广西	- 0.51	- 0.23	- 0.90	1.92	0.07
海南	- 0.53	- 1.03	- 1.86	0.21	- 0.80
四川	- 0.10	- 0.98	1.04	0.32	0.07
贵州	1.42	- 0.41	- 0.94	0.26	0.08
重庆	- 0.36	- 0.41	0.07	0.12	- 0.15
云南	0.17	- 0.03	- 1.67	1.01	- 0.13
西藏	0.26	2.16	- 1.85	- 1.92	- 0.34
陕西	- 0.24	- 0.39	0.78	- 1.10	- 0.24
甘肃	1.12	1.33	0.27	- 0.24	0.62
青海	2.14	0.05	- 0.06	- 0.37	0.44
宁夏	2.74	1.34	- 0.53	1.63	1.30
新疆	1.32	2.54	0.40	0.43	1.17
北京	- 1.15	0.62	0.64	- 1.44	- 0.33
天津	- 0.82	- 0.45	0.96	- 2.04	- 0.59
河北	0.86	0.03	2.33	0.03	0.81
山西	1.09	1.17	0.71	0.02	0.75
内蒙古	1.26	1.57	- 0.02	- 1.83	0.25
辽宁	- 0.04	- 0.51	- 0.04	- 0.95	- 0.39
吉林	- 0.34	- 1.08	- 0.26	- 0.73	- 0.60
黑龙江	0.09	0.45	- 0.39	- 0.11	0.01

附表 7 - 5　2014 年腐败及其子因素的标准化值

省级 政府	E 腐败			
	E1	E2	E3	E
上海	- 0.78	- 0.32	- 1.13	- 0.74
江苏	0.04	- 0.04	0.52	0.17

省级政府	E 腐败			
	E1	E2	E3	E
浙江	0.03	-0.45	-0.18	-0.20
安徽	-0.27	0.86	0.60	0.40
福建	0.40	0.65	1.08	0.71
江西	-0.48	0.25	0.14	-0.03
山东	-0.48	-0.26	-0.36	-0.37
河南	-0.42	0.60	0.74	0.31
湖北	0.07	0.73	1.08	0.62
湖南	-0.70	-0.94	-0.67	-0.77
广东	-0.52	-0.17	-0.53	-0.41
广西	-0.09	-0.11	0.00	-0.07
海南	-0.06	-0.31	-0.14	-0.17
四川	-0.57	-0.32	-0.11	-0.33
贵州	-0.33	-0.60	-0.32	-0.41
重庆	-0.39	-0.12	0.52	0.00
云南	-0.13	0.51	1.32	0.57
西藏	-0.56	-2.38	-2.25	-1.73
陕西	-0.34	-0.55	0.63	-0.09
甘肃	2.37	0.13	-0.36	0.71
青海	0.39	-0.71	-0.55	-0.29
宁夏	4.46	0.96	0.94	2.12
新疆	-0.59	-1.01	-0.52	-0.70
北京	0.73	-1.84	-1.92	-1.01
天津	0.39	-0.54	-0.64	-0.26
河北	-0.70	-0.79	-0.87	-0.79
山西	-0.12	0.65	-1.33	-0.27
内蒙古	-0.26	0.15	-0.13	-0.08
辽宁	-0.52	1.38	1.39	0.75
吉林	-0.13	3.02	2.73	1.87
黑龙江	-0.45	1.60	0.30	0.48

八 2015 年省级政府效率损失测度因素和子因素的标准化值

附表 8-1 2015 年基本公共服务非均等化及其子因素的标准化值

省级政府	A 基本公共服务非均等化										
	A1	A2	A3	A4	A5	A6	A7	A8	A9	A10	A
上海	-0.46	-0.81	0.13	-1.29	-2.38	-0.73	-1.30	2.58	-1.39	-1.02	-0.67
江苏	-0.17	-0.35	-0.20	-0.99	-0.54	-3.58	-1.09	0.31	0.26	-0.56	-0.69
浙江	-0.05	0.43	0.59	-0.57	-1.05	0.05	-1.12	1.07	0.90	-0.53	-0.03
安徽	0.15	0.42	-0.18	-0.60	1.04	0.29	-0.19	-0.63	1.64	0.44	0.24
福建	-0.10	-0.04	0.38	-0.31	0.50	-0.31	-1.01	0.17	0.48	-0.29	-0.05
江西	-0.42	1.54	0.76	-0.99	0.58	1.22	-0.06	-1.21	-1.18	-0.19	0.01
山东	-0.10	-0.05	0.70	-0.57	0.33	-1.18	-0.79	-0.89	-0.12	-0.73	-0.34
河南	-0.25	1.21	1.13	-0.75	0.92	0.01	-0.17	-0.25	-1.12	-0.92	-0.02
湖北	-0.06	-0.51	0.25	-0.52	0.40	0.04	-0.24	-1.00	-0.79	0.21	-0.22
湖南	-0.43	0.96	0.39	-0.20	0.68	0.06	0.20	-0.63	-0.85	-0.56	-0.04
广东	-0.47	0.73	0.80	-0.38	-1.44	-0.23	-1.11	0.45	1.39	-0.98	-0.12
广西	-0.39	2.12	0.27	0.55	1.01	-0.40	0.73	-0.34	-0.90	0.82	0.35
海南	-0.27	-0.15	-0.90	-0.13	-0.04	-1.25	0.07	1.16	1.13	1.13	0.08
四川	-0.16	0.50	0.52	-0.63	0.24	-1.68	-0.45	-0.40	0.22	-0.41	-0.23
贵州	0.14	1.55	0.15	-0.56	1.05	0.85	1.60	0.18	-1.61	-0.56	0.28
重庆	0.73	0.60	-0.45	-0.25	-0.21	0.27	-0.45	0.27	0.38	-0.30	0.06
云南	0.30	0.82	0.12	0.38	1.29	-0.10	1.19	0.01	-0.36	2.29	0.59
西藏	5.04	-0.42	-3.19	3.66	1.55	1.48	2.51	-1.81	-0.35	2.66	1.11
陕西	-0.08	-0.59	1.02	-0.56	0.39	0.73	0.79	-1.19	-0.61	-0.85	-0.10
甘肃	0.36	0.81	-1.02	0.41	-1.89	0.91	1.93	0.02	-0.42	1.74	0.28
青海	1.03	0.75	-3.08	0.29	0.59	0.96	0.86	-0.42	0.41	0.53	0.19
宁夏	0.27	0.88	1.25	0.86	0.06	0.00	0.44	-0.81	1.65	0.82	0.54
新疆	-0.44	-1.25	0.34	2.81	0.02	-0.93	1.69	2.43	0.99	1.74	0.74
北京	-0.71	-2.08	-0.56	-0.73	-2.38	-0.83	-1.30	1.38	0.02	-1.01	-0.82
天津	-0.58	-1.16	-1.03	0.36	-0.78	0.82	-1.30	-0.51	2.86	-0.96	-0.23
河北	-0.46	-1.23	0.64	-0.56	0.58	0.41	-0.40	-0.75	-0.69	-0.99	-0.34

续表

省级政府	A 基本公共服务非均等化										
	A1	A2	A3	A4	A5	A6	A7	A8	A9	A10	A
山西	− 0.50	− 1.33	− 0.03	0.37	0.28	0.76	0.49	− 0.88	− 0.10	0.05	− 0.09
内蒙古	− 0.23	− 0.91	0.44	0.05	0.36	0.93	− 0.13	0.82	− 0.16	− 0.69	0.05
辽宁	− 0.66	− 0.99	− 0.10	0.25	− 1.07	0.28	− 0.48	1.19	− 0.26	− 0.47	− 0.23
吉林	− 0.50	− 1.05	0.33	0.45	0.28	0.35	− 0.43	− 0.06	− 0.64	− 0.12	− 0.14
黑龙江	− 0.52	− 0.39	0.52	0.17	− 0.37	0.79	− 0.48	− 0.23	− 0.80	− 0.29	− 0.16

附表 8 − 2   2015 年居民经济福利损失及其子因素的标准化值

省级政府	B 居民经济福利损失					
	B1	B2	B3	B4	B5	B
上海	− 1.86	− 0.82	1.87	− 0.37	1.28	0.02
江苏	0.68	− 0.85	0.49	− 0.29	− 0.43	− 0.08
浙江	1.17	− 1.42	0.21	− 1.08	− 0.43	− 0.31
安徽	0.96	− 0.28	− 1.17	0.12	− 0.12	− 0.10
福建	0.75	− 0.49	− 0.06	− 0.21	0.35	0.07
江西	0.46	− 0.56	0.77	− 0.38	0.04	0.07
山东	0.25	− 0.41	− 0.34	0.09	0.04	− 0.07
河南	0.25	− 0.63	− 0.34	− 0.30	− 0.43	− 0.29
湖北	0.96	− 0.86	− 0.06	0.10	− 0.28	− 0.03
湖南	0.39	0.08	− 0.34	− 0.83	1.28	0.12
广东	1.94	0.04	0.77	− 0.46	− 1.36	0.18
广西	0.75	0.62	0.21	0.15	− 0.12	0.32
海南	− 0.80	− 0.38	1.04	0.41	− 1.52	− 0.25
四川	0.25	− 0.05	− 1.17	− 0.54	1.43	− 0.01
贵州	− 0.10	2.07	1.04	− 0.71	0.04	0.47
重庆	− 1.16	0.11	− 0.61	− 0.93	0.35	− 0.45
云南	0.61	1.75	1.04	0.32	1.12	0.97
西藏	− 1.51	1.03	2.42	4.39	− 1.21	1.02
陕西	0.32	1.24	− 1.17	− 1.01	0.04	− 0.11
甘肃	− 0.80	2.33	0.21	1.43	− 1.67	0.30

省级	B 居民经济福利损失					
政府	B1	B2	B3	B4	B5	B
青海	− 1.72	1.22	2.14	0.58	− 0.12	0.42
宁夏	− 0.80	0.43	− 0.34	− 1.14	1.12	− 0.15
新疆	0.57	0.14	0.21	− 0.19	− 0.12	0.12
北京	− 1.86	− 0.10	− 1.17	− 0.08	− 3.07	− 1.26
天津	− 1.86	− 2.04	− 0.34	0.14	0.35	− 0.75
河北	0.11	− 0.65	− 0.89	0.44	0.50	− 0.10
山西	0.96	0.33	− 0.89	0.24	0.19	0.16
内蒙古	0.25	0.62	− 1.17	− 0.66	0.50	− 0.09
辽宁	0.96	− 0.03	− 0.89	− 0.18	0.19	0.01
吉林	− 0.45	− 1.23	− 0.06	1.28	0.19	− 0.05
黑龙江	0.32	− 1.21	− 1.44	− 0.31	1.90	− 0.15

附表 8 – 3 2015 年市场监管乏力及其子因素的标准化值

省级	C 市场监管乏力			
政府	C1	C2	C3	C
上海	− 0.78	− 0.42	− 0.31	− 0.50
江苏	− 0.37	0.01	− 0.43	− 0.26
浙江	− 1.05	− 1.00	− 0.29	− 0.78
安徽	− 0.47	− 0.51	− 0.29	− 0.42
福建	0.38	− 1.18	− 0.34	− 0.38
江西	1.23	0.99	− 0.29	0.64
山东	− 0.42	1.79	− 0.30	0.36
河南	3.26	1.27	− 0.22	1.44
湖北	0.06	0.06	− 0.25	− 0.04
湖南	− 0.09	0.23	− 0.32	− 0.22
广东	0.34	− 0.90	− 0.35	− 0.30
广西	− 0.07	− 0.23	− 0.36	− 0.22
海南	0.03	2.28	− 0.34	0.66
四川	− 0.11	0.34	− 0.31	− 0.02

续表

省级政府	C市场监管乏力			
	C1	C2	C3	C
贵州	1.27	1.61	-0.25	0.88
重庆	0.78	-0.26	-0.17	0.12
云南	-1.72	-0.22	4.99	1.02
西藏	-0.83	-0.29	1.76	0.21
陕西	-0.57	-0.77	-0.35	-0.56
甘肃	0.03	2.07	-0.15	0.65
青海	-1.31	0.96	0.05	-0.10
宁夏	1.15	-0.57	-0.21	0.12
新疆	1.28	-0.63	0.77	0.47
北京	-0.57	-1.49	-0.13	-0.73
天津	0.56	-0.53	0.09	0.04
河北	1.23	-0.37	-0.34	0.17
山西	-0.60	-1.29	-0.40	-0.76
内蒙古	-0.72	-1.10	-0.42	-0.75
辽宁	-0.16	-0.27	-0.34	-0.26
吉林	-1.52	1.07	-0.16	-0.21
黑龙江	-0.24	-0.19	-0.33	-0.25

附表 8-4　2015 年环境污染治理低效及其子因素的标准化值

省级政府	D环境污染治理低效				
	D1	D2	D3	D4	D
上海	-0.80	-0.59	-0.75	-0.45	-0.65
江苏	-0.89	-0.24	0.64	-0.52	-0.25
浙江	-0.85	-0.44	0.21	0.02	-0.26
安徽	-0.40	0.63	1.22	1.24	0.67
福建	-0.84	-0.91	-1.24	0.22	-0.69
江西	-0.56	-0.09	-1.00	1.34	-0.08
山东	-0.55	-0.19	1.90	-0.79	0.09
河南	-0.43	-0.86	1.46	0.76	0.23

省级政府	D 环境污染治理低效				
	D1	D2	D3	D4	D
湖北	− 0.79	− 0.47	0.81	0.30	− 0.04
湖南	− 0.36	− 0.92	0.09	0.51	− 0.17
广东	− 1.49	− 1.33	− 0.81	1.38	− 0.56
广西	− 0.46	− 0.32	− 0.96	1.67	− 0.02
海南	− 0.48	− 1.15	− 1.80	0.41	− 0.76
四川	− 0.10	− 0.65	0.21	0.57	0.01
贵州	1.33	0.36	− 1.10	0.75	0.33
重庆	− 0.34	− 0.44	− 0.25	− 0.06	− 0.27
云南	0.00	− 0.43	− 1.86	0.89	− 0.35
西藏	0.24	0.02	− 1.41	− 2.05	− 0.80
陕西	− 0.21	0.08	0.89	− 0.98	− 0.05
甘肃	1.05	0.68	− 0.27	− 0.33	0.28
青海	2.22	− 0.30	− 0.49	− 0.17	0.32
宁夏	2.84	1.60	− 0.39	1.43	1.37
新疆	1.79	3.28	0.43	0.33	1.46
北京	− 1.12	1.68	0.95	− 1.52	0.00
天津	− 0.75	0.27	0.84	− 2.16	− 0.45
河北	0.62	0.01	2.05	0.08	0.69
山西	1.31	0.92	0.50	0.46	0.80
内蒙古	0.54	1.96	− 0.16	− 1.87	0.12
辽宁	− 0.20	− 0.72	0.61	− 0.59	− 0.23
吉林	− 0.42	− 1.02	− 0.15	− 0.70	− 0.57
黑龙江	0.09	− 0.41	− 0.18	− 0.19	− 0.17

附表 8 − 5　2015 年腐败及其子因素的标准化值

省级政府	E 腐败			
	E1	E2	E3	E
上海	− 0.73	− 0.75	− 0.35	− 0.61
江苏	0.33	− 0.84	− 0.28	− 0.26

续表

省级政府	E 腐败			
	E1	E2	E3	E
浙江	− 0. 14	− 0. 04	− 0. 20	− 0. 13
安徽	− 0. 33	1. 60	1. 04	0. 77
福建	0. 03	0. 15	− 0. 16	0. 01
江西	− 0. 40	0. 41	0. 06	0. 02
山东	− 0. 32	0. 12	− 0. 05	− 0. 08
河南	− 0. 37	0. 79	0. 25	0. 22
湖北	− 0. 08	1. 85	0. 85	0. 88
湖南	− 0. 61	− 0. 91	− 0. 50	− 0. 68
广东	− 0. 34	0. 21	− 1. 34	− 0. 49
广西	− 0. 36	0. 85	0. 53	0. 34
海南	− 0. 14	− 0. 42	− 0. 21	− 0. 26
四川	− 0. 57	− 0. 25	− 0. 14	− 0. 32
贵州	− 0. 38	− 0. 39	− 0. 15	− 0. 31
重庆	0. 72	− 0. 19	0. 10	0. 21
云南	− 0. 33	0. 22	0. 26	0. 05
西藏	− 0. 61	− 2. 56	− 1. 35	− 1. 51
陕西	− 0. 49	− 0. 10	− 0. 26	− 0. 29
甘肃	1. 82	0. 35	− 0. 22	0. 65
青海	0. 96	− 0. 55	− 0. 45	− 0. 01
宁夏	4. 64	0. 83	4. 55	3. 34
新疆	− 0. 73	− 1. 59	− 0. 73	− 1. 02
北京	0. 48	− 2. 08	− 1. 37	− 0. 99
天津	0. 05	− 0. 53	− 0. 34	− 0. 27
河北	− 0. 56	− 0. 48	− 0. 46	− 0. 50
山西	− 0. 22	0. 32	0. 04	0. 05
内蒙古	− 0. 15	0. 67	− 0. 11	0. 14
辽宁	− 0. 64	0. 29	0. 54	0. 06
吉林	− 0. 08	0. 97	0. 64	0. 51
黑龙江	− 0. 43	2. 05	− 0. 21	0. 47

九 2016 年省级政府效率损失测度因素和子因素的标准化值

附表 9 - 1 2016 年基本公共服务非均等化及其子因素的标准化值

省级政府	A 基本公共服务非均等化											
	A1	A2	A3	A4	A5	A6	A7	A8	A9	A10	A11	A
上海	0.56	- 0.88	0.19	- 1.22	- 2.33	- 0.58	- 1.27	0.88	- 0.37	- 1.04	0.68	- 0.59
江苏	- 0.21	- 0.02	- 0.07	- 0.89	- 0.57	- 3.65	- 1.21	0.36	0.38	- 0.57	- 0.84	- 0.66
浙江	- 0.14	0.48	- 1.31	- 0.60	- 0.93	0.05	- 1.21	1.86	1.17	- 0.57	1.59	0.03
安徽	- 0.04	0.66	- 1.09	- 0.53	1.07	0.15	- 0.13	- 0.56	1.33	0.45	- 0.33	0.09
福建	- 0.02	0.29	0.10	- 0.32	0.55	- 0.26	- 1.01	- 0.04	0.16	- 0.37	- 0.38	- 0.12
江西	- 0.32	0.19	0.66	- 0.91	0.44	1.25	- 0.13	- 0.90	- 1.12	- 0.16	- 0.29	- 0.12
山东	- 0.02	0.16	- 0.11	- 0.62	0.32	- 1.18	- 0.80	- 0.79	- 0.04	- 0.75	2.02	- 0.16
河南	- 0.23	1.44	- 0.88	- 0.62	0.94	0.45	- 0.13	- 0.36	- 1.14	- 1.37	0.18	- 0.16
湖北	- 0.12	- 0.18	- 0.40	- 0.47	0.38	0.09	- 0.23	- 0.91	- 0.93	- 0.26	0.19	- 0.26
湖南	- 0.52	0.61	- 0.28	- 0.32	0.42	0.15	- 0.54	- 0.57	- 0.55	- 0.80	- 0.12	- 0.16
广东	- 0.60	0.85	0.34	- 0.38	- 1.56	- 0.53	- 1.13	0.01	0.25	- 0.91	0.82	- 0.26
广西	- 0.32	2.20	- 0.34	0.47	1.04	- 0.35	0.79	- 0.13	- 0.87	0.76	0.04	0.30
海南	- 0.22	0.04	0.30	- 0.26	0.00	- 0.67	0.08	1.20	1.44	1.45	0.28	0.33
四川	0.21	0.63	0.67	- 0.59	0.21	- 1.79	- 0.50	- 1.05	- 0.53	- 0.11	- 0.10	- 0.27
贵州	0.96	1.52	- 0.61	- 0.25	1.05	0.86	1.61	0.11	- 1.70	- 0.47	0.51	0.33
重庆	- 0.18	0.69	- 1.17	- 0.60	- 0.20	0.18	- 0.50	0.01	0.33	- 0.45	0.51	- 0.13
云南	0.43	0.94	- 0.16	0.42	1.31	- 0.15	1.22	- 0.22	- 0.39	2.42	0.20	0.55
西藏	4.72	- 0.61	1.64	3.72	1.61	1.47	2.38	- 1.79	- 0.55	1.42	- 2.22	1.07
陕西	- 0.29	- 0.32	- 0.27	- 0.51	0.37	0.45	0.83	- 0.90	- 0.56	- 0.14	- 0.13	- 0.13
甘肃	0.70	0.84	- 2.39	0.55	- 1.84	0.93	1.81	0.06	- 0.32	1.97	- 0.20	0.19
青海	1.52	0.49	2.03	0.39	0.59	1.05	0.87	- 0.36	0.58	0.67	0.06	0.72
宁夏	0.37	0.87	1.18	0.84	0.06	0.03	0.48	- 0.73	1.79	0.86	0.13	0.53
新疆	- 0.36	- 0.85	0.58	2.82	0.14	- 1.06	1.83	3.67	1.13	2.19	- 2.27	0.71
北京	- 0.78	- 2.08	- 0.33	- 0.85	- 2.33	- 0.82	- 1.27	0.85	- 0.27	- 1.06	2.16	- 0.62
天津	- 0.72	- 1.05	2.17	0.31	- 0.76	- 0.03	- 1.27	- 0.03	3.23	- 0.97	- 0.68	0.02
河北	- 0.45	- 0.48	0.83	- 0.56	0.58	0.40	- 0.43	- 0.51	- 0.55	- 1.14	- 0.64	- 0.27

续表

省级政府	A 基本公共服务非均等化											
	A1	A2	A3	A4	A5	A6	A7	A8	A9	A10	A11	A
山西	-0.58	-1.05	-1.27	0.39	0.29	0.85	0.53	-0.56	0.01	0.22	-1.26	-0.22
内蒙古	-0.20	-1.52	0.34	-0.08	0.23	0.89	-0.17	0.81	-0.16	-0.63	0.14	-0.03
辽宁	-0.75	-0.95	0.83	0.10	-1.22	0.36	-0.52	0.71	-0.33	-0.44	-0.61	-0.26
吉林	-0.64	-1.18	-1.32	0.29	0.57	0.46	-0.37	0.38	-0.59	-0.07	-1.07	-0.32
黑龙江	-0.62	-1.73	0.15	0.29	-0.45	1.01	-0.37	-0.50	-0.82	-0.14	1.63	-0.14

附表 9 – 2　2016 年居民经济福利损失及其子因素的标准化值

省级政府	B 居民经济福利损失					
	B1	B2	B3	B4	B5	B
上海	-1.67	-0.87	2.16	2.66	1.13	0.68
江苏	0.55	-0.86	0.56	-0.01	-0.40	-0.03
浙江	1.29	-1.45	-0.13	-0.75	-0.55	-0.32
安徽	0.61	-0.30	-0.35	-0.86	-0.25	-0.23
福建	0.61	-0.51	0.56	-1.59	0.67	-0.05
江西	0.49	-0.60	0.10	-0.55	0.21	-0.07
山东	0.18	-0.44	-0.58	-0.12	0.21	-0.15
河南	0.18	-0.67	-0.35	0.80	-0.40	-0.09
湖北	1.11	-0.86	0.10	0.79	-1.01	0.03
湖南	0.55	0.06	-0.13	-0.37	1.28	0.28
广东	2.55	0.00	0.10	0.26	-1.16	0.35
广西	0.80	0.52	0.10	-0.46	-0.55	0.08
海南	-0.74	-0.47	-1.04	0.18	-1.47	-0.71
四川	-0.19	-0.12	0.10	-1.23	1.28	-0.03
贵州	-0.43	1.98	0.79	-1.34	0.06	0.21
重庆	-1.05	-0.02	-0.35	-0.55	0.52	-0.29
云南	0.74	1.63	1.02	0.35	1.13	0.97
西藏	-1.67	1.33	1.25	-1.43	-1.16	-0.34
陕西	0.12	1.20	-1.04	-0.09	0.21	0.08
甘肃	-0.74	2.25	0.33	0.54	-1.77	0.12

省级政府	B 居民经济福利损失					
	B1	B2	B3	B4	B5	B
青海	− 1. 54	1. 34	2. 62	− 1. 25	− 0. 09	0. 22
宁夏	− 0. 68	0. 44	− 0. 81	0. 20	1. 13	0. 05
新疆	0. 44	0. 51	− 1. 96	− 0. 52	− 0. 55	− 0. 42
北京	− 1. 67	− 0. 08	0. 79	2. 58	− 2. 84	− 0. 24
天津	− 1. 67	− 2. 06	0. 56	1. 16	0. 36	− 0. 33
河北	0. 00	− 0. 64	− 1. 27	1. 23	0. 52	− 0. 03
山西	0. 18	0. 36	− 1. 96	0. 07	0. 36	− 0. 20
内蒙古	0. 18	0. 65	− 0. 81	− 0. 55	0. 67	0. 03
辽宁	0. 80	− 0. 05	− 0. 13	0. 27	0. 21	0. 22
吉林	− 0. 43	− 1. 10	0. 56	0. 44	0. 36	− 0. 03
黑龙江	1. 11	− 1. 14	− 0. 81	0. 14	1. 89	0. 24

附表 9 - 3　2016 年市场监管乏力及其子因素的标准化值

省级政府	C 市场监管乏力			
	C1	C2	C3	C
上海	− 0. 53	− 0. 04	− 0. 11	− 0. 23
江苏	− 0. 45	0. 07	− 0. 39	− 0. 26
浙江	− 1. 38	− 1. 44	− 0. 16	− 0. 99
安徽	2. 32	− 0. 52	− 0. 29	0. 50
福建	− 0. 47	− 0. 39	− 0. 28	− 0. 38
江西	− 0. 33	0. 22	− 0. 34	− 0. 15
山东	− 0. 38	1. 49	− 0. 27	0. 28
河南	0. 39	− 0. 09	− 0. 31	0. 00
湖北	− 0. 59	0. 28	− 0. 30	− 0. 20
湖南	0. 97	0. 34	− 0. 34	0. 32
广东	− 0. 09	− 1. 27	− 0. 26	− 0. 54
广西	− 0. 33	0. 23	− 0. 01	− 0. 04
海南	− 1. 39	3. 91	0. 46	0. 99
四川	0. 03	0. 41	− 0. 32	0. 04

续表

省级政府	C 市场监管乏力			
	C1	C2	C3	C
贵州	0.99	0.57	− 0.45	0.37
重庆	− 0.88	0.17	− 0.32	− 0.34
云南	− 0.27	− 0.38	5.32	1.56
西藏	− 0.17	− 0.36	0.22	− 0.10
陕西	− 0.54	0.24	− 0.35	− 0.22
甘肃	1.08	0.66	− 0.15	0.53
青海	− 1.69	0.49	− 0.22	− 0.47
宁夏	1.66	− 0.49	0.04	0.40
新疆	− 0.55	0.30	− 0.12	− 0.12
北京	− 0.83	− 2.01	0.06	− 0.93
天津	− 0.37	− 0.10	0.59	0.04
河北	1.71	− 0.40	− 0.16	0.38
山西	0.11	− 1.42	− 0.43	− 0.58
内蒙古	2.42	0.15	− 0.37	0.73
辽宁	0.05	0.54	− 0.11	0.16
吉林	− 0.65	− 0.54	− 0.25	− 0.48
黑龙江	0.14	− 0.60	− 0.38	− 0.28

附表 9 - 4　2016 年环境污染治理低效及其子因素的标准化值

省级政府	D 环境污染治理低效				
	D1	D2	D3	D4	D
上海	− 0.76	− 0.69	0.02	− 0.36	− 0.45
江苏	− 0.85	0.01	0.38	− 0.55	− 0.25
浙江	− 0.82	− 0.47	0.19	0.10	− 0.25
安徽	− 0.42	0.95	0.26	1.48	0.57
福建	− 0.75	− 0.69	− 1.55	− 0.02	− 0.75
江西	− 0.56	0.09	− 0.99	1.26	− 0.05
山东	− 0.51	− 0.37	2.20	− 0.54	0.20
河南	− 0.38	− 0.80	2.00	0.37	0.29

省级政府	D 环境污染治理低效				
	D1	D2	D3	D4	D
湖北	-0.77	-0.74	1.09	-0.47	-0.22
湖南	-0.59	0.74	-0.07	0.49	0.15
广东	-1.41	-1.39	-1.00	1.35	-0.61
广西	-0.47	0.29	-1.21	1.65	0.07
海南	-0.44	-1.09	-1.63	0.34	-0.71
四川	-0.18	-0.92	0.72	0.75	0.09
贵州	1.07	-0.06	-1.48	0.43	-0.01
重庆	-0.50	-0.69	-0.66	-0.20	-0.51
云南	0.00	-0.47	-1.65	1.46	-0.16
西藏	0.09	-0.79	-1.02	-2.18	-0.97
陕西	-0.21	-0.03	0.05	-0.31	-0.12
甘肃	0.82	0.66	0.02	-0.02	0.37
青海	2.19	0.13	-0.71	-0.07	0.39
宁夏	2.60	2.38	-0.10	0.53	1.35
新疆	2.07	2.55	0.60	0.42	1.41
北京	-1.07	0.64	1.14	-1.73	-0.25
天津	-0.69	-0.86	0.63	-2.23	-0.79
河北	0.48	-0.03	1.25	0.26	0.49
山西	1.95	0.98	0.39	0.76	1.02
内蒙古	0.61	2.42	-0.39	-1.96	0.17
辽宁	-0.14	-0.48	0.79	-0.48	-0.08
吉林	-0.42	-0.82	0.28	-0.53	-0.37
黑龙江	0.05	-0.45	0.45	-0.03	0.00

附表 9 – 5　2016 年腐败及其子因素的标准化值

省级政府	E 腐败			
	E1	E2	E3	E
上海	-0.64	-0.86	-0.41	-0.64
江苏	0.59	0.33	0.86	0.59

省级政府	E 腐败			
	E1	E2	E3	E
浙江	-0.05	-0.64	-0.83	-0.51
安徽	-0.31	1.02	0.79	0.50
福建	0.51	0.46	0.69	0.55
江西	-0.43	0.06	-0.12	-0.16
山东	-0.58	0.02	-0.24	-0.27
河南	-0.52	0.65	-0.35	-0.07
湖北	-0.30	0.47	0.81	0.33
湖南	-0.53	-0.62	-0.43	-0.53
广东	-0.33	-0.23	-0.26	-0.27
广西	-0.22	0.56	1.40	0.58
海南	-0.11	0.78	-0.13	0.18
四川	-0.49	-0.49	-0.06	-0.35
贵州	-0.33	-0.62	-0.20	-0.39
重庆	0.70	-0.46	0.05	0.10
云南	-0.27	0.75	1.42	0.63
西藏	-0.55	-2.57	-2.49	-1.87
陕西	-0.46	0.18	-0.28	-0.18
甘肃	1.73	-0.39	-0.71	0.21
青海	-0.40	-0.53	-0.67	-0.53
宁夏	4.73	0.81	1.02	2.19
新疆	-0.50	-1.43	-1.12	-1.02
北京	0.47	-2.29	-2.17	-1.33
天津	0.42	-0.33	-0.22	-0.04
河北	-0.57	0.22	0.08	-0.09
山西	-0.27	0.18	0.35	0.09
内蒙古	-0.40	0.49	-0.36	-0.09
辽宁	-0.41	0.47	0.98	0.34
吉林	-0.03	2.81	2.77	1.85
黑龙江	-0.44	1.20	-0.15	0.20

十　2017 年省级政府效率损失测度因素和子因素的标准化值

附表 10 - 1　2017 年基本公共服务非均等化及其子因素的标准化值

省级政府	A 基本公共服务非均等化											
	A1	A2	A3	A4	A5	A6	A7	A8	A9	A10	A11	A
上海	- 0.49	- 1.02	0.28	- 1.24	- 2.27	- 0.85	- 1.22	1.68	- 1.71	- 0.94	0.20	- 0.69
江苏	- 0.09	0.05	- 0.32	- 0.79	- 0.52	- 3.69	- 1.22	0.53	0.17	- 0.41	- 0.45	- 0.61
浙江	- 0.07	0.29	- 0.25	- 0.67	- 0.80	0.05	- 1.22	2.03	1.55	- 0.23	0.41	0.10
安徽	0.05	0.68	- 0.56	- 0.56	1.24	- 0.07	- 0.13	- 0.60	0.76	- 0.12	0.17	0.08
福建	- 0.05	0.42	- 0.36	- 0.35	0.59	- 0.23	- 1.02	0.44	0.77	- 0.85	- 0.66	- 0.12
江西	- 0.24	1.79	0.32	- 1.01	0.54	1.20	- 0.16	- 1.46	- 0.66	0.14	- 0.51	0.00
山东	0.02	0.09	- 0.53	- 0.41	0.43	- 1.09	- 0.75	- 1.11	- 0.31	- 0.47	2.52	- 0.15
河南	- 0.12	1.06	- 0.34	- 0.64	0.04	0.17	- 0.08	0.13	- 1.31	- 1.28	0.12	- 0.20
湖北	- 0.12	0.00	- 0.18	- 0.43	0.49	0.36	- 0.16	- 0.23	0.46	0.34	- 0.11	0.04
湖南	- 0.45	1.16	- 0.05	- 0.44	0.80	0.11	0.27	- 1.10	- 0.65	- 0.67	0.09	- 0.08
广东	- 0.52	0.80	0.15	- 0.43	- 1.65	- 0.70	- 1.17	0.21	0.71	- 0.68	0.20	- 0.28
广西	- 0.39	2.21	0.00	0.23	0.97	- 0.27	0.74	0.30	- 1.05	0.07	- 0.21	0.24
海南	- 0.27	0.16	- 0.24	- 0.50	0.36	- 0.81	0.14	0.33	0.54	1.97	- 0.06	0.15
四川	0.26	0.56	- 0.15	- 0.66	0.18	- 1.36	- 0.73	- 1.01	- 0.89	- 0.21	- 0.30	- 0.39
贵州	0.79	0.37	- 0.19	- 0.28	0.49	0.62	1.65	- 0.38	- 0.37	0.01	0.59	0.30
重庆	- 0.35	0.55	- 0.04	- 0.55	0.13	0.03	- 0.73	0.01	1.41	- 0.37	1.41	0.14
云南	0.34	0.77	- 0.20	0.47	1.28	- 0.01	1.28	- 0.25	- 0.59	3.30	0.44	0.62
西藏	5.04	- 0.59	5.17	3.53	1.77	1.48	2.05	- 1.48	- 0.86	1.60	- 2.54	1.38
陕西	- 0.18	- 0.16	- 0.34	- 0.54	0.46	0.82	0.86	- 1.17	0.01	- 0.71	0.06	- 0.08
甘肃	0.33	0.74	0.79	0.52	- 1.82	0.89	1.90	0.64	- 0.61	1.15	- 0.14	0.40
青海	1.01	0.47	- 0.51	0.38	0.34	1.05	0.79	- 0.33	0.25	1.01	- 0.23	0.39
宁夏	0.05	0.68	- 0.49	0.96	- 0.12	0.12	0.54	0.61	1.17	1.36	- 0.08	0.44
新疆	- 0.39	- 0.64	0.43	2.95	- 0.04	- 1.03	1.95	2.72	0.79	- 0.23	- 2.22	0.39
北京	- 0.71	- 2.15	- 0.70	- 0.74	- 2.27	- 1.01	- 1.22	0.28	- 0.12	- 1.21	1.70	- 0.74
天津	- 0.61	- 1.04	0.18	0.54	- 0.99	- 0.05	- 1.22	- 0.33	3.15	- 0.67	- 0.68	- 0.16
河北	- 0.34	- 1.07	- 0.22	- 0.62	0.67	0.41	- 0.40	- 1.39	- 1.24	- 0.91	- 0.38	- 0.50
山西	- 0.57	- 1.31	- 0.86	0.52	0.38	0.86	0.69	- 0.74	- 0.23	0.69	- 1.13	- 0.15

续表

省级政府	A 基本公共服务非均等化											
	A1	A2	A3	A4	A5	A6	A7	A8	A9	A10	A11	A
内蒙古	-0.26	-0.98	-0.30	0.02	0.18	0.88	-0.25	0.53	-0.40	-0.29	0.08	-0.07
辽宁	-0.69	-1.07	-0.16	0.32	-1.31	0.27	-0.58	0.96	-0.60	-0.45	-0.05	-0.31
吉林	-0.58	-1.26	-0.19	0.25	0.73	0.91	-0.28	0.93	0.69	-0.35	-0.32	0.05
黑龙江	-0.41	-1.55	-0.16	0.16	-0.29	0.94	-0.30	-0.76	-0.83	-0.61	2.10	-0.16

附表 10-2 2017 年居民经济福利损失及其子因素的标准化值

省级政府	B 居民经济福利损失					
	B1	B2	B3	B4	B5	B
上海	-1.65	-0.89	2.99	1.24	1.28	0.59
江苏	0.57	-0.84	1.06	1.37	-0.39	0.35
浙江	1.23	-1.43	0.19	-0.32	-0.54	-0.17
安徽	0.57	-0.27	-0.02	0.22	-0.09	0.08
福建	0.57	-0.51	-0.24	-0.24	0.97	0.11
江西	0.45	-0.62	0.41	-0.55	0.22	-0.02
山东	0.27	-0.41	0.63	-0.11	0.37	0.15
河南	0.15	-0.71	0.19	0.14	-0.39	-0.12
湖北	1.05	-0.76	0.84	0.52	-1.30	0.07
湖南	0.51	0.09	0.19	-0.04	1.43	0.44
广东	2.46	0.02	1.06	-0.12	-1.15	0.45
广西	0.75	0.40	-0.45	0.07	-0.54	0.04
海南	-0.75	-0.51	2.13	-0.37	-1.30	-0.16
四川	-0.21	-0.16	0.19	-0.23	1.43	0.20
贵州	-0.45	1.96	-0.88	-0.80	-0.09	-0.05
重庆	-1.05	-0.07	-0.02	-0.70	0.67	-0.23
云南	0.69	1.59	-0.67	-0.23	0.52	0.38
西藏	-1.65	1.28	1.49	2.88	-1.00	0.60
陕西	0.09	1.20	-1.10	-0.64	0.06	-0.08
甘肃	-0.75	2.34	-1.10	-0.54	-1.60	-0.33
青海	-1.53	1.37	-0.02	-0.06	-0.24	-0.10

省级政府	B 居民经济福利损失					
	B1	B2	B3	B4	B5	B
宁夏	− 0.69	0.46	− 0.67	− 1.27	0.97	− 0.24
新疆	0.40	0.56	− 0.88	− 0.96	− 1.15	− 0.40
北京	− 1.65	− 0.06	− 0.88	2.05	− 2.82	− 0.67
天津	− 1.65	− 2.03	0.63	2.25	0.37	− 0.09
河北	− 0.03	− 0.71	− 0.67	0.49	0.67	− 0.05
山西	0.15	0.34	− 1.53	− 0.92	0.37	− 0.32
内蒙古	0.15	0.69	− 1.31	− 0.74	0.67	− 0.11
辽宁	1.41	− 0.10	− 0.45	− 0.24	0.82	0.29
吉林	− 0.45	− 1.09	− 0.45	− 1.60	0.37	− 0.65
黑龙江	1.05	− 1.13	− 0.67	− 0.55	1.43	0.03

附表 10 – 3　2017 年市场监管乏力及其子因素的标准化值

省级政府	C 市场监管乏力			
	C1	C2	C3	C
上海	− 0.29	− 0.91	− 0.25	− 0.48
江苏	− 0.62	− 0.67	− 0.34	− 0.54
浙江	− 0.37	− 0.58	− 0.37	− 0.44
安徽	− 0.80	1.23	− 0.38	0.02
福建	0.15	− 0.73	− 0.60	− 0.39
江西	− 0.33	− 0.33	− 0.49	− 0.38
山东	0.30	0.68	− 0.10	0.29
河南	− 0.65	− 0.52	− 0.58	− 0.58
湖北	0.26	0.30	− 0.45	0.04
湖南	0.84	2.21	− 0.11	0.98
广东	− 0.61	− 1.01	− 0.19	− 0.60
广西	− 0.93	− 0.18	0.82	− 0.09
海南	− 0.77	1.90	0.01	0.38
四川	− 0.59	1.23	− 0.37	0.09
贵州	0.13	0.19	− 0.96	− 0.21

续表

省级政府	C 市场监管乏力			
	C1	C2	C3	C
重庆	− 0.09	0.40	− 0.56	− 0.08
云南	0.24	− 0.19	− 0.19	− 0.05
西藏	0.11	− 0.50	0.55	0.05
陕西	− 0.65	0.40	− 0.47	− 0.24
甘肃	1.15	2.28	0.37	1.27
青海	− 0.69	0.36	1.58	0.42
宁夏	3.19	0.06	− 0.68	0.86
新疆	3.18	− 0.51	0.59	1.09
北京	− 0.66	− 1.73	0.81	− 0.53
天津	− 1.29	− 1.46	4.57	0.61
河北	0.76	1.16	− 0.11	0.60
山西	− 0.42	− 1.16	− 0.94	− 0.84
内蒙古	0.21	0.05	− 0.60	− 0.11
辽宁	− 0.60	− 0.45	0.25	− 0.26
吉林	0.29	− 0.84	− 0.18	− 0.24
黑龙江	− 0.47	− 0.67	− 0.63	− 0.59

附表 10 − 4   2017 年环境污染治理低效及其子因素的标准化值

省级政府	D 环境污染治理低效				
	D1	D2	D3	D4	D
上海	− 0.74	− 0.78	− 0.19	− 0.72	− 0.61
江苏	− 0.82	− 0.48	0.41	− 0.57	− 0.36
浙江	− 0.77	− 0.04	0.09	− 0.01	− 0.18
安徽	− 0.48	0.70	0.22	0.40	0.21
福建	− 0.74	− 0.85	− 1.70	− 0.45	− 0.94
江西	− 0.61	0.31	− 0.94	1.55	0.08
山东	− 0.44	− 0.30	1.73	− 0.86	0.03
河南	− 0.38	− 0.59	1.89	0.44	0.34
湖北	− 0.74	0.00	0.50	− 0.34	− 0.14

省级政府	D 环境污染治理低效				
	D1	D2	D3	D4	D
湖南	− 0.58	− 0.88	− 0.01	0.18	− 0.32
广东	− 1.37	− 1.09	− 0.79	1.47	− 0.45
广西	− 0.44	− 0.35	− 1.47	0.78	− 0.37
海南	− 0.55	− 0.75	− 1.70	0.96	− 0.51
四川	− 0.16	− 0.61	0.91	0.32	0.12
贵州	0.39	− 0.46	− 1.51	− 0.32	− 0.47
重庆	− 0.49	− 0.69	− 0.42	1.24	− 0.09
云南	− 0.06	− 0.48	− 1.72	1.72	− 0.14
西藏	− 0.07	− 0.22	− 0.85	− 2.09	− 0.81
陕西	− 0.25	0.25	1.30	− 0.30	0.25
甘肃	0.68	0.24	0.40	0.04	0.34
青海	2.19	0.87	− 0.10	0.81	0.94
宁夏	2.66	2.00	0.24	0.87	1.44
新疆	2.24	2.06	0.34	0.35	1.25
北京	− 1.12	1.37	1.20	− 1.46	0.00
天津	− 0.66	− 1.26	0.70	− 2.17	− 0.85
河北	0.52	− 0.19	1.66	− 0.07	0.48
山西	1.91	2.95	0.59	0.89	1.59
内蒙古	0.72	1.25	− 0.31	− 1.94	− 0.07
辽宁	0.49	− 0.71	0.29	0.07	0.04
吉林	− 0.44	− 0.96	− 0.46	− 0.72	− 0.65
黑龙江	0.11	− 0.32	− 0.30	− 0.08	− 0.15

附表 10 − 5　2017 年腐败及其子因素的标准化值

省级政府	E 腐败			
	E1	E2	E3	E
上海	− 0.62	− 0.81	− 0.87	− 0.77
江苏	0.50	0.09	− 0.01	0.19
浙江	− 0.01	− 1.06	− 0.62	− 0.56

省级政府	E 腐败			
	E1	E2	E3	E
安徽	− 0.28	1.01	1.01	0.58
福建	0.31	0.27	0.76	0.45
江西	− 0.41	− 0.03	0.18	− 0.09
山东	− 0.59	0.01	− 0.29	− 0.29
河南	− 0.33	0.28	0.60	0.18
湖北	− 0.21	0.90	1.06	0.58
湖南	− 0.53	− 0.92	− 0.67	− 0.70
广东	− 0.45	− 0.10	− 0.14	− 0.23
广西	− 0.52	0.90	1.10	0.49
海南	− 0.39	0.15	− 0.56	− 0.27
四川	− 0.43	− 0.34	− 0.44	− 0.40
贵州	− 0.12	− 0.37	− 0.36	− 0.28
重庆	− 0.36	− 0.73	− 0.26	− 0.45
云南	− 0.56	0.83	0.89	0.39
西藏	− 0.56	− 2.18	− 2.11	− 1.62
陕西	− 0.50	0.81	0.69	0.33
甘肃	2.39	− 0.42	− 1.01	0.32
青海	0.58	− 0.41	− 0.83	− 0.22
宁夏	4.44	0.47	0.09	1.66
新疆	− 0.44	− 1.27	− 1.05	− 0.92
北京	0.57	− 1.72	− 1.63	− 0.93
天津	0.37	− 0.68	− 0.81	− 0.37
河北	− 0.54	0.29	− 0.17	− 0.14
山西	− 0.11	− 0.75	1.29	0.14
内蒙古	− 0.17	1.19	− 0.05	0.32
辽宁	− 0.58	0.78	0.22	0.14
吉林	0.13	3.16	3.16	2.15
黑龙江	− 0.57	0.64	0.85	0.31

十一　2018 年省级政府效率损失测度因素和子因素的标准化值

附表 11 – 1　2018 年基本公共服务非均等化及其子因素的标准化值

省级政府	A 基本公共服务非均等化											
	A1	A2	A3	A4	A5	A6	A7	A8	A9	A10	A11	A
上海	- 0.60	- 0.89	0.83	- 1.20	- 1.94	- 0.70	- 1.18	1.15	- 1.75	- 1.28	0.54	- 0.64
江苏	0.03	- 0.26	- 0.28	- 0.70	0.20	- 2.76	- 1.18	0.25	0.29	- 0.09	- 0.07	- 0.42
浙江	- 0.07	0.47	0.09	- 0.59	- 0.49	0.16	- 1.18	0.69	1.22	- 0.06	- 0.87	- 0.06
安徽	0.17	0.11	- 0.81	- 0.57	0.92	- 1.04	- 0.17	- 0.75	0.58	0.19	0.55	- 0.07
福建	- 0.03	0.07	- 0.54	- 0.38	0.50	- 0.16	- 1.18	2.69	1.16	- 0.73	- 0.40	0.09
江西	- 0.25	0.81	- 0.52	- 0.92	0.44	1.19	- 0.17	- 0.65	- 0.44	0.78	- 0.58	- 0.03
山东	0.05	0.09	0.83	- 0.39	0.34	- 1.04	- 0.91	- 0.89	0.28	- 1.17	2.01	- 0.07
河南	- 0.14	1.63	2.30	- 0.61	0.82	0.43	- 0.03	- 0.19	- 1.18	- 0.78	- 0.75	0.14
湖北	- 0.02	- 0.23	0.26	- 0.45	0.27	0.60	- 0.24	0.23	- 0.57	- 1.49	- 0.77	- 0.22
湖南	- 0.46	1.26	0.39	- 0.36	0.65	- 0.11	0.20	- 1.04	- 0.99	- 0.78	- 0.10	- 0.12
广东	- 0.56	0.90	0.23	- 0.35	- 1.65	- 2.56	- 1.18	0.08	1.04	- 1.36	0.65	- 0.43
广西	- 0.43	2.29	1.25	0.35	0.82	0.04	0.74	- 0.43	- 1.00	- 0.19	0.37	0.38
海南	- 0.27	0.12	- 0.23	- 0.51	0.24	- 0.89	0.14	0.75	- 0.40	- 0.19	0.14	- 0.10
四川	0.22	0.71	- 0.06	- 0.66	0.03	- 1.36	- 0.14	- 1.17	- 0.93	- 0.19	0.00	- 0.31
贵州	0.74	0.46	- 0.97	- 0.15	0.38	0.28	1.69	- 0.11	- 0.52	- 0.21	0.10	0.15
重庆	- 0.48	0.69	- 0.30	- 0.44	0.10	0.31	- 0.88	0.07	0.96	- 0.15	1.12	0.09
云南	0.44	0.92	- 0.13	0.24	1.14	0.02	1.35	- 0.38	- 0.50	1.06	0.49	0.42
西藏	5.00	- 0.41	- 1.65	3.77	1.62	1.49	1.49	- 0.60	- 0.72	2.86	- 2.17	0.97
陕西	- 0.05	- 0.51	- 0.03	- 0.60	0.12	0.79	0.95	- 1.03	0.10	- 0.27	0.54	0.00
甘肃	0.58	0.90	0.09	0.77	- 3.04	0.90	2.09	0.93	- 0.61	1.98	- 0.59	0.36
青海	0.66	0.64	- 0.96	0.69	0.57	1.07	0.84	- 0.36	0.65	2.12	- 0.22	0.52
宁夏	0.21	0.88	- 2.55	0.98	- 0.36	0.19	0.34	- 0.04	1.28	0.08	0.23	0.12
新疆	- 0.45	- 1.04	0.36	2.70	0.45	- 0.61	2.16	2.67	0.90	0.59	- 2.62	0.47
北京	- 0.78	- 2.12	0.83	- 0.78	- 1.94	- 0.84	- 1.18	1.00	0.05	- 1.02	1.74	- 0.46
天津	- 0.67	- 1.15	0.86	0.16	- 1.53	0.80	- 1.18	- 0.34	3.20	- 0.45	- 1.04	- 0.12
河北	- 0.40	- 0.55	1.84	- 0.77	0.54	0.53	- 0.44	- 1.83	- 1.22	- 0.71	- 0.34	- 0.30

续表

省级政府	A 基本公共服务非均等化											
	A1	A2	A3	A4	A5	A6	A7	A8	A9	A10	A11	A
山西	−0.69	−1.22	0.22	0.31	0.31	0.81	0.68	−1.21	−0.31	0.87	−1.04	−0.12
内蒙古	−0.17	−0.79	−1.71	0.01	0.11	0.41	−0.27	0.52	−0.17	0.71	1.08	−0.02
辽宁	−0.73	−0.98	0.00	0.21	−0.14	0.21	−0.61	0.70	−0.53	−0.20	−0.12	−0.20
吉林	−0.39	−1.07	1.17	0.19	0.62	0.88	−0.27	−0.02	0.85	0.10	0.40	0.22
黑龙江	−0.50	−1.73	−0.81	0.05	−0.10	0.93	−0.27	−0.69	−0.75	−0.41	1.70	−0.23

附表 11 – 2　2018 年居民经济福利损失及其子因素的标准化值

省级政府	B 居民经济福利损失					
	B1	B2	B3	B4	B5	B
上海	−1.63	−0.57	0.34	−2.63	1.12	−0.68
江苏	0.52	−0.52	0.34	−1.26	−0.38	−0.26
浙江	1.34	−0.96	1.36	0.55	−0.78	0.30
安徽	0.52	−0.11	−0.93	−0.22	−0.54	−0.25
福建	0.81	−0.30	−0.93	−1.73	1.07	−0.21
江西	−0.41	−0.36	1.11	−0.75	0.21	−0.04
山东	0.23	−0.21	−0.16	−0.30	0.31	−0.03
河南	0.12	−0.42	−0.42	−0.63	−0.73	−0.42
湖北	1.28	−0.46	−0.16	0.35	−1.01	0.00
湖南	0.99	0.25	−0.42	−0.38	1.31	0.35
广东	2.36	0.12	−0.16	−1.17	−1.20	−0.01
广西	0.70	0.31	0.09	0.07	−1.64	−0.09
海南	−0.76	−0.30	3.14	0.57	−1.43	0.25
四川	−0.23	−0.05	−0.42	−0.53	1.29	0.01
贵州	−0.41	1.49	−1.69	−0.47	0.03	−0.21
重庆	−1.05	0.02	−1.44	1.01	0.31	−0.23
云南	0.64	1.27	−1.69	1.14	−0.02	0.27
西藏	−1.63	0.87	0.09	0.66	−0.83	−0.17
陕西	0.12	0.93	0.09	2.07	0.11	0.66
甘肃	−0.76	1.80	−0.42	−0.10	−0.81	−0.06

| 省级 | B 居民经济福利损失 | | | | | |
政府	B1	B2	B3	B4	B5	Ḃ
青海	-1.63	1.09	-0.16	0.65	-0.18	-0.05
宁夏	-0.58	0.42	0.09	-0.53	1.07	0.09
新疆	0.36	0.50	1.62	-0.55	0.32	0.45
北京	-1.63	0.08	0.85	1.50	-2.89	-0.42
天津	-1.63	-4.08	1.36	1.13	0.47	-0.55
河北	-0.06	-0.33	0.34	0.14	0.76	0.17
山西	0.12	0.33	-1.18	0.49	0.31	0.01
内蒙古	0.12	0.60	0.34	-1.09	0.68	0.13
辽宁	1.34	0.02	-0.42	-0.21	0.99	0.34
吉林	0.12	-0.70	0.09	0.88	0.50	0.18
黑龙江	0.76	-0.74	-0.67	1.33	1.62	0.46

附表 11-3 2018 年市场监管乏力及其子因素的标准化值

| 省级 | C 市场监管乏力 | | | |
政府	C1	C2	C3	C
上海	-0.09	-1.06	2.01	0.29
江苏	-0.06	0.05	-0.74	-0.25
浙江	-0.74	-1.35	-0.41	-0.83
安徽	0.17	0.56	-0.53	0.07
福建	-1.33	1.14	-0.50	-0.23
江西	0.04	0.56	-0.42	0.06
山东	1.73	0.71	-0.55	0.63
河南	-0.59	-0.01	0.80	0.07
湖北	0.41	-0.02	-0.58	-0.06
湖南	-0.15	0.22	-0.65	-0.19
广东	-0.09	-0.32	-0.43	-0.28
广西	1.51	-0.95	-0.32	0.08
海南	0.69	0.05	-0.45	0.09
四川	0.93	0.01	-0.67	0.09

省级政府	C 市场监管乏力			
	C1	C2	C3	C
贵州	0.95	−0.48	−0.33	0.05
重庆	0.05	0.59	−0.54	0.03
云南	−1.53	−0.15	2.71	0.34
西藏	0.17	−1.46	1.00	−0.10
陕西	−0.91	1.83	−0.77	0.05
甘肃	−0.48	1.90	0.08	0.50
青海	−1.10	1.44	−0.64	−0.10
宁夏	2.84	1.60	2.71	2.38
新疆	1.24	1.10	0.32	0.88
北京	−1.41	−2.06	1.25	−0.74
天津	−0.15	−1.39	1.28	−0.09
河北	0.70	−0.47	−0.58	−0.12
山西	−0.44	−1.01	−0.91	−0.78
内蒙古	−0.64	−0.59	−0.73	−0.65
辽宁	−1.64	−0.58	−0.29	−0.84
吉林	0.48	0.73	−0.48	0.24
黑龙江	−0.58	−0.61	−0.67	−0.62

附表 11 − 4　2018 年环境污染治理低效及其子因素的标准化值

省级政府	D 环境污染治理低效				
	D1	D2	D3	D4	D
上海	−0.73	−0.33	−0.23	−0.70	−0.50
江苏	−0.86	−0.24	−0.04	−0.86	−0.50
浙江	−0.78	−0.26	−0.16	−0.15	−0.34
安徽	−0.49	0.03	0.65	0.85	0.26
福建	−0.80	−0.34	−1.52	−0.36	−0.76
江西	−0.63	−0.14	−0.67	1.23	−0.05
山东	−0.41	−0.22	1.40	−0.69	0.02
河南	−0.46	−0.33	1.66	0.57	0.36

省级政府	D 环境污染治理低效				
	D1	D2	D3	D4	D
湖北	− 0.80	− 0.29	0.11	− 0.12	− 0.27
湖南	− 0.61	− 0.32	− 0.01	− 0.34	− 0.32
广东	− 1.38	− 0.44	− 0.56	1.06	− 0.33
广西	− 0.42	5.37	− 1.31	1.39	1.26
海南	− 0.52	− 0.38	− 1.57	0.53	− 0.49
四川	− 0.13	− 0.34	0.46	0.46	0.11
贵州	0.35	− 0.22	− 1.48	− 0.32	− 0.42
重庆	− 0.49	− 0.30	− 0.27	0.46	− 0.15
云南	− 0.12	− 0.25	− 1.71	1.24	− 0.21
西藏	− 0.09	− 0.20	− 1.72	− 2.52	− 1.13
陕西	− 0.21	− 0.16	1.42	− 0.75	0.07
甘肃	0.74	− 0.04	0.51	0.08	0.32
青海	2.25	− 0.14	− 0.56	0.72	0.57
宁夏	2.59	0.26	0.51	1.35	1.18
新疆	2.11	0.39	0.36	0.44	0.83
北京	− 1.13	0.03	0.62	− 1.76	− 0.56
天津	− 0.67	− 0.37	0.91	− 2.25	− 0.60
河北	0.61	− 0.18	1.92	0.07	0.60
山西	1.59	0.12	1.48	0.65	0.96
内蒙古	1.37	0.21	0.11	− 1.05	0.16
辽宁	0.37	− 0.31	0.10	1.30	0.37
吉林	− 0.43	− 0.38	− 0.25	− 0.37	− 0.36
黑龙江	0.16	− 0.22	− 0.16	− 0.16	− 0.10

附表 11 − 5　2018 年腐败及其子因素的标准化值

省级政府	E 腐败			
	E1	E2	E3	E
上海	− 0.76	− 0.79	− 1.01	− 0.85
江苏	0.31	− 0.07	0.04	0.09

续表

省级政府	E 腐败			
	E1	E2	E3	E
浙江	-0.19	-0.18	-0.31	-0.23
安徽	-0.44	1.04	1.94	0.84
福建	2.54	-0.07	-0.12	0.78
江西	-0.57	-0.16	0.09	-0.21
山东	-0.35	-0.04	-0.02	-0.14
河南	-0.49	0.87	0.74	0.37
湖北	-0.18	0.98	1.24	0.68
湖南	-0.69	-0.38	-0.52	-0.53
广东	-0.38	0.13	0.32	0.03
广西	-0.36	0.35	0.74	0.24
海南	-0.24	-0.78	-0.49	-0.50
四川	-0.60	-0.44	-0.50	-0.51
贵州	0.30	-0.55	-0.51	-0.25
重庆	0.52	-0.21	0.12	0.14
云南	-0.41	1.53	1.75	0.96
西藏	-0.67	-2.12	-2.14	-1.64
陕西	-0.59	0.70	0.41	0.17
甘肃	1.54	-0.52	0.44	0.49
青海	0.37	-0.48	-0.55	-0.22
宁夏	4.00	-0.17	-0.12	1.24
新疆	-0.64	-1.38	-1.14	-1.05
北京	0.33	-2.27	-2.20	-1.38
天津	0.18	-0.82	-0.77	-0.47
河北	-0.69	0.20	0.14	-0.12
山西	-0.55	0.79	-0.41	-0.06
内蒙古	-0.38	0.73	-0.22	0.04
辽宁	-0.57	0.10	0.02	-0.15
吉林	0.07	2.80	2.62	1.83
黑龙江	-0.39	1.20	0.45	0.42

十二　2019 年省级政府效率损失测度因素和子因素的标准化值

附表 12 - 1　2019 年基本公共服务非均等化及其子因素的标准化值

省级政府	A 基本公共服务非均等化											
	A1	A2	A3	A4	A5	A6	A7	A8	A9	A10	A11	A
上海	- 0.60	- 1.12	0.37	- 1.05	- 2.45	- 1.53	- 1.22	0.54	- 1.28	- 1.32	0.79	- 0.81
江苏	- 0.03	0.43	0.75	- 0.57	- 1.04	- 3.29	- 1.22	0.13	0.49	- 0.11	0.16	- 0.39
浙江	- 0.17	0.39	- 0.35	- 0.57	- 1.36	- 0.59	- 1.22	- 0.42	0.88	- 0.42	- 0.98	- 0.44
安徽	0.14	0.85	0.94	- 0.68	0.79	0.01	0.10	- 0.34	- 0.37	0.14	0.42	0.18
福建	0.13	0.92	- 0.03	- 0.49	0.24	- 0.11	- 1.22	0.34	- 0.11	- 0.80	- 0.29	- 0.13
江西	- 0.31	1.37	2.75	- 1.03	0.18	1.18	0.16	- 0.86	- 0.26	0.65	- 0.77	0.28
山东	0.19	0.18	- 1.57	- 0.52	- 0.24	- 0.71	- 0.73	- 0.53	- 0.72	- 1.28	0.80	- 0.47
河南	- 0.19	1.11	0.09	- 0.50	0.87	0.65	- 0.43	1.10	- 1.21	- 1.24	- 0.95	- 0.06
湖北	- 0.19	0.56	0.34	- 0.56	0.29	0.55	0.03	- 0.17	1.13	0.04	- 0.59	0.13
湖南	- 0.48	1.19	0.29	- 0.14	0.28	0.66	0.58	- 0.28	- 1.91	- 1.06	0.15	- 0.07
广东	- 0.55	1.04	0.64	- 0.30	- 1.38	- 0.92	- 1.22	0.31	- 0.26	- 0.44	1.31	- 0.16
广西	- 0.47	1.45	2.22	0.36	0.66	- 0.31	- 0.21	- 0.38	2.61	- 1.06	0.34	0.47
海南	- 0.33	0.36	- 0.82	- 0.57	0.06	- 0.77	0.45	- 0.12	1.35	- 0.44	0.56	- 0.03
四川	0.26	0.30	0.88	- 0.73	- 0.35	- 1.89	0.14	- 0.86	- 1.19	- 0.27	0.28	- 0.31
贵州	0.67	0.39	- 0.91	0.12	0.11	- 0.06	0.82	- 0.50	0.42	1.17	- 0.26	0.18
重庆	- 0.36	0.35	0.02	- 0.46	- 0.76	0.04	- 1.04	- 0.32	- 1.11	- 0.03	1.14	- 0.23
云南	0.37	0.52	0.11	0.19	0.75	0.19	1.87	- 0.13	0.57	0.78	0.30	0.50
西藏	4.94	- 0.52	0.56	3.98	1.91	1.44	2.81	- 0.43	- 0.71	2.58	- 2.01	1.32
陕西	- 0.17	- 0.25	- 0.73	- 0.59	- 0.17	0.13	1.38	- 0.70	- 0.54	- 0.72	0.10	- 0.20
甘肃	0.74	- 1.23	- 0.65	0.73	0.65	0.93	0.55	- 0.41	0.03	2.07	- 0.09	0.30
青海	0.72	0.77	- 1.57	0.63	0.00	1.12	1.37	- 0.27	2.23	1.69	- 0.69	0.55
宁夏	0.56	0.61	2.18	0.57	0.77	0.26	- 0.30	- 0.67	0.71	0.18	0.47	0.09
新疆	- 0.38	- 0.53	0.60	2.48	0.26	- 0.18	0.77	4.73	0.68	- 0.25	- 2.78	0.49
北京	- 0.72	- 1.64	- 1.05	- 0.86	- 2.45	- 1.12	- 1.22	0.22	0.74	- 1.20	2.29	- 0.64
天津	- 0.77	- 0.80	0.40	0.32	- 1.22	0.03	- 1.22	- 0.09	0.03	1.78	- 0.69	- 0.20
河北	- 0.34	0.81	- 0.70	- 0.75	1.05	0.49	- 0.21	- 0.50	- 0.89	0.76	- 1.26	- 0.14

续表

省级政府	A 基本公共服务非均等化											
	A1	A2	A3	A4	A5	A6	A7	A8	A9	A10	A11	A
山西	-0.58	-1.23	-0.76	0.31	0.01	0.82	1.03	-0.64	0.54	-0.42	-0.67	-0.15
内蒙古	-0.23	-1.20	0.29	0.08	1.16	0.95	0.05	0.33	-0.49	-0.50	0.81	0.11
辽宁	-0.74	-1.19	-0.11	0.31	0.87	0.10	-0.39	1.38	-0.30	-0.08	0.20	0.00
吉林	-0.53	-2.07	-0.19	0.23	1.04	0.98	-0.12	-0.06	-0.22	0.05	0.68	-0.02
黑龙江	-0.61	-1.82	0.37	0.07	-0.52	0.97	-0.13	-0.41	-0.82	-0.25	1.24	-0.17

附表 12-2　2019 年居民经济福利损失及其子因素的标准化值

省级政府	B 居民经济福利损失					
	B1	B2	B3	B4	B5	B
上海	-1.64	-0.90	-1.68	0.24	0.76	-0.64
江苏	0.68	-0.83	0.82	0.19	-0.23	0.12
浙江	1.31	-1.49	0.69	-0.24	-0.88	-0.12
安徽	0.50	-0.28	-0.31	-0.31	-0.48	-0.17
福建	0.79	-0.55	-1.89	-0.11	1.08	-0.14
江西	-0.42	-0.62	0.12	-0.36	0.60	-0.14
山东	0.45	-0.36	1.31	0.78	0.44	0.52
河南	0.68	-0.72	0.62	-0.82	-0.14	-0.08
湖北	1.26	-0.73	-0.43	-0.58	-0.97	-0.29
湖南	0.97	0.14	-0.39	-0.33	0.85	0.25
广东	2.35	0.08	0.30	-0.30	-1.22	0.24
广西	0.56	0.16	0.86	-1.41	-1.34	-0.24
海南	-0.77	-0.49	1.35	1.39	-1.41	0.01
四川	-0.31	-0.18	-1.17	-0.22	0.65	-0.24
贵州	-0.42	2.00	-1.11	0.64	0.11	0.24
重庆	-1.06	-0.06	-0.09	1.40	-0.25	-0.01
云南	0.21	1.60	-1.72	2.39	0.53	0.60
西藏	-1.64	1.14	-1.24	1.30	-0.48	-0.18
陕西	0.10	1.20	0.09	0.04	0.19	0.32
甘肃	-0.77	2.44	-0.10	-2.17	-0.57	-0.22

省级政府	B 居民经济福利损失					
	B1	B2	B3	B4	B5	B
青海	− 1.64	1.37	1.61	− 0.47	− 0.23	0.13
宁夏	− 0.60	0.49	0.89	− 0.53	1.40	0.33
新疆	0.45	0.52	− 0.16	0.71	− 1.31	0.04
北京	− 1.64	0.04	1.43	− 0.83	− 3.01	− 0.80
天津	− 1.64	− 1.98	− 0.43	− 1.54	0.72	− 0.97
河北	− 0.07	− 0.58	1.29	− 1.18	0.35	− 0.04
山西	0.10	0.25	− 0.97	1.06	0.28	0.14
内蒙古	0.10	0.64	− 0.87	1.70	0.85	0.48
辽宁	1.26	− 0.02	1.44	− 0.17	1.49	0.80
吉林	0.10	− 1.03	0.12	0.51	0.64	0.07
黑龙江	0.74	− 1.26	− 0.37	− 0.79	1.57	− 0.02

附表 12 - 3 2019 年市场监管乏力及其子因素的标准化值

省级政府	C 市场监管乏力			
	C1	C2	C3	C
上海	− 0.02	− 0.68	0.56	− 0.04
江苏	− 0.07	− 0.09	− 0.85	− 0.34
浙江	1.37	− 1.27	− 0.79	− 0.23
安徽	− 0.12	− 1.28	− 0.14	− 0.51
福建	− 0.98	0.02	0.62	− 0.11
江西	0.73	− 0.37	− 0.46	− 0.03
山东	1.90	2.04	0.76	1.57
河南	0.21	− 1.25	0.76	− 0.09
湖北	0.70	− 0.07	0.02	0.22
湖南	0.28	0.58	− 0.80	0.02
广东	0.20	0.65	− 0.80	0.02
广西	1.02	1.23	0.68	0.98
海南	0.19	0.97	0.20	0.45
四川	1.43	1.10	− 0.33	0.73

续表

省级政府	C 市场监管乏力			
	C1	C2	C3	C
贵州	0.18	0.14	-0.60	-0.09
重庆	-1.29	-0.60	-0.33	-0.74
云南	-0.40	-0.66	-0.55	-0.54
西藏	-1.26	-1.40	4.10	0.48
陕西	-1.09	-0.73	0.26	-0.52
甘肃	2.76	1.29	1.33	1.79
青海	-0.86	1.00	-0.46	-0.11
宁夏	0.98	1.02	-0.79	-0.25
新疆	0.24	-1.14	-0.67	-0.52
北京	-2.11	-1.75	1.31	-0.85
天津	0.52	0.27	-0.86	-0.02
河北	-0.61	1.09	0.36	0.28
山西	-0.30	-1.45	-0.69	-0.81
内蒙古	0.10	-0.06	-0.84	-0.27
辽宁	-0.52	-0.50	0.42	-0.20
吉林	-0.55	0.56	-0.84	-0.28
黑龙江	-0.68	1.32	-0.60	0.01

附表 12-4 2019 年环境污染治理低效及其子因素的标准化值

省级政府	D 环境污染治理低效				
	D1	D2	D3	D4	D
上海	-0.77	-0.99	-0.40	-0.57	-0.68
江苏	-0.83	-0.45	0.26	-0.77	-0.45
浙江	-0.65	-0.51	0.06	0.37	-0.18
安徽	-0.59	0.95	0.06	0.44	0.21
福建	-0.70	-0.80	-1.11	-0.20	-0.70
江西	-0.64	0.42	-0.93	0.55	-0.15
山东	-0.40	-0.16	1.38	-0.82	0.00
河南	-0.48	-0.75	1.79	0.54	0.28

省级政府	D 环境污染治理低效				
	D1	D2	D3	D4	D
湖北	-0.76	-0.49	0.45	-0.22	-0.25
湖南	-0.56	-0.79	-0.10	0.21	-0.31
广东	-0.77	-1.32	-0.37	0.57	-0.47
广西	-0.23	-0.33	-0.88	1.85	0.10
海南	-0.54	-0.83	-1.45	0.46	-0.59
四川	-0.65	-0.80	0.37	-1.35	-0.61
贵州	-0.05	-0.21	-1.45	0.33	-0.34
重庆	-0.71	-0.50	-0.75	-0.22	-0.54
云南	-0.12	-0.46	-1.52	0.65	-0.36
西藏	0.07	0.77	-1.46	-2.46	-0.77
陕西	-0.28	-0.03	1.44	-1.81	-0.17
甘肃	0.68	0.34	0.25	-0.06	0.30
青海	2.06	0.36	-0.40	0.14	0.54
宁夏	3.29	1.90	0.25	0.94	1.60
新疆	1.92	2.97	0.54	-0.14	1.32
北京	-1.07	1.08	0.78	-2.03	-0.31
天津	-0.57	-1.03	1.12	1.99	0.38
河北	0.41	0.12	2.08	0.25	0.71
山西	0.87	1.34	1.75	-0.05	0.98
内蒙古	1.68	2.02	0.01	-0.95	0.69
辽宁	0.41	-0.43	-0.22	1.06	0.20
吉林	-0.31	-1.00	-0.85	0.06	-0.53
黑龙江	0.29	-0.39	-0.68	1.25	0.12

附表 12-5　2019 年腐败及其子因素的标准化值

省级政府	E 腐败			
	E1	E2	E3	E
上海	-0.92	-0.70	-0.79	-0.80
江苏	-0.53	0.05	-0.04	-0.18

省级政府	E 腐败			
	E1	E2	E3	E
浙江	- 0.65	- 1.09	- 1.06	- 0.93
安徽	- 0.24	1.55	1.33	0.88
福建	0.10	0.68	1.04	0.61
江西	- 0.66	- 0.56	- 0.49	- 0.57
山东	0.47	0.06	0.13	0.22
河南	- 0.49	0.33	0.22	0.02
湖北	0.34	1.11	0.99	0.81
湖南	0.00	- 0.53	- 0.58	- 0.37
广东	- 0.51	0.25	0.11	- 0.05
广西	- 0.16	- 0.17	- 0.13	- 0.15
海南	- 0.16	0.26	0.13	0.08
四川	- 0.53	- 0.54	- 0.56	- 0.54
贵州	- 0.49	- 0.43	- 0.53	- 0.48
重庆	0.04	- 0.68	- 0.82	- 0.48
云南	- 0.47	0.50	0.16	0.07
西藏	- 0.71	- 1.16	- 1.06	- 0.98
陕西	- 0.69	- 0.80	- 0.65	- 0.71
甘肃	4.32	- 0.96	- 0.88	0.83
青海	- 0.52	- 0.66	- 0.55	- 0.58
宁夏	1.72	0.87	2.34	1.64
新疆	- 0.66	- 0.12	0.12	- 0.22
北京	0.91	- 1.40	- 1.37	- 0.62
天津	0.98	0.38	0.34	0.57
河北	- 0.93	0.47	- 0.08	- 0.18
山西	- 0.46	- 0.59	- 0.74	- 0.60
内蒙古	- 0.10	- 0.23	- 0.29	- 0.20
辽宁	- 0.28	- 0.34	- 0.32	- 0.31
吉林	0.32	4.00	3.52	2.61
黑龙江	0.96	0.47	0.48	0.64

附录3　2014～2019年省级政府效率损失及其一级指标的标准化值

附表13-1　2014～2019年省级政府效率损失的标准化值

省级政府	2014 年	2015 年	2016 年	2017 年	2018 年	2019 年	均值
上海	- 0.50	- 0.44	- 0.16	- 0.28	- 0.57	- 0.67	- 0.44
江苏	- 0.43	- 0.38	- 0.27	- 0.21	- 0.31	- 0.22	- 0.30
浙江	- 0.31	- 0.22	- 0.26	- 0.13	- 0.07	- 0.35	- 0.22
安徽	0.13	0.17	0.12	0.14	0.01	0.08	0.11
福建	- 0.06	- 0.11	- 0.12	- 0.10	- 0.05	- 0.11	- 0.09
江西	- 0.09	0.08	- 0.10	- 0.05	- 0.04	0.00	- 0.04
山东	- 0.25	- 0.12	- 0.09	- 0.01	0.01	0.15	- 0.05
河南	0.04	0.10	- 0.07	- 0.12	0.01	- 0.03	- 0.01
湖北	- 0.09	- 0.02	- 0.11	0.08	- 0.05	0.04	- 0.02
湖南	- 0.12	- 0.09	0.01	0.09	- 0.05	- 0.02	- 0.03
广东	- 0.13	- 0.13	- 0.14	- 0.10	- 0.23	- 0.04	- 0.13
广西	0.05	0.25	0.20	0.11	0.28	0.21	0.18
海南	- 0.19	- 0.08	- 0.03	- 0.03	- 0.06	- 0.01	- 0.07
四川	- 0.20	- 0.13	- 0.14	- 0.12	- 0.15	- 0.24	- 0.16
贵州	0.20	0.34	0.19	0.01	- 0.06	0.05	0.12
重庆	- 0.07	- 0.11	- 0.21	- 0.08	- 0.03	- 0.27	- 0.13
云南	0.45	0.60	0.71	0.38	0.36	0.30	0.47
西藏	0.88	0.54	0.03	0.49	0.05	0.35	0.39
陕西	- 0.06	- 0.16	- 0.08	- 0.02	0.23	- 0.12	- 0.04
甘肃	0.42	0.36	0.22	0.25	0.26	0.34	0.31
青海	- 0.01	0.22	0.29	0.24	0.22	0.24	0.20
宁夏	0.77	0.66	0.62	0.50	0.55	0.43	0.59
新疆	0.52	0.42	0.19	0.18	0.39	0.27	0.33
北京	- 0.77	- 0.88	- 0.57	- 0.64	- 0.58	- 0.67	- 0.69
天津	- 0.28	- 0.39	- 0.17	- 0.15	- 0.33	- 0.28	- 0.27
河北	- 0.08	- 0.13	- 0.04	- 0.12	- 0.03	0.01	- 0.06

续表

省级政府	2014 年	2015 年	2016 年	2017 年	2018 年	2019 年	均值
山西	0.13	0.02	- 0.09	- 0.07	- 0.03	- 0.06	- 0.02
内蒙古	0.27	- 0.06	0.08	- 0.05	- 0.02	0.21	0.07
辽宁	- 0.15	- 0.13	0.01	- 0.05	- 0.04	0.21	- 0.02
吉林	0.05	- 0.10	- 0.04	- 0.05	0.31	0.19	0.06
黑龙江	- 0.09	- 0.10	0.01	- 0.10	0.01	0.00	- 0.05

附表 13 - 2 2014 ~ 2019 年基本公共服务非均等化的标准化值

省级政府	2014 年	2015 年	2016 年	2017 年	2018 年	2019 年	均值
上海	- 0.71	- 0.67	- 0.59	- 0.69	- 0.64	- 0.81	- 0.68
江苏	- 0.67	- 0.69	- 0.66	- 0.61	- 0.42	- 0.39	- 0.57
浙江	0.04	- 0.03	0.03	0.10	- 0.06	- 0.44	- 0.06
安徽	0.27	0.24	0.09	0.08	- 0.07	0.18	0.13
福建	0.18	- 0.05	- 0.12	- 0.12	0.09	- 0.13	- 0.02
江西	- 0.06	0.01	- 0.12	0.00	- 0.03	0.28	0.01
山东	- 0.42	- 0.34	- 0.16	- 0.15	- 0.07	- 0.47	- 0.27
河南	- 0.08	- 0.02	- 0.16	- 0.20	0.14	- 0.06	- 0.06
湖北	- 0.24	- 0.22	- 0.26	0.04	- 0.22	0.13	- 0.13
湖南	- 0.05	- 0.04	- 0.16	- 0.08	- 0.12	- 0.07	- 0.09
广东	- 0.09	- 0.12	- 0.26	- 0.28	- 0.43	- 0.16	- 0.22
广西	0.26	0.35	0.30	0.24	0.38	0.47	0.33
海南	- 0.01	0.08	0.33	0.15	- 0.10	- 0.03	0.07
四川	- 0.34	- 0.23	- 0.27	- 0.39	- 0.31	- 0.31	- 0.31
贵州	0.35	0.28	0.33	0.30	0.15	0.18	0.27
重庆	- 0.02	0.06	- 0.13	0.14	0.09	- 0.23	- 0.01
云南	0.27	0.59	0.55	0.62	0.42	0.50	0.49
西藏	2.10	1.11	1.07	1.38	0.97	1.32	1.33
陕西	- 0.14	- 0.10	- 0.13	- 0.08	0.00	- 0.20	- 0.11
甘肃	0.21	0.28	0.19	0.40	0.36	0.30	0.29
青海	- 0.06	0.19	0.72	0.39	0.52	0.55	0.38
宁夏	0.52	0.54	0.53	0.44	0.12	0.09	0.37
新疆	0.38	0.74	0.71	0.39	0.47	0.49	0.53

省级政府	2014 年	2015 年	2016 年	2017 年	2018 年	2019 年	均值
北京	- 0.85	- 0.82	- 0.62	- 0.74	- 0.46	- 0.64	- 0.69
天津	- 0.08	- 0.23	0.02	- 0.16	- 0.12	- 0.20	- 0.13
河北	- 0.42	- 0.34	- 0.27	- 0.50	- 0.30	- 0.14	- 0.33
山西	- 0.02	- 0.09	- 0.22	- 0.15	- 0.12	- 0.15	- 0.12
内蒙古	0.45	0.05	- 0.03	- 0.07	- 0.02	0.11	0.08
辽宁	- 0.28	- 0.23	- 0.26	- 0.31	- 0.20	0.00	- 0.21
吉林	- 0.06	- 0.14	- 0.32	0.05	0.22	- 0.02	- 0.04
黑龙江	- 0.44	- 0.16	- 0.14	- 0.16	- 0.23	- 0.17	- 0.22

附表 13 - 3　2014 ~ 2019 年居民经济福利损失的标准化值

省级政府	2014 年	2015 年	2016 年	2017 年	2018 年	2019 年	均值
上海	- 0.25	0.02	0.68	0.59	- 0.68	- 0.64	- 0.05
江苏	- 0.47	- 0.08	- 0.03	0.35	- 0.26	0.12	- 0.06
浙江	- 0.58	- 0.31	- 0.32	- 0.17	0.30	- 0.12	- 0.20
安徽	- 0.05	- 0.10	- 0.23	0.08	- 0.25	- 0.17	- 0.12
福建	- 0.16	0.07	- 0.05	0.11	- 0.21	- 0.14	- 0.06
江西	- 0.16	0.07	- 0.07	- 0.02	- 0.04	- 0.14	- 0.06
山东	- 0.41	- 0.07	- 0.15	0.15	- 0.03	0.52	0.00
河南	- 0.08	- 0.29	- 0.09	- 0.12	- 0.42	- 0.08	- 0.18
湖北	- 0.06	- 0.03	0.03	0.07	0.00	- 0.29	- 0.05
湖南	0.15	0.12	0.28	0.44	0.35	0.25	0.26
广东	0.09	0.18	0.35	0.45	- 0.01	0.24	0.22
广西	0.02	0.32	0.08	0.04	- 0.09	- 0.24	0.02
海南	- 0.48	- 0.25	- 0.71	- 0.16	0.25	0.01	- 0.22
四川	- 0.05	- 0.01	- 0.03	0.20	0.01	- 0.24	- 0.02
贵州	- 0.07	0.47	0.21	- 0.05	- 0.21	0.24	0.10
重庆	- 0.19	- 0.45	- 0.29	- 0.23	- 0.23	- 0.01	- 0.23
云南	0.76	0.97	0.97	0.38	0.27	0.60	0.66
西藏	0.80	1.02	- 0.34	0.60	- 0.17	- 0.18	0.29
陕西	0.21	- 0.11	0.08	- 0.08	0.66	0.32	0.18
甘肃	0.24	0.30	0.12	- 0.33	- 0.06	- 0.23	0.01

续表

省级政府	2014 年	2015 年	2016 年	2017 年	2018 年	2019 年	均值
青海	0.13	0.42	0.22	-0.10	-0.05	0.13	0.13
宁夏	0.42	-0.15	0.05	-0.24	0.09	0.33	0.09
新疆	0.69	0.12	-0.42	-0.40	0.45	0.04	0.08
北京	-0.85	-1.26	-0.24	-0.67	-0.42	-0.80	-0.71
天津	-0.69	-0.75	-0.33	-0.09	-0.55	-0.97	-0.56
河北	0.24	-0.10	-0.03	-0.05	0.17	-0.04	0.03
山西	0.40	0.16	-0.20	-0.32	0.01	0.14	0.03
内蒙古	0.38	-0.09	0.03	-0.11	0.13	0.48	0.14
辽宁	-0.09	0.01	0.22	0.29	0.34	0.80	0.26
吉林	-0.14	-0.05	-0.03	-0.65	0.18	0.07	-0.11
黑龙江	0.24	-0.15	0.24	0.03	0.46	-0.02	0.13

附表 13-4　2014~2019 年市场监管乏力的标准化值

省级政府	2014 年	2015 年	2016 年	2017 年	2018 年	2019 年	均值
上海	-0.02	-0.50	-0.23	-0.48	0.29	-0.04	-0.17
江苏	-0.11	-0.26	-0.26	-0.54	-0.25	-0.34	-0.29
浙江	-0.90	-0.78	-0.99	-0.44	-0.83	-0.23	-0.70
安徽	-0.64	-0.42	0.50	0.02	0.07	-0.51	-0.16
福建	-0.88	-0.38	-0.38	-0.39	-0.23	-0.11	-0.40
江西	-0.34	0.64	-0.15	-0.38	0.06	-0.03	-0.03
山东	0.67	0.36	0.28	0.29	0.63	1.57	0.63
河南	0.50	1.44	0.00	-0.58	0.07	-0.09	0.22
湖北	-0.25	-0.04	-0.20	0.04	-0.06	0.22	-0.05
湖南	-0.53	-0.22	0.32	0.98	-0.19	0.02	0.06
广东	-0.24	-0.30	-0.54	-0.60	-0.28	0.02	-0.32
广西	-0.59	-0.22	-0.04	-0.09	0.08	0.98	0.02
海南	0.56	0.66	0.99	0.38	0.09	0.45	0.52
四川	-0.22	-0.02	0.04	0.09	0.09	0.73	0.12
贵州	1.17	0.88	0.37	-0.21	0.05	-0.09	0.36
重庆	0.04	0.12	-0.34	-0.08	0.03	-0.74	-0.16
云南	0.66	1.02	1.56	-0.05	0.34	-0.54	0.50

省级政府	2014 年	2015 年	2016 年	2017 年	2018 年	2019 年	均值
西藏	0.01	0.21	- 0.10	0.05	- 0.10	0.48	0.09
陕西	- 0.31	- 0.56	- 0.22	- 0.24	0.05	- 0.52	- 0.30
甘肃	1.31	0.65	0.53	1.27	0.50	1.79	1.01
青海	- 0.45	- 0.10	- 0.47	0.42	- 0.10	- 0.11	- 0.14
宁夏	0.98	0.12	0.40	0.86	2.38	- 0.25	0.75
新疆	1.15	0.47	- 0.12	1.09	0.88	- 0.52	0.49
北京	- 0.39	- 0.73	- 0.93	- 0.53	- 0.74	- 0.85	- 0.69
天津	0.44	0.04	0.04	0.61	- 0.09	- 0.02	0.17
河北	0.16	0.17	0.38	0.60	- 0.12	0.28	0.25
山西	- 0.34	- 0.76	- 0.58	- 0.84	- 0.78	- 0.81	- 0.69
内蒙古	- 0.43	- 0.75	0.73	- 0.11	- 0.65	- 0.27	- 0.25
辽宁	- 0.45	- 0.26	0.16	- 0.26	- 0.83	- 0.20	- 0.31
吉林	- 0.16	- 0.21	- 0.48	- 0.24	0.24	- 0.28	- 0.19
黑龙江	- 0.41	- 0.25	- 0.28	- 0.59	- 0.62	0.01	- 0.36

附表 13 - 5　2014～2019 年环境污染治理低效的标准化值

省级政府	2014 年	2015 年	2016 年	2017 年	2018 年	2019 年	均值
上海	- 0.63	- 0.65	- 0.45	- 0.61	- 0.50	- 0.68	- 0.59
江苏	- 0.34	- 0.25	- 0.25	- 0.36	- 0.50	- 0.45	- 0.36
浙江	- 0.40	- 0.26	- 0.25	- 0.18	- 0.34	- 0.18	- 0.27
安徽	0.61	0.67	0.57	0.21	0.26	0.21	0.42
福建	- 0.71	- 0.69	- 0.75	- 0.94	- 0.76	- 0.70	- 0.76
江西	0.13	- 0.08	- 0.05	0.08	- 0.05	- 0.15	- 0.02
山东	0.08	0.09	0.20	0.03	0.02	0.00	0.07
河南	0.11	0.23	0.29	0.34	0.36	0.28	0.27
湖北	- 0.14	- 0.04	- 0.22	- 0.14	- 0.27	- 0.25	- 0.18
湖南	- 0.10	- 0.17	0.15	- 0.32	- 0.32	- 0.31	- 0.18
广东	- 0.59	- 0.56	- 0.61	- 0.45	- 0.33	- 0.47	- 0.50
广西	0.07	- 0.02	0.07	- 0.37	1.26	0.10	0.19
海南	- 0.80	- 0.76	- 0.71	- 0.51	- 0.49	- 0.59	- 0.64
四川	0.07	0.01	0.09	0.12	0.11	- 0.61	- 0.04

续表

省级政府	2014 年	2015 年	2016 年	2017 年	2018 年	2019 年	均值
贵州	0.08	0.33	-0.01	-0.47	-0.42	-0.34	-0.14
重庆	-0.15	-0.27	-0.51	-0.09	-0.15	-0.54	-0.29
云南	-0.13	-0.35	-0.16	-0.14	-0.21	-0.36	-0.23
西藏	-0.34	-0.80	-0.97	-0.81	-1.13	-0.77	-0.80
陕西	-0.24	-0.05	-0.12	0.25	0.07	-0.17	-0.04
甘肃	0.62	0.28	0.37	0.34	0.32	0.30	0.37
青海	0.44	0.32	0.39	0.94	0.57	0.54	0.53
宁夏	1.30	1.37	1.35	1.44	1.18	1.60	1.37
新疆	1.17	1.46	1.41	1.25	0.83	1.32	1.24
北京	-0.33	0.00	-0.25	0.00	-0.56	-0.31	-0.24
天津	-0.59	-0.45	-0.79	-0.85	-0.60	0.38	-0.48
河北	0.81	0.69	0.49	0.48	0.60	0.71	0.63
山西	0.75	0.80	1.02	1.59	0.96	0.98	1.02
内蒙古	0.25	0.12	0.17	-0.07	0.16	0.69	0.22
辽宁	-0.39	-0.23	-0.08	0.04	0.37	0.20	-0.01
吉林	-0.60	-0.57	-0.37	-0.65	-0.36	-0.53	-0.51
黑龙江	0.01	-0.17	0.00	-0.15	-0.10	0.12	-0.05

附表 13 - 6　2014 ~ 2019 年腐败的标准化值

省级政府	2014 年	2015 年	2016 年	2017 年	2018 年	2019 年	均值
上海	-0.74	-0.61	-0.64	-0.77	-0.85	-0.80	-0.74
江苏	0.17	-0.26	0.59	0.19	0.09	-0.18	0.10
浙江	-0.20	-0.13	-0.51	-0.56	-0.23	-0.93	-0.43
安徽	0.40	0.77	0.50	0.58	0.84	0.88	0.66
福建	0.71	0.01	0.55	0.45	0.78	0.61	0.52
江西	-0.03	0.02	-0.16	-0.09	-0.21	-0.57	-0.17
山东	-0.37	-0.08	-0.27	-0.29	-0.14	0.22	-0.15
河南	0.31	0.22	-0.07	0.18	0.37	0.02	0.17
湖北	0.62	0.88	0.33	0.58	0.68	0.81	0.65
湖南	-0.77	-0.68	-0.53	-0.70	-0.53	-0.37	-0.60
广东	-0.41	-0.49	-0.27	-0.23	0.03	-0.05	-0.24

省级政府	2014 年	2015 年	2016 年	2017 年	2018 年	2019 年	均值
广西	-0.07	0.34	0.58	0.49	0.24	-0.15	0.24
海南	-0.17	-0.26	0.18	-0.27	-0.50	0.08	-0.16
四川	-0.33	-0.32	-0.35	-0.40	-0.51	-0.54	-0.41
贵州	-0.41	-0.31	-0.39	-0.28	-0.25	-0.48	-0.35
重庆	0.00	0.21	0.10	-0.45	0.14	-0.48	-0.08
云南	0.57	0.05	0.63	0.39	0.96	0.07	0.44
西藏	-1.73	-1.51	-1.87	-1.62	-1.64	-0.98	-1.56
陕西	-0.09	-0.29	-0.18	0.33	0.17	-0.71	-0.13
甘肃	0.71	0.65	0.21	0.32	0.49	0.83	0.53
青海	-0.29	-0.01	-0.53	-0.22	-0.22	-0.58	-0.31
宁夏	2.12	3.34	2.19	1.66	1.24	1.64	2.03
新疆	-0.70	-1.02	-1.02	-0.92	-1.05	-0.22	-0.82
北京	-1.01	-0.99	-1.33	-0.93	-1.38	-0.62	-1.04
天津	-0.26	-0.27	-0.04	-0.37	-0.47	0.57	-0.14
河北	-0.79	-0.50	-0.09	-0.14	-0.12	-0.18	-0.30
山西	-0.27	0.05	0.09	0.14	-0.06	-0.60	-0.11
内蒙古	-0.08	0.14	-0.09	0.32	0.04	-0.20	0.02
辽宁	0.75	0.06	0.34	0.14	-0.15	-0.31	0.14
吉林	1.87	0.51	1.85	2.15	1.83	2.61	1.80
黑龙江	0.48	0.47	0.20	0.31	0.42	0.64	0.42

图书在版编目（CIP）数据

政府效率损失：定量分析与规避机制 / 唐天伟著
. -- 北京：社会科学文献出版社，2022.4
ISBN 978 - 7 - 5228 - 0016 - 5

Ⅰ.①政…　Ⅱ.①唐…　Ⅲ.①省 - 地方政府 - 行政管
理 - 效率 - 研究 - 中国　Ⅳ.①D625

中国版本图书馆 CIP 数据核字（2022）第 060296 号

政府效率损失：定量分析与规避机制

著　　者 / 唐天伟

出 版 人 / 王利民
组稿编辑 / 陈凤玲
责任编辑 / 田　康
责任印制 / 王京美

出　　版 / 社会科学文献出版社·经济与管理分社（010）59367226
　　　　　　地址：北京市北三环中路甲 29 号院华龙大厦　邮编：100029
　　　　　　网址：www.ssap.com.cn
发　　行 / 社会科学文献出版社（010）59367028
印　　装 / 三河市尚艺印装有限公司

规　　格 / 开本：787mm × 1092mm　1/16
　　　　　　印张：19.75　字数：305 千字
版　　次 / 2022 年 4 月第 1 版　2022 年 4 月第 1 次印刷
书　　号 / ISBN 978 - 7 - 5228 - 0016 - 5
定　　价 / 98.00 元

读者服务电话：4008918866